René Thun
Der Klang der Vernunft

Musik und Klangkultur

René Thun (Dr.), geb. 1970, lehrt am Institut für Philosophie der Philipps-Universität Marburg. Seine Forschungsschwerpunkte liegen u.a. in den Bereichen der Ästhetik, Hermeneutik, Musikphilosophie und Sprachphilosophie.

René Thun

Der Klang der Vernunft

Eine Philosophie Neuer Musik

[transcript]

Bibliografische Information der Deutschen Nationalbibliothek
Die Deutsche Nationalbibliothek verzeichnet diese Publikation in der Deutschen Nationalbibliografie; detaillierte bibliografische Daten sind im Internet über http://dnb.d-nb.de abrufbar.

transcript Verlag | Hermannstraße 26 | D-33602 Bielefeld | live@transcript-verlag.de

Umschlaggestaltung: Kordula Röckenhaus, Bielefeld
Printed in Germany
Print-ISBN 978-3-8376-3792-2
PDF-ISBN 978-3-8394-3792-6

Gedruckt auf alterungsbeständigem Papier mit chlorfrei gebleichtem Zellstoff.
Besuchen Sie uns im Internet: *http://www.transcript-verlag.de*
Bitte fordern Sie unser Gesamtverzeichnis und andere Broschüren an unter: *info@transcript-verlag.de*

Inhalt

I. Vorspiel

Musik gewinnt sich aus Lebensprozessen ihre Form – und gibt sie dem Lebendigen zurück.
CHRISTIAN KADEN: DES LEBENS WILDER KREIS

Musik gilt landläufig als Sprache des Gefühls. Und sicherlich geht es auch der Neuen Musik darum, neue Ausdruckswerte zu finden, statt eingeschliffene Ausdruckwerte im Rahmen eines erfolgversprechenden Schemas lediglich zu reproduzieren. Darin kann ein genuin produktiver Aspekt der Neuen Musik gesehen werden. Es griffe jedoch zu kurz, den Anspruch Neuer Musik ausschließlich im Emotionalen zu verorten; andererseits wird eine Reduktion auf reine Rationalität der Neuen Musik auch nicht gerecht. Als Praxis stellt sie eine Form sich musikalisch artikulierender Vernunft und daher musikalischer *Phronesis*[1] dar. Sie fragt

1 Der Begriff der Phronesis bedeutet übersetzt soviel wie praktische Klugheit und meint hier – im Sinne Aristoteles – den Versuch, einen abwägenden und beratenden Umgang mit der Kontingenz zu finden. Der hier zu Grunde gelegte Begriff der Phronesis findet Autoren wie Pierre Aubenque, Aristoteles und Paul Ricœur Anwendung.

mit den ihr zu Verfügung stehenden Mitteln nach dem guten Leben.[2] Statt miteinander wetteifernde Personalstile Neuer Musik(en) mit philosophischen Anspruch normativ zu vergleichen, ist hier vielmehr die Aufgabe gestellt, mit philosophischen Begriffen eine *musikalische Praxis* zu rekonstruieren, die zwar in monetärer Hinsicht institutionell zuverlässig gefördert wird,[3] doch in der Öffentlichkeit wenig Resonanz erfährt. Es gibt nicht wenige Radiosendungen – genauer: jeden Tag mindestens eine –, die Neue Musik vermitteln, doch die öffentliche Resonanz scheint gegen null zu gehen.

Neue Musik hat es prinzipiell schwer, anerkannt zu werden. Die Gründe hierfür scheinen nicht unmittelbar institutioneller Art zu sein, da die Institutionen, die für Neue Musik zuständig sind, eigentlich über genügend (finanzielle) Mittel verfügen. Es kann hier also zunächst nur die Vermutung geäußert werden, dass ihre Zwecke der Öffentlichkeit nicht zu genüge bekannt sind – dass sie konkrete Anliegen hat, die in unsere alltägliche Praxis hineinragen. Möglicherweise findet sie mehr Zuspruch, wenn das „schiefe“ Bild, welches in der Öffentlichkeit nicht selten anzutreffen ist, im Rahmen einer Begriffsbestimmung korrigiert wird. Die methodische Ausgangsthese lautet daher, dass das Was der Neuen Musik erst richtig expliziert werden kann, wenn die Frage danach gestellt ist, was sie wie tut.

Um einen handlungsbezogenen Begriff von Neuer Musik zu gewinnen, ist insbesondere auf einige für die Philosophie typischen Begriffe

2 Die Frage nach dem guten Leben ist nach Ricœur die erste Stufe der ethischen Ausrichtung. In weiteren Schritten kommen der Andere sowie die gerechten Institutionen hinzu. Daher begreift Ricœur die Ethik als „Ausrichtung auf das gute Leben, mit und für den Anderen in gerechten Institutionen“. Vgl. Paul Ricœur (1996) Das Selbst als ein Anderer, München, S. 207f.

3 Stefan Fricke (2010) Zeitgenössische Musik, Deutsches Musikinformationszentrum (online) S. 1-8, hier: S. 8, stellt fest, dass die zeitgenössische Musik keine „Nischenkunst“ mehr sei. Allerdings sieht er die Aufgabe gestellt, Neue Musik gesamtgesellschaftlich zu verankern.

wie, Erfahrung, Vernunft sowie den der Aufklärung einzugehen. Somit soll nachgeholt – und gleichsam entschuldigt werden –, was bislang versäumt wurde: Das ernste „Gespräch" zwischen Neuer Musik und Philosophie. Dabei wird den Komponisten Neuer Musik von philosophischer Seite her nicht begrifflich vorgerechnet, was sie denn eigentlich wollen oder tun sollten, oder dass sie einen der Philosophie entlehnten Begriff falsch oder vage verwenden; sondern Reflexionen von Vertretern der Neuen Musik werden als Gesprächspartner verstanden und anhand philosophischer Begriffe interpretiert. Gilt Philosophie als eine interpretative Reflexionstätigkeit, die nach Begründungsverhältnissen im Denken fragt und Modelle für die Interpretation von Wirklichkeit entwickelt, so kann Neue Musik als philosophisch gelten, da Begründungen in ihren ästhetischen Reflexionen einen besonderen Stellenwert einnehmen – gerade weil diese streitbar und problematisch sind.

Neue Musik ist aufklärerisch, und dies exemplarisch zu zeigen, ist ein zentrales Anliegen des vorliegenden Buches. Mit dieser Etikette ist mitnichten die Aufklärung als historische Epoche gemeint, sondern eine Haltung des Denkens, die zum einen darin besteht – in Kantischer Manier, – sich seines eigenen Verstandes zu bedienen, also das Kantische *sapere aude* zu riskieren, um in ein kritisches Verhältnis zur Tradition zu treten, was nicht bedeutet, dass Tradition in Form von Gewesenem kategorisch abgelehnt werden muss. Neue Musik wird als eine Art Modell für das, was Aufklärung heute und mit künstlerischen Mitteln heißen kann, gedeutet. Darüber hinaus klärt sie (sich) auch über die Bedingungen unserer musikalischen Praxis sowie unseres Begriffs von Musik auf.

Auf bestimmte musikalische Phänomene der Gegenwart bezogen sprach und spricht man auch gerne von zeitgenössischer, aktueller oder neuester Musik statt von Neuer Musik. Geht man von einer reinen Objektstellung der Musik aus, wobei Musik als *Ding* aufgefasst wird, so wären diese Unterscheidungen in der Bezeichnung regelrecht notwendig, insofern sie deskriptive und somit allgemein nachvollziehbare Merkmale an der Musik bezeichnen sollen. Anders stellt sich das Problem dar, wenn „Neue Musik" als ein Ausdruck für eine musikalische

Tätigkeit aufgefasst wird, wenn man sie als eine *Praxis* auffasst, aus der heraus Gebilde unterschiedlicher Konsistenz hervorgehen können. Dass sich hinter dem Ausdruck Neue Musik kein ontologischer Kriterienkatalog verbirgt, hat bereits Paul Bekker in seiner Schrift „Neue Musik"[4] reflektiert. Was als Neue Musik gilt, entscheidet demnach nicht nur das Entstehungsdatum – und auch keine bestimmte Technik –, sondern zum Teil eine Haltung, die der Komponist dem Material gegenüber einnimmt. Und dabei ist vor allem der Aspekt der transparenten Rechtfertigung des eigenen musikalischen Handelns gegenüber anderen als ein tragendes Moment der musikalischen Aufklärung zu verstehen. Man kann diese Punkte auch als Momente einer ästhetischen Pragmatik begreifen, die den Hintergrund ästhetischer Produktion bildet. Diese ästhetische Pragmatik ein stückweit zu explizieren, stellt eine wichtige Aufgabe im Rahmen einer Kulturhermeneutik im Sinne Ernst Cassirers[5] dar.

Was es heißt, dass Vernunft ästhetisch wird, verdeutlicht gerade die Praxis der Neuen Musik. Vernunft, so ist zu zeigen, ist überhaupt die Fähigkeit, Synthesen herzustellen mit dem *Anspruch* der Verallgemeinerbarkeit. Dabei wird von einem Vernunftbegriff im rigoros Kantischen Stil Abstand genommen, wie er allerdings eigentlich nur in Form von Vorurteilen kursiert,[6] sowie von künstliche Dichotomien wie etwa gütige und menschliche Emotionen hier, kalte Vernunft dort. Kant spielt dennoch für den Theoriehintergrund eine durchaus wichtige Rolle, gerade im Hinblick auf den Begriff der Aufklärung. Zwar kann man Vernunft, im Unterschied zur Rationalität, als die Fähigkeit, im Allgemeinen zu denken, begreifen, doch diese Allgemeinheit muss nicht transzendental sein, zumal Geschichtlichkeit vermittelt werden soll, also eine intellektuelle Durchdringung der Endlichkeit und Kontingenz des Menschen stattfindet. Für musikalische Praxis ergibt sich aus einem transzendentalphilosophischen Rigorismus die Aporie, dass zwar die Maximen oder subjektiv gewählten Prinzipien, die bestimmter ästhetischer

4 Paul Bekker (1923) Neue Musik, in: Ges. Schriften Bd.3, Leipzig.

5 Ernst Cassirer (1994) Zur Logik der Kulturwissenschaften, Darmstadt.

6 G. und H. Böhme (1983) Das Andere der Vernunft, Frankfurt a. Main.

Produktion unterliegen, verallgemeinerbar in transzendentalem Sinne sein mögen, doch nicht alle möglichen vernünftigen Wesen für das zu Vermittelnde und das Vermittelnde keine Ohren haben. Wenn demnach die philosophische Reflexion Neuer Musik zwar ihre praktischen Verhältnisse philosophisch interpretiert, bedeutet dies nicht, dass aus einem zustimmungsfähigem Handeln eine Nötigung zu einem affirmativen Geschmacksurteil bezogen auf das Handlungsresultat (Werk) ableitbar sei.

Ein moralisch weniger rigoroser Begriff der Kantischen Philosophie, der – der Idee nach – tatsächlich Anwendung findet bzw. einlösbar ist, ist die von Kant in der KRITIK DER URTEILSKRAFT ins Gespräch gebrachte *subjektive Allgemeinheit.*[7] Diese Subjektive Allgemeinheit muss man sich, anders als den Begriff der moralisch guten Handlung in Kants Moralphilosophie, nicht unbedingt von der Interesselosigkeit herleiten, sondern kann, wie es hier geschieht, ein Stück weit mit den Begriffen der Solidarität und Anerkennung zusammendenken, da es im vorliegenden Kontext nicht um das reine Geschmacksurteil im Sinne Kants geht.[8] Und wenn man dies mit der subjektiven Allgemeinheit so versteht, wäre ein möglicher Grund für moralisches Handeln an die Hand gegeben – wenn diese subjektive Allgemeinheit nicht vielleicht sogar der Inbegriff der Moralität ist. Dann wäre alles, was eine Person in Hinblick auf andere Personen tut, wenn sie oder er im öffentlichen Raum handelt, immer schon von der Welt der Personen und des Ethischen umschlossen und in ihr situiert.

Für die produktionsästhetische Pragmatik der Neuen Musik scheint genau dieser Punkt handlungsorientierend zu sein. Nicht unerwähnt sollten dabei die fortwährenden Positionierungsversuche von Komponisten Neuer Musik zur Gesellschaft bleiben; sie fassen Komponieren als ein mit gesellschaftlichem Anspruch einhergehendes verantwortungsvolles Handeln auf. Freilich bedeutet dies kein großes Unisono der vertretenen

---

7 Immanuel Kant (1968) Kritik der Urteilskraft, §6, Berlin.

8 Der Begriff der subjektiven Allgemeinheit erfährt hier also eine Reinterpretation, die von dem interesselosen Wohlgefallen im ästhetischen Urteil absieht.

und im weiteren Verlauf dargestellten Standpunkte. Ansätze finden sich von rational motivierter Largesse eines Ligetis bis zu einem geradezu priesterlich wirkenden Sendungsbewusstsein eines Stockhausens (wobei dann allerdings die Frage nach der Aufklärung erneut zu stellen wäre) bis hin zur expliziten Sinnverweigerung, also *nicht ideologisierend* in gesellschaftliche Prozesse eingreifen wollen, wie etwa von Mathias Spahlinger zur Diskussion gestellt wurde. Im Gegensatz zu Federhofer, der diese Tendenzen noch beargwöhnte,[9] werden eben diese Reflexionen produktiv in eine philosophische Interpretation einbezogen.

Nicht nur wird diese Verantwortung und Rechtfertigung des eigenen Tuns als Bestandteil Neuer Musik zu thematisieren sein, sondern der Prozess der Aufklärung in und durch Neue Musik greift bis in die Musikpädagogik hinein. Hier lässt sich eine weitere aufklärungsrelevante Feststellung machen: es geht der Neuen Musik um die (ästhetisch) autonome Person. Ob es darum auch in der Vermittlung unterhaltungsmusikalischer uniformierter Ausdruck-Formeln geht, wenn die neuesten Popsongs im Musikunterricht gehört werden, ist fraglich. Es geht der Neuen Musik nämlich nicht darum, vermeintliche musikalische Vorbilder nachzumachen, sondern Musik aus dem Innern der Person zu evozieren. Das, was musikalisch erklingt, soll also möglichst selbstständig erarbeitet werden – musica aude.

Aus methodischen Überlegungen heraus verzichtet der vorliegende Essay auf explizite Fragestellungen, welche die Ontologie von Musik bzw. Neuer Musik betreffen. Diese werden allenfalls im Rahmen theoretischer Rekonstruktionen angesprochen. Zumindest ist der Begriff der Ontologie problematisch, wenn darunter eine Art Kriterienkatalog zu verstehen ist, anhand dessen deskriptiv entscheidbar wäre, was etwas ist und – daran anknüpfend – eine kurze und knappe Definition erwartet wird. Ontologien suggerieren zunächst eine bloße Objektstellung der

---

9 Hellmut Federhofer (1998) Ein Beitrag zur Ästhetik Neuer Musik des 20. Jahrhunderts, in: Acta Musicologica, Vol. 70/ 2, S. 116 – 132, hier: S. 116.

Sache, um die es geht.[10] Ich habe jedoch einen anderen Weg gewählt, der vor allem davon ausgeht, dass das „Was-sein" einer Sache in ihrem „Wie" bestehen kann.

Folgt man Bürgers Begriff der Institution, so kommt man nicht umhin, den Handlungsaspekt einer Institution zu betrachten. Nach Bürger ist Kunst eine Institution, weil sie die drei Momente der Produktion, der Distribution und der Rezeption umfasst,[11] und eben diese drei Momente implizieren Handeln. Hermeneutisch ist der hier verfolgte Ansatz, insofern an das musikalische Handeln philosophische Begriffe bzw. Theorien als interpretative Leitfäden herangetragen werden. Da also mittels philosophischer Begriffe und Theorien der Handlungsaspekt Neuer Musik interpretiert wird, mag die hier verfolgte Methode, zumindest vorläufig, als eine hermeneutische Pragmatik bezeichnet werden, deren Ziel darin besteht, musikalisches Handeln in Relation zu Begriffen etwa wie Aufklärung, Erfahrung, Wissenschaft und Vernunft zu setzen. Als Verkörperungen musikalischen Handelns werden gelegentlich exemplarisch musikalische Werke, bzw. deren Eigenheiten in der Behandlung des musikalischen Materials, als dessen Korrelate herangezogen.

Den Leser erwartet keine streng systematisch gefasste Abhandlung, sondern ein Aufgreifen gedanklicher Motive in unterschiedlichen Begriffskontexten, was Redundanzen zur Folge hat. Da es sich bei dem vorliegenden Essay um ein auch persönlich motiviertes Plädoyer für die Neue Musik handelt, geht es auch um ihre Vermittlung. Aus diesem Grunde werden auch philosophische Spezialfragen lediglich angerissen. Zwar handelt es sich bei dem vorliegenden Essay um eine Philosophie Neuer Musik, doch richtet er sich nicht ausschließlich an das philosophische oder musikwissenschaftliche Fachpublikum. Zudem möchte der Essay kein abgeschlossenes System präsentieren, sondern Impulse zu

---

10 Einen Mittelweg, der in eine Ontologie des musikalischen Werkes auch den Begriff der Funktion einbezieht, hat Gunnar Hindrichs gewählt. Vgl. Gunnar Hindrichs (2014) Die Autonomie des Klanges. Eine Philosophie der Musik, Frankfurt a.M.

11 Vgl. Peter Bürger (1974) Theorie der Avantgarde, Frankfurt a.M., S. 29.

einem Dialog zwischen Philosophie und Neuer Musik geben. Daher bewegt er sich zwischen Argumentation und Rekonstruktion

II. Contemporary philosophy of music – ein musikphilosophisches Skandalon

Zur theoretischen Orientierung müssen wir uns fragen, wo wir *gegenwärtig* im philosophischen Reden über Musik stehen und welche die musikalischen Bezugspunkte der aktuellen Musikphilosophie sind. Es bieten sich hierfür zwei Zugänge an, die man als (a) den externen musikphilosophischen Zugriff und (b) den internen musikphilosophischen Zugriff nenn kann. Der erste Zugang wäre von der Philosophie zur Musik hin beschreibbar, etwa wenn Philosophen versuchen, musikalische Phänomene begrifflich einzuholen. Der andere Zugang besteht darin, dass Komponisten versuchen, ihre Praxis mittels philosophischer Begriffe und Theorieansätze reflexiv zu vermitteln. Diesen zweiten Zugang verfolgt beispielsweise der Komponist und Musikphilosoph Claus-Steffen Mahnkopf. Er erhebt in Bezug auf die philosophische Durchdringung des Phänomens Neuer Musik den Vorwurf, dass „die Gegenwartsproduktion – und übrigens auch die aktuellen Interpretationsparadigmen – kein Interesse von Philosophen findet"[1]. Damit ist die Situation im Grunde auch schon beschrieben. Akademische Musikphilosophie rekurriert in der Regel auf die traditionelle Musik. Bach, Mozart

1 Claus-Steffen Mahnkopf (2006) Kritische Theorie der Musik, Weilerswist, S. 84.

und Beethoven sind die meistgenannten Komponisten.[2] Geradezu naiv mutet angesichts dieser Tatsache Adornos Ausspruch an, dem zu folge „Philosophie der Musik heute [...] nur noch als Philosophie der neuen Musik [möglich; RT]“[3] sei. Dem zu trotze werden in der Regel an traditionellen Werken (nicht an denen der Neuen Musik, wie Adorno noch forderte) die musikphilosophischen Probleme erörtert. Wenn gelegentlich doch ein philosophischer Rekurs auf Neue Musik stattfindet, dann zumeist zu polemischen Zwecken.

Ist Musikphilosophie im deutschsprachigen Raum selten anzutreffen, so ist die philosophische Auseinandersetzung mit Neuer Musik noch seltener. In der Wissenschaftsphilosophie hingegen wird auf die neuesten Ergebnisse der Wissenschaften Bezug genommen, indem etwa die neusten Forschungsergebnisse der Hirnforschung von der Neurophilosophie reflektiert werden. Dass aber nach Adorno sich kaum noch jemand mit dem Phänomen der Neuen Musik in systematisch philosophischer Hinsicht befasst, kann geradezu als ein Skandalon bezeichnet werden.

Anders als im deutschsprachigen Raum besteht im angelsächsischen Sprachraum ein reges institutionelles Interesse an Musikphilosophie; Musik wird als philosophisches Themenfeld ernst genommen, und epistemische (die Erkenntnis betreffende) wie ontologische (das Sein der Dinge betreffende) Probleme, die mit dem Phänomenbereich Musik einhergehen, werden mit äußerster Akribie behandelt.[4] Auffällig wäh-

---

2 Eine Ausnahme stellt Albrecht Wellmer dar. Hierzu: Albrecht Wellmer (2009) Versuch über Musik und Sprache, München.

3 Adorno (2002), Philosophie der neuen Musik, Frankfurt a.M. (1958), S. 19.

4 So etwa Roger Scruton (2007) The Aesthetics of Music, Oxford, der nach der Poetik der Neuen Musik fragt und dabei die zu Grunde liegenden Prämissen kritisch hinterfragt. Oder Subotnik, die von einer Negativen Musik spricht, obwohl diese Charakterisierung nur auf einen kleinen Ausschnitt Neuer Musik zutrifft.

rend der Lektüre von Texten diverser Autoren ist, dass sich deren Inhaltsverzeichnisse untereinander stark ähneln, was auf eine gut institutionalisierte Diskussion schießen lässt. In der Regel behandeln diese Autoren Fragen, die den musikalischen Ausdruck, die Emotionen, das Problem der Repräsentation, der Ontologie des Werkes sowie der Metapher in der Musik betreffen. Hingegen ist Musikphilosophie im deutschsprachigen Raum eher eine akademische Nebentätigkeit, die nahezu ausschließlich in Sammelbänden dokumentiert ist.[5] Wer nach systematischen Schriften zur Musikphilosophie bezogen auf Gegenwartsmusik sucht, wir selten bei Philosophen, dafür häufiger bei zeitgenössischen Komponisten fündig.[6] Überwiegend findet in diversen Essays und Aufsätzen eine philosophische Reflexion musikalischen Komponierens statt in dem Sinne, dass sich über eine Praxis und der Legitimität des eigenen Tuns Rechenschaft abgelegt wird.

Problematisch und auch exemplarisch ist dabei die Abstinenz gegenüber Neuer Musik (die im angelsächsischen Sprachraum gelegentlich auch als *posttonale* Musik bezeichnet wird)[7] seitens der *contemporary philosophy of music*,[8] da sie sich anscheinend nicht auf die Gegenwart der gegenwärtigen Musik einzulassen vermag und sich somit um einen der gegenwärtigen Musikpraxis gerecht werdenden Musikbegriff bringt.

---

5 Dazu etwa Rüdiger Bittner et al. (Hrsg.) (1999) Was du nicht hören kannst – Musik, Hildesheim; Stefan L. Sorgner/Oliver Fürbeth (Hrsg.) (2003) Musik in der deutschen Philosophie, Stuttgart; Ulrich Tadday (Hrsg) (2007), Musikphilosophie, MusikKonzepte Sonderband, November 2007.

6 Claus-Steffen Mahnkopf (2006) Kritische Theorie der Musik, Weilerswist; Johannes Wallmann (2006), Integraqle Moderne, Saarbrücken; Wolfgang A. Schultz (1987) Damit die Musik nicht aufhört, Eisenach; John Cage (1987) Silence, Frankfurt a.M.

7 Robert D. Morris (1987) Composition with pitch classes, Yale; Anna Rita Adessi (2005) Analysis and perception in post-tonal music: an example from Kurtàgs String Quartett op. 1, Psychology of Music 2005; 33; 94 – 116.

8 Vgl. Peter Kivy (2001) Introduction into a philosophy of music, Oxford, S. 33.

Unter der Etikette einer *contemporary philosophy of music* verbirgt sich eine zeitgenössische Debatte über alte Musik. Über die Gründe kann hier nur spekuliert werden. Jedenfalls scheint es, als wäre mit dem Wandel in der bildenden Kunst um 1900 nicht nur der Begriff der Repräsentation in eine Krise geraten, was in einem Sammelband von Sandkühler und Freudenberger dokumentiert ist,[9] sondern auch keine Musik mehr komponiert worden. Hartnäckig wird der Wandel der musikalischen Idiome seit 1904 ignoriert. Das Problem scheint dabei tiefer zu wurzeln, denn was als Kategorie musikphilosophisch auf die geschätzte traditionelle Musik problemlos applizierbar ist, verfehlt in der Reflexion über Neue Musik nicht selten seine explanatorische Kraft. Die traditionelle E-Musik galt als allgemein verständlich. Indem Neue Musik eben die Kategorie des Universellen unterläuft, sabotiert sie einen einheitlichen Theorieansatz. Denn sie demontiert nicht nur musikalische Konvention, sondern sie verabschiedet sie, ohne eine neue anstelle der demontierten zu setzen.[10] Damit aber steht musikalisches Verstehen zur Diskussion: Man findet sich in der Neuen Musik musikhermeneutisch nicht mehr zurecht.

Der britische Musikphilosoph Roger Scruton lehnt Neue Musik mit der Begründung ab, dass die Regeln, nach denen sie funktioniere, nicht „natürlich" seien. Ob diese Regeln, die für die traditionelle Musik gelten, natürlich sind, darf jedoch bezweifelt werden, es sei denn man betrachtet kultürlich eingeschliffene Gewohnheiten als *zweite Natur*. Hier stellt sich der Verdacht ein, dass Musikphilosophie – für Scruton – die Aufgabe habe, normative Direktiven ästhetischer Art zu verordnen, um nämlich den eigenen Geschmack ideologisch in Szene zu setzten. Dies ist dem Problem einer objekttheoretischen Herangehensweise an das Phänomen Neuer Musik geschuldet. Ein objekttheoretischer Definitionsversuch geht von einem Abbildungsverhältnis zwischen Definiens

9 Silja Freudenberger, Hans Jörg Sandkühler (Hg.) (2003), Repräsentation, Krise der Repräsentation, Paradigmenwechsel, Frankfurt a.M.

10 Vgl. Mathias Spahlinger (2007) Dies ist die Zeit der konstitutiven Ideologien nicht mehr, MusikTexte 112.

und Definiendum aus; Musik wird, im Rahmen einer Snapshottheorie, also nur als ein klingendes Objekt, isoliert von jeglichem Handeln und Geschichtlichkeit verstanden. Ob damit jedoch ein guter Weg gewählt ist, muss noch eigens diskutiert werden. Entgegen (ästhetischen) Uniformierungsversuchen muss Neue Musik einer einheitlichen Theorie der Musik widersprechen, wenn Musikphilosophie, wie Scruton sie begreift, „offers neither psychological explanations nor critical recommandations. It attemps to say what music is, prior to any explanation or amplification of our musical experience“[11]. Die Definition Scrutons wäre im Grunde genommen dennoch eine realistische, insofern sie suggeriert, der Begriff „Musik“ sei, weil erfahrungsunabhängig, eindeutig und mit nur einem Vokabular beschreibbar. Da die Beschreibungskategorien für eine Definition an der traditionellen Musik gewonnen wurden, eignen sie sich nicht zur Beschreibung der Neuen Musik. Statt nun die Kategorien neu zu überdenken, begnügt man sich damit, die Neue Musik als defizitär oder unnatürlich abzustempeln.

Schönberg jedenfalls hegte seinen Zweifel an der Natürlichkeit oder Universalität irgendwelcher Regeln, nach denen Musik funktioniere bzw. zu funktionieren habe. Er bezweifelt also die (natürliche) Notwendigkeit ästhetischer Normativität, auf deren Grundlage ein klar umrissenes und allgemeingültiges Musiksystem zu errichten wäre. In seiner Harmonielehre erteilt er dem Naturalismus, der ja eben von der Natürlichkeit musikalischer Regeln ausgeht, die sich mithilfe der Naturwissenschaften nachweisen lassen, eine klare Absage.[12] Schönberg insistiert auf den konventionellen Status der in der Musik fungierenden Regeln.

---

11 Vgl. Roger Scruton (2007) The aesthetics of music, Oxford, S. 35.

12 Arnold Schönberg (1922) Harmonielehre, Wien. Als ein typischer Vertreter des Naturalismus in Sachen Musik wären hier Hermann von Helmholtz (1870) Die Lehre von den Tonempfindungen als Grundlage für die Theorie der Musik, Braunschweig, in der es vorwiegen um Gehörpsychologie und

Trotzdem stellt sich die Frage, ob Musik in gewisser Weise eine Universalie in anthropologischer Hinsicht ist. Auf die sprachpositivistische Scharlatanerie, dass nicht alle Kulturen einen einheitlichen Musik*begriff* haben, muss dabei nicht näher eingegangen werden, denn die Erörterung der Unterschiede in der Auffassung darüber, was und wozu Musik da sei, ist schon innerhalb eines Kulturkreisen eine prekäre Angelegenheit, die nicht auf eine eindeutige Antwort hoffen lassen sollte.[13] Die Frage ist nur, was an mehrdeutigen Antworten so schlimm sein sollte; gerade die Mehrdeutigkeit könnte ein Hinweis auf die variable Verfasstheit der Sache sein. Oft verwenden wir alltäglich Begriffe im Rahmen einer intuitiven Rede, die zwar nicht eindeutig sind, aber zumindest eine Vorverständigung ermöglichen – das ist nicht nichts. Es könnte also sein, dass Neue Musik kein strenger Terminus, sondern ein Reflexionsbegriff ist, der nicht für eine Wissenschaft mit exakten Anspruch taugt, sondern innerhalb der ästhetischen Kommunikation, in der auch die Metapher keine Seltenheit ist, eine konstitutive Rolle spielt.

Es stünde der Musikphilosophie an, sich bei der Praxis der Neuen Musik kundig zu machen, denn wie so jede Praxis, gibt auch sie hinsichtlich ihrer Verkörperungen zu denken. Bei ihr liegt der Fall jedoch schwieriger, da sie weniger scharf bestimmt ist; und weil Musik in unserem alltäglichen Leben allgemein für unsere Welt- und Selbstverhältnisse eine so große Rolle spielt, gibt sie um so mehr zu denken. Zu denken gibt sie beispielsweise auch hinsichtlich des Verstehensbegriffs, der bereits verschiedenen Musikphilosophen einiges an Gedankenarbeit abverlangte. Der Verstehensbegriff ist eine zentrale Kategorie für die Hermeneutik, und aus diesem Grunde sollte Neue Musik auch für sie ein Gegenstand dieser Form von Reflexion sein. Das Problem besteht darin,

---

Akustik geht sowie Carl Stumpf (1898) Konsonanz und Dissonanz, in: Beiträge zur Akustik und Musikwissenschaft, (1898) No. 1, S. 1 – 108, die sich mit Musik aus eher gehörpsychologischer Richtung befassen, zu nennen.

13 Als Beispiel sei etwa die - zumindest für kurze Zeit - öffentlich ausgetragene Kontroverse über die Unterscheidung zwischen E und U Musik in der Zeit.

einen Übergang von der an sprachlichen Gebilden orientierten Hermeneutik, die es ja traditionellerweise eben nur mit Sprachgebilden zu tun hat, zum Verstehen nichtsprachlicher Gebilde zu finden. Denn die Hermeneutik – als Disziplin des Verstehens – hatte es in ihren Anfängen mit dem sprechenden Orakel oder aber mit der Auslegung der Heiligen Schrift zu tun. Hermeneutik bezog sich traditionellerweise auf die mündliche oder schriftliche Rede. Sie bezog sich nie – als Lehre des Verstehens – auf nichtsprachliche Gebilde. Der Ruf nach einer Hermeneutik nichtsprachlicher Gebilde stellte daher für die Hermeneutik auf den ersten Blick eine Zumutung dar. Erst spät wurde die Musik als ein Objekt hermeneutischer Reflexionen entdeckt.[14]

Wird bei tonaler Musik von „Verstehen" geredet, indem etwa der harmonische Verlauf antizipiert werden kann („aha, eine intelligente Durchführung!"), dass eine Reprise unsere Erwartung an Folgendes bestimmt, dass wir den Generalbass im Geiste mitsummen können sowie die harmonische Rhythmik rekonstruieren können, so kann bei Neuer Musik dieser Begriff von Verstehen wohl kaum angewandt werden. Es finden sich für das Verstehen vieler Werke der Neuen Musik jedoch andere Anhaltspunkte – auch dazu wird weiter unten genauer die Rede sein. Es sollte daher einen Musikphilosophen interessieren, was die aktuelle Musik philosophisch gesehen bedeutet. Denn sie scheint unsere Hörgewohnheiten zu sabotieren und verabschiedet das investierte traditionelle begriffliche Vokabular, mit dem Musik gewöhnlich reflektiert wird. Aber diese Negativität geht aus einer Produktivität sowie Kreativität hervor, der man sich gegenüber öffnen sollte.

---

14 So etwa bei: Wilhelm Dilthey (1927) Vom musikalischen Verstehen, in: Ges. Schriften Band VII, Leipzig; Arnold Schering (1914) Zur Grundlegung der musikalischen Hermeneutik, in: Zeitschrift für Ästhetik und allgemeine Kunstwissenschaft, Bd. 9. Berlin 1914; Chr. v. Blumenröder und W. Steinbeck (Hg.) (2007), Musik und Verstehen, Laaber; Thomas Schieche (1998), Zu einer Grenzerfahrung des abendländischen Denkens: Musikalische Hermeneutik. Anthropologische Grundfragen nach den Bedingungen ihrer Ermöglichung, Hamburg.

In gewisser Hinsicht ist dem Ästhetiker Rüdiger Bubner beizupflichten: Was er hinsichtlich des Verhältnisses zwischen moderner Kunst und Philosophie gleichsam cassandrinisch attestierte, ist für das Verhältnis zwischen Neuer Musik und zeitgenössischer Musikphilosophie erst recht zutreffend.

> Das Verstummen der Philosophie vor der Kunst hängt offenbar zusammen mit dem längst geschwundenen Vertrauen in die Kraft des systematischen Gedankens, der sich neben andern Sachgebieten auch auf die Kunst richtet, um sie in die Disziplin des Begriffs zu nehmen [...] Die radikale Selbstbefreiung der künstlerischen Produktion aus dem herkömmlichen ontologischen Gehege und die planmäßige Überwindung eines jeden Kanons hat die Möglichkeit der Theorie hoffnungslos hinter sich gelassen.[15]

Ob die Rede vom Verstummen der Philosophie generell zutrifft, mag man aber anzweifeln können, zumal moderne Kunst selbst stark am Begriff orientiert ist. Angesichts aktueller Phänomene etwa im Bereich der Skulptur könnte man eher dazu neigen, von der Notwendigkeit eines Dialoges zu sprechen, die schon in der Reflexion der Künstler selbst gelegen ist.

Zum Beispiel kann darauf hingewiesen werden, dass in der Architektur und auch in der Musik der Begriff der *Dekonstruktion* einen zentralen Topos produktionsästhetischer Reflexionen darstellt.[16] Es gibt auch bildende Künstler, die sich mit dem Raum befassen und für diesen Zweck auf Heidegger rekurrieren. Zu nennen wären beispielsweise Künstler wie Chillida und Hemmert. Gerade in der Installation „Lokale Vokabulare" von Hans Hemmert wird die Situation in und aus der heraus etwas verstanden wird, mit ästhetischen Mitteln reflektiert. Letzteres hat zwar nicht direkt mit der Dekonstruktion zu tun, auf die wir noch zu sprechen kommen werden, dafür aber mit einem zentralen Thema der

15 Rüdiger Bubner (1989) Ästhetische Erfahrung, Frankfurt a.M., S. 9.

16 Verweisen sei an dieser Stelle etwa auf die Schriften von Peter Eisenman, Daniel Libeskind oder Bernard Tschumie.

philosophischen Hermeneutik. In der Installation LOKALE VOKABULARE von Hans Hemmert wird ein und derselbe Dialog, dem ein Text von Heidegger zu Grunde liegt, in völlig verschiedenen Filmszenen gesprochen. Die *Bewandtnis* des Raumes, stellt sich in der jeweiligen *Situation* als eine andere dar. Beispielsweise – und hier wird nicht der Anspruch erhoben, eine unfehlbare Interpretation vorzulegen, denn es geht um exemplarische Interpretation – rezitierte in einer Szene ein Paar am Strand den Text von Heidegger. Eine gewisse Ruhe im Tonfall und die Kulisse am Strand vermitteln Weite; und entsprechend ist der Raum semantisch aufgeladen. Hingegen gewinnt der Raum in einem Dialog, der in einem (Flucht?-)Auto gesprochen wird, ein gänzlich andere Bedeutsamkeit: er wirkt beengt. Mit ästhetischen Mitteln wird also ein philosophischer Text reflektiert und in Szene gesetzt.

Hinsichtlich der Dekonstruktion kann zwischen einer kategorialen und einer strukturalen Dekonstruktion unterschieden werden. Zum einen findet eine kategoriale Dekonstruktion der traditionell gültigen musikalischen Kategorien statt, wie etwa Rhythmus, Melodie, Metrik und Harmonik etc., indem sie etwa unterlaufen oder suspendiert werden. Schönberg hat in seiner Harmonielehre sogar den Gegensatz von Konsonanz und Dissonanz dekonstruiert. Dieser Gegensatz beruhe nach Schönberg auf Konvention und nicht auf apriorischen Gesetzten. Die *minimal music* könnte dahingehend interpretiert werden, dass in ihr die Kategorie der Tonalität überstrapaziert wird, bzw. Atonalität als musikalische Kategorie bzw. Konvention suspendiert wird. Zudem kann eine „Überforderung" und damit auch „Karikatur" der Wiederholung in der *minimal music* gesehen werden. Hierbei ist vor allem hervorzuheben, dass zu Beginn der *minimal music* der ganze Musik-Begriff zur Debatte stand, indem man etwa mit der Iteration der Raumakustik oder mit Gleichlaufschwankungen zweier Tonbandmaschinen operierte. 1969 „komponierte" Alvin Lucier I'M SITTING IN A ROOM, welches als eine strukturelle Dekonstruktion bezeichnet werden kann. Er sprach einen Text, mit dem er einfach beschrieb, was er gerade tat – damit tritt das Moment der Selbstreferenzialität in Erscheinung, nämlich als Formprinzip. Zudem wurde die daraus resultierende Aufnahme im selben Raum wiederaufgenommen, wieder abgespielt und gleichzeitig wieder aufgenommen. Das Material wurde auf sich selbst iteriert. Selbstverständlich kann man hier, aus der Perspektive traditioneller Musik, fragen, was daran eigentlich Komposition sei – was Komponieren letztlich bedeutet. Diese Frage wurde ja schon von Cage aufgeworfen. Aber es gibt in I'M SITTING IN A ROOM immerhin eine innere Bewegung im Material von der Sprache hin zur Musik. Und genau dies scheint ein ausgezeichnetes Merkmal von I'M SITTING IN A ROOM zu sein. Musikalität wird in einem Prozess entdeckt. War zunächst nur der Text zu hören und somit Sprache präsent, so wurde der Text im Verlaufe immer undeutlicher, die Sprache (Semantik) trat zurück zugunsten der Musikalität.

Mag die philosophische Selbstreflexion in der Neuen Musik dem akademischen Philosophen als zu dilettantisch vorkommen, so kann der Anspruch des akademischen Philosophierens als allzu pedantisch bezeichnet werden, wenn er die musikphilosophischen Reflexionen zeitgenössischer Komponisten nicht ernst nimmt. Denn Philosophieren kann und sollte – gerade für eine aufklärerische Philosophie – als eine typisch menschliche Angelegenheit aufgefasst werden. Vielleicht ist die Zurückhaltung gegenüber Neuer Musik in einer gewissen Interpretationsscheu der Philosophen zu suchen, welche sich nicht dazu durchringen können, eine essayistische Interpretation musikalischer Praxis abzuliefern. Wer sich hingegen mit Plausibilität einer Interpretation begnügt, der kann dafür seinen Themenhorizont erweitern.

Zumindest wären dies mögliche Gründe, welche die Bubnersche These vom Verstummen der Philosophie erklären könnten. Jedoch ist damit nicht die Wahrheit der These Bubners behauptet. Denn es sollte nicht vergessen werden, dass sich Philosophen sehr wohl mit aktueller Kunst befassen, was Arthur C. Danto in mehreren seiner kunstphilosophischen Schriften demonstriert.[17] Zwar ist die Lage in der philosophischen Ästhetik bzw. der Kunstphilosophie alles andere als einheitlich und übersichtlich, aber von einem Verstummen der Musikphilosophie

17 Arthur C. Danto (1984) Die Verklärung des Gewöhnlichen, Frankfurt a.M.

gegenüber der neuen Musik kann – jedenfalls der Tendenz nach – guten Gewissens gesprochen werden.

Merkwürdig ist dieses Verstummen, zumal zeitgenössische Komponisten nicht nur ihr Tun oder ihre Methoden philosophisch reflektieren, sondern weil sie selbst zu einem Dialog mit der Philosophie aufrufen (die Initiative zur Umsetzung lässt aber auch hier auf sich warten). Statt dass Komponisten Neuer Musik ihr Gespräch mit verstorbenen Philosophen führen, wäre es angebracht, einen lebendigen Dialog zu suchen. Wenn Philosophie die Aufrufe jedoch überhört oder sich als gesprächsresistent erweist, so braucht sie sich dann nicht wundern, wenn sie als Gesprächspartner immer seltener Gesucht wird. Auf der von Peter Janich ausgerichteten „kleinen“ Tagung der DGPhil im Herbst 2006 in Marburg klagte Herbert Schnädelbach noch vor dem Auditorium, dass kaum jemand auf die Philosophie höre. Dies hat teilweise wohl auch damit zu tun, dass die Philosophie – ähnlich wie die Neue Musik – in der Öffentlichkeit kaum noch verstanden wird. Und nicht nur scheint es ein Vermittlungsproblem mit der allgemeinen Öffentlichkeit zu geben. So ist sie auch dabei, ihren Kredit bei der Neuen Musik zu verspielen. Nur selten finden Komponisten Neuer Musik und Gegenwartsphilosophen in ein Gespräch. So etwa auf dem Internationalen Kongress der DGPhil 2005 zwischen Wolfgang Rihm und Günther Abel; doch stellt dies einen seltenen Fall dar, den man sich häufiger wünscht, denn schließlich steht die Möglichkeit einer Musikkultur auf dem Spiel.

EINIGE AUSNAHMEN

Immerhin bietet sich ab und zu die Gelegenheit, bei Philosophen explizit über Neue Musik zu lesen. In der Regel bleibt es aber auch bei pauschalen oder aber höchst speziellen Fragestellungen hinsichtlich der Neuen Musik. Anstrengungen, wie sie noch Adorno auf sich nahm, sucht man heutzutage vergebens. Denn er versuchte, Neue Musik als einen ganzen kulturellen Bereich bzw. als einen kulturellen Entwurf zu interpretieren.

Sie ist bei ihm mehr als eine kulturphilosophische Wundertüte, aus der man so allerhand Kurioses herausfischen kann.

In seinem Aufsatz „Kunst als Spiel, Symbol und Fest" stellt Hans Georg Gadamer einige Reflexionen kunstphilosophischer Art an. Dabei geht es ihm u.a. um die Frage, wie es zu denken sei, dass Werke alter Meister und ebenso Gebilde zeitgenössischer Produktion als Kunst bezeichnet werden, obwohl sie einander auszuschließen scheinen.[18] In Werken traditioneller Malerei etwa ist sehr gut erkennbar, was ein Bild darstellt. Landschaften, Bäume sowie Gesichter können, auch wenn das Bild keine wirklich existierende, sondern – sagen wir – eine der Phantasie des Malers entsprungene Landschaft darstellt, als eine solche vom Betrachter identifiziert werden. Vergleichen wir nun dieses Bild mit einem Bild des Informel, so ist auf dem Bild des Informel (Thieler, Sonderburg) zunächst nichts Reidentifizierbares zu sehen. Legt man nun Identifizierbarkeit als Maßstab an, so dürfte das Bild des Informel im Grunde kein Bild sein, und somit – bezogen auf die Malerei – auch keine Kunst. Andererseits werden Bilder des Informel als Kunst anerkannt.

Dies führt ihn zu der Frage, ob ein deskriptiver wie auch gegenstandsbezogener Begriff von „Kunst" überhaupt sinnvoll ist, oder ob der Begriff der Kunst nicht besser mit einer Reflexion unserer Pragmatik zu erfassen sei. Damit verabschiedet er sich von einem substanzialistischen Kunstbegriff zugunsten eines funktionalen. Wenngleich eine Analyse oder tiefergehende Interpretation der Neuen Musik bei Gadamer ausbleibt, weist er zumindest auf ein Problem hin, dem sich Neue Musik schon immer ausgesetzt sah und welches durch die Neue Musik erst ins philosophische Bewusstsein drang. Im öffentlichen Konzertleben nämlich – so stellt es sich für Gadamer dar – ist Neue Musik ein von Intendanten zugemutetes und vom Publikum in Kauf zu nehmendes Übel. Mit Gadamers Haltung gegenüber neuer Musik hat dies nichts zu tun, son-

18 Vgl. Hans-Georg Gadamer (1999) Die Aktualität des Schönen, Gesammelte Werke 8, Tübingen, S. 100.

dern er berichtet nur von seinen Beobachtungen. Er stellt heraus, inwiefern Neue Musik eine Herausforderung für das philosophische Denken sei und was sie der (Kunst-)Philosophie zu denken gibt. Er erinnert

> an die moderne Musik, an das völlig neue Vokabular von Harmonie und Dissonanz, das da benutzt wird, an die eigentümliche Verdichtung, die durch den Bruch mit den alten Kompositionsregeln und der Satzarchitektur der großen musikalischen Klassik erreicht wird. Man kann sich den so wenig entziehen, wie man sich der Tatsache entziehen kann, dass man, wenn man durch ein Museum geht und die Säle der neuesten künstlerischen Entwicklung eintritt, etwas wahrhaft hinter sich lässt. Wenn man sich aufs Neue einlässt, dann bemerkt man bei der Rückkehr zu dem Älteren ein eigentümliches Verblassen unserer Aufnahmebereitschaft. Das ist gewiss nur eine Kontrastreaktion und durchaus nicht die bleibende Erfahrung eines bleibenden Verlustes, aber gerade die Schärfe, des Kontrastes zwischen diesen neuen Formen von Kunst und den alten wird daran deutlich [...] Dieser kurze Überblick sollte nur bewusst machen, was eigentlich geschehen ist und warum Kunst heute eine neue Frage stellt – ich meine: warum verstehen, was Kunst heute ist, eine Aufgabe für das Denken stellt[19].

Gadamer beschreibt damit eine Aufgabe für die hermeneutische Philosophie, welche ästhetisch bzw. kunstphilosophisch wird; und in diesem Sinne kann wohl auch die dunkel formulierte Forderung nach einem Aufgehen der Ästhetik in die Hermeneutik, die Gadamer in Wahrheit und Methode aufstellte,[20] verstanden werden. Er zielt auf eine Interpretation ästhetischer Praxis als eine Form der Auseinandersetzung mit der Geschichtlichkeit des Menschen ab – er versucht also, Kunst als eine eigenständige Praxis des Verstehens hermeneutisch zu fundieren. Ihm kommt es vor allem auf die Vermitteltheit von Altem mit Neuem an, die um ein gemeinsames Zentrum zu kreisen scheinen. Begreift man vor diesem Hintergrund Neue Musik nicht als bloßen Bestand fixierter Ge-

19 Gadamer, (1999) S. 99 – 100.

20 Gadamer, Wahrheit und Methode (1975) Tübingen, S. 157.

bilde bzw. Konzeptionen, sondern als eine Praxis vernünftiger Artikulation sowie einen emanzipierten Umgang mit dem musikalischen Material, so erweist sich Gadamers Behauptung von der Fortsetzung des Alten im Neuen als nicht zu weit hergeholt, sondern wird von der Geschichtsschreibung der Neuen Musik regelrecht bestätigt. Ligeti rekurriert beispielsweise auf den späten Beethoven oder auch auf Debussy,[21] Georg Friedrich Haas verarbeitet in seinem Sextett UNO EX TRIAS Josquin Desprez, Lachenmann hat Schubert wiederentdeckt.[22] Allen Komponisten ist ein Rekurs auf ältere Musik gemeinsam.

Vor diesem Hintergrund versucht hermeneutische Philosophie, möglichen Sinn einer Praxis aufzuweisen, indem sie in Relation zur Lebenswelt gesetzt wird; und damit ist die Aufgabe gestellt, die Geschichtlichkeit der Kunst als eine soziale Praxis aufzufassen und zu beschreiben.

So mancher könnte hier einwerfen, dass dieser Entwurf Neuer Musik etwas zu harmonisch sei, dass Dissonanzen fehlen. Ist die Rede von den Verweisen und Querbezügen durch die Zeit vielleicht zu voreilig? Schließlich zeichne sich die Moderne doch gerade eher durch Brüche denn durch Kontinuität aus. Aber genau hier setzt Gadamers Kernfrage ja an, nämlich wie es zu denken ist, dass Werke vergangener Epochen wie auch zeitgenössische Gebilde uns *als Kunst* ansprechen. Damit umgeht Gadamer die ontologische Falle, die sich auftut, wenn Kunst nur über bestimmte äußerliche dingliche Merkmale definiert wird. Vielmehr kommt es bei Gadamer darauf an herauszufinden, was es heißt, dass uns diese Gebilde als Kunst *ansprechen*. Welcher Prozess muss in uns freigesetzt werden, damit wir einer Sache das Prädikat „Kunst" zuschreiben? Eine dingliche Ontologie wäre nicht nur für die moderne Kunst, die Neue Musik, sondern für die Kunst *in toto* verhängnisvoll, da ihre Kategorien erstarren und nur für einen bestimmten Zeitraum zutreffen würden.

---

21 Vgl. Eckart Roelcke (2003) Träumen Sie in Farbe?, Wien, S. 194ff.

22 Es könnte an dieser Stelle auch noch auf Bartoks Sonate für Solovioline hingewiesen werden, die eine Chaconne (!) und eine Fuge beinhaltet.

Reine Innerlichkeit, wie Hegel noch meinte, ist die Musik schon lange nicht mehr (falls sie es je gewesen ist); und auch auf alte Musik trifft dieses Urteil nicht vorbehaltlos zu. Hierin erweist sich Hegel als Romantiker. Musik war nicht zu allen Zeiten schweigendes Genießen „tönend bewegter Formen". Erinnert sei hier an den mittelalterlichen Begriff der *musica*, der mehr umfasste als sich der zeitgenössische Durchschnitthörer träumen ließe. Musik war auch Medium der mathematisch-religiösen Spekulation und der Musikbegriff (Musica) umfasste sämtliche Relationen, so dass Boethius von einer *musica mundana* sprach. Sogar die KUNST DER FUGE (BWV 1080) ist ein Werk spekulativen Charakters, das Bach bei der *Correspondierenden Gesellschaft für musikalische Wissenschaften* in Leipzig einreichte.

Nicht selten ist während der Pause oder nach einem Konzert, nach der Darbietung Neuer Musik die Frage zu hören, ob denn das, was da gerade gehört wurde, wirklich Musik sei. Solche Fragen stellen auch jüngere Konzertbesucher, die, wie sich herausstellt, gerade ihr Studium der Musikwissenschaft begonnen haben. Aber auch wenn man Freunden oder Bekannten ein Stück neuer Musik vorspielt, blickt man nicht selten in ein ratloses Gesicht. Es kann dann sogar so weit kommen, dass etwa Ligetis Stück ATMOSPHÈRES als Staubsaugermusik bezeichnet wird. Dass die Schuld hierfür bei der Neuen Musik zu suchen sei, weil sie sich nicht den allgemeinen gesellschaftlichen Hörerwartungen beugt, wie etwa Rose Rosengard Subotnik behauptet,[23] kann aus guten Gründen angezweifelt werden, denn ebenso gut kann ja gerade ein ästhetische Phlegma angeprangert werden; und ein Blick in die Musiksoziologie zeigt, dass an „Musik" völlig heterogene Maßstäbe angelegt werden.

23 Rose Rosengard Subotnik (1994) The Challange of contemporary Music, in: Philip Alperson (Hrsg.) What is Music? An Introduction to the Philosophy of music, The Pennsilvania State University, S. 359 – 396.

CAGES BRUITISMUS

In der Diskussion musikästhetischer wie musikphilosophischer Probleme spielt die experimentelle und auch die *minimal music* eine signifikante Rolle. Einige Stücke der Neuen Musik stellen den Werkbegriff performativ zur Disposition, als Zeichen dafür, dass Neue Musik, nicht selten, bestimmte Kategorien suspendiert bzw. den Umgang mit gewohnten Kategorien beständig hinterfragt. Der amerikanische Komponist John Cage gilt als bekanntester und einflussreichster Vertreter der experimentellen Musik. Dem Neuseeländischen Philosophen Stephen Davies, der am Beispiel von Cages 4'33'' die Funktionsweise sowie die perzeptionellen Implikationen des musikalischen Werkbegriffs verdeutlichen will, geht es darum, dass Cage die Grundlagen des traditionellen Werkbegriffs voraussetzt und beansprucht.

Seine Art, den musikalischen Werkbegriff zu bestimmen, beginnt nicht mit einer Definition, sondern über eine Explikation der musikalischen Erfahrung mit 4'33'' legt er dar, inwiefern der musikalische Werkbegriff mit unserer Haltung gegenüber musikalischen Phänomen einhergeht.[24] Davies bezieht sich somit auf ein recht häufig diskutiertes und weithin bekanntes „Stück" experimenteller Musik. Seit seiner Uraufführung 1952 sorgt es für rege Debatten unter den Musikästhetikern- und Kritikern. Problematisch ist für Davies allerdings die Etikette des *Werks*, die man 4'33'' anhaften will, um darüber reden bzw. schreiben zu können. Er nimmt 4'33'' zum Anlass, auf ernsthafte Weise über experimentelle Musik nachzudenken, ohne sie polemisch diffamieren zu wollen. Problematisch an 4'33'' ist für ihn, dass es keine Struktur hat, die zu hören wäre. Gewöhnlich ist ja immer von einer Struktur die Rede, die es hörend zu erfassen gilt, auch wenn die Reduktion auf strukturelles Hören musikalischer Praxis nicht genügen mag, da mit Musik in einem weitesten Sinne sinnhafte bzw. sinnstiftende Prozesse freigesetzt werden können, wie etwa in den 60er Jahren von der Rockmusik und der

24 Unter eher kritischen Vorzeichen tut dies auch Lydia Goehr (1992) The imaginary museum of musical works, Oxford.

Beatmusik. Diese Musiken stiften auf eine bestimmte Art und Weise Identitäten sozialer Art. Mit dieser Identitätsstiftenden Kraft unterschiedlicher Musiken sowie deren unterschiedlichen Handlungszusammenhänge, hat sich der Musiksoziologe Kurt Blaukopf ausführlich befasst.[25] In gewisser Weise hat jede Musik ihr Publikum, und folglich hat auch 4'33'' bzw. die experimentelle Musik ihr Publikum. Cage erteilte mit 4'33'' dem traditionellen Werkbegriff eine radikale Absage. Prekär ist schon die so genannte „Identität des Werkes“, da diese nicht *fest*stellbar ist. Es dürfte äußerst Schwierig sein und außerhalb der Konzeption liegen, dass jemand nach der Performance von 4'33'' sagen könnte „ich möchte *dasselbe* Stück oder dieselbe Stelle noch mal hören“. Denn strukturell unterscheiden sich alle Aufführungen von 4'33'' maßgeblich.

Üblicherweise werden der Werkbegriff und die mit ihm einhergehenden Fragen paradigmatisch an den Klassiker der abendländischen Musik erörtert, hierin unterscheidet sich Davies deutlich von vielen anderen Musikphilosophen. Dies ist von Vorteil, denn über die Differenzen zu den als klassisch oder traditionell zu bezeichnenden musikalischen Gebilden, kann die Besonderheit von Cages 4'33'' präziser herausgestellt werden. Unter ontologischen Fragestellungen hat noch Roman Ingarden nach der Identität eines musikalischen Werkes anhand Beethovens Musik gefragt und damit in exemplarischer Hinsicht, was ein musikalisches Werk überhaupt sei.[26] Eine Ontologie in herkömmlichem Sinne kann bei Cage kaum in Frage kommen, da 4'33'' keine wohl definierte Entität darstellt. Jede Aufführung kann aus völlig unterschiedlichen Geräuschen bestehen, und außerdem wird es schwierig sein feststellen zu können, auf welche Geräusche die einzelnen Zuhörer intentional gerichtet sind. Es könnte sein, dass nicht unbedingt auf die lautesten Geräusche geachtet wird. Vielleicht achtet jemand nur darauf, welche

25 Kurt Blaukopf (1982) Musik im Wandel der Gesellschaft, München.

26 Roman Ingarden, Untersuchungen zur Ontologie der Kunst. Musikwerk – Bild – Architektur – Film, Tübingen 1962 Darin insbes. §.6-8 des ersten Teils.

Geräusche der Sitzplatznachbar mit ihrer/seiner Kleidung verursacht, oder er achtet auf die Atemgeräusche anderer Personen. Diese Geräusche entziehen sich jedoch dem Rest des Auditoriums. Wenn nun etwa ein vorüber fliegender Düsenjet im Aufführungssaal für alle Zuhörer hörbar ist, muss dies nicht zugleich bedeuten, dass auch ein jeder Zuhörer dieses Geräusch wahrnimmt. Zudem könnte während einer anderen Aufführung von 4'33'' sagen wir zum Zeitpunkt 2'34'' – statt eines Düsenjets eine Feuerwehr zu hören sein.

Für die Konzeption von 4'33'' ist dieser Punkt von äußerster Wichtigkeit, da die Geräusche, die wahrnehmbar sind, vom Komponisten nicht intendiert wurden. Es gibt keine Korrelation zwischen der Intention des Zuhörers und der vom Komponisten intendierten Struktur des Werkes. Aber Intentionen sind für den traditionellen Werkbegriff eine notwendige Bedingung, denn nur was mit Intention(en) geschaffen wurde, kann des Status eines Werkes haben. Mit der Konzeption von 4'33'' unterläuft Cage jedoch diese traditionelle Auffassung. Wenn sich im Gebilde keine intentionsgeleiteten, also absichtsvoll hervorgebrachten, Strukturen finden lassen, so wird auch die Frage nach der Autorschaft ein Problem. Wer ist bei 4'33'' eigentlich der Autor? Gilt jemand, der während der Aufführung hustet, als Koautor?

Genau diese Fragen, die sich mit dem traditionellen Werkbegriff verbinden, insbesondere dessen normative Implikationen, stellt Cage mit 4'33'' zur Debatte. Davies sieht darin aber keinen Versuch der Destruktion, sondern der kritischen Dekonstruktion.

> We might hear in the sounds occuring during a performance of 4'33'' a new kind of music, one transcending and decontructing the categorial distinctions drawn traditionally between the musical and nonmusical. In that case, there is conceptual room, so to speak for regarding the noise of the everyday as music only because the standard notion of music is undermined an rejectect. There is an invitation to conceptual revision.[27]

---

27 Stephen Davies, Themes in the philosophy of music, Oxford 2003, S. 15.

Zunächst sticht Cages antiessenzialistische Haltung gegenüber einem traditionellen Musikbegriff hervor. Musik scheint keine fest umrissene Wesenheit zu sein, die erschöpfend definiert werden könne. Er zeigt sich nicht damit einverstanden, die traditionell gewordenen Kategorien, anhand derer wir etwas als Musik identifizieren, als unumstößlich fixierte Kriterien gelten zu lassen. Was Musik sei, unterliegt der Konvention, die weniger als Verabredung, sondern eher als Übereinkunft habituellen Charakters verstanden werden kann. Auch was sich als allgemein gültiger Gebrauch eingeschliffen hat, kann als Konvention bezeichnet werden. Die Idee, den Musikbegriff zu dekonstruieren, also auch in seinen Bedingungen kritisch zu rekonstruieren, ist zugleich ein Aufbegehren und eine Vergegenwärtigung unserer (musikalischen) Gewohnheiten. Davies sieht darin jedoch eine konzeptionelle Schwäche, denn auch der Musikbegriff, den Cage vorschlägt oder voraussetzt, ist nicht ganz unproblematisch. Es bleibt nämlich anfechtbar, dass Geräusche, nur aufgrund ihrer perzeptiven Eigenschaften *per se* schon als Musik gehört werden können. Die Frage zielt, präziser gestellt, darauf ab, ob das Akustische als Grundlage für einen Musikbegriff genügt. Cage scheint diese Auffassung zu vertreten. Zwar mag diese Position sympathisch sein, insofern sie eine neue Perspektive auf das musikalische Material eröffnet, doch dieser Cagesche Bruitismus birgt in sich Aporien, die ein Stück weit erörtert werden müssen. Denn bei aller legitimen Kritik am traditionellen Werkbegriff droht der Cagesche Bruitismus, der auf die nackten Geräusche rekurriert (wie Husserl die Maxime „zu den Dingen selbst formulierte, könnte die Cagesche Maxime „zu den Geräuschen selbst“ lauten), in einen kruden Naturalismus abzudriften. Cage Konzeption lässt zumindest die Auffassung zu, dass der Musikbegriff kausaler Natur sei, bzw. es ist nicht auszuschließen, dass seine Argumentation für einen realistischen Standpunkt operationalisiert werden könnte. Davies weist auf folgende Schieflage hin:

On this account, with I concour, Cage failed with 4'33'' if his prime intention was to draw our attention to the naked aesthetic potentential of ordinary sounds. He failed because he intended to create an artwork and succeeded in doing so, thereby transforming the qualities of the sounds which that work directs our attendtions.[28]

Er sieht das grundlegende Problem also nicht darin, dass Cage für 4'33'' Kunststatus beansprucht, es geht ihm also nicht darum zu fragen, ob 4'33'' Kunst sei, sondern er äußert Bedenken hinsichtlich der Konzeption von 4'33'' sowie den Intentionen, die Cage hinsichtlich von 4'33'' äußert. Es geht Davies also weniger um die intendierte Demontage des traditionellen Werkbegriffs als um die stillschweigenden Voraussetzungen, die gemacht werden müssen, damit – gemäß den Intentionen Cages – 4'33'' adäquat gehört und verstanden werden kann. Zwar ist der von Cage geleistete musikpädagogische Beitrag nicht hoch genug zu veranschlagen, doch andererseits wird eine kulturell gewordene Praxis des Musikhörens vorausgesetzt, damit akzidentielle Umweltgeräusche als Musik gehört werden können. Cages Konzeption suggeriert hingegen eine „Naturwüchsigkeit" von Musik, die, da sie musikalisches Hören apriorisch begründen möchte, im Grunde genommen auch einen fest definierten Begriff von Musik liefern können müsste. Diese Voraussetzung widerspräche aber der Grundhaltung gegen einen festen Musik-Begriff.

Wir sollten, laut Cage, an den während der Aufführung von 4'33'' auftretenden Umweltgeräuschen ein ästhetisches Interesse aufbringen. Helga de la Motte sieht darin einen Versuch „die Einheit des Menschen mit der Natur herzustellen"[29]. Es scheint jedoch problematisch für etwas ein ästhetisches Interesse aufzubringen, wenn man diese Geräusche als nackte Eigenschaften auffasst. Denn wie ließe sich ein ästhetisches Interesse realistisch bzw. naturalistisch begründen? Genügt der Rekurs auf die *perzeptiven* Eigenschaften, um ein Gebilde oder Ereignis *als* ästhetisch zu bezeichnen? Das Prädikat „ästhetisch" scheint genau das in die

28 Ebd. S. 17.

29 Helga de la Motte (1971) Die Teilung der musikalischen Kultur, in: Ulrike Liedtke (Hrsg.), Jeder nach seiner Fasson – Musikalische Neuansätze heute, Saarbrücken, S. 18 – 27, S.22.

Hörerfahrung zu importieren, was Cages ausschalten wollte, nämlich den kulturellen Hintergrund.[30] Auf diesen Punkt geht Davies nicht weiter ein, sondern er macht auf eine andere Ungereimtheit aufmerksam. Denn mit seiner Forderung nach intentionslosem Hören, fordere Cage ja zu einer *Verklärung* gewöhnlicher und nicht intendierter Geräusche zu musikalischem Material auf. Dieses Phänomen der *Verklärung* stellt innerhalb ästhetischer bzw. künstlerischer Praxis nicht Ungewöhnliches dar, doch die Genese eben dieses Verklärungsprozesses sollte nicht außer Acht gelassen werden.[31]

Indem gewöhnliche Umweltgeräusche zu Musik verklärt werden, verweist Cage wiederum auf eine bereits etablierte Praxis und muss, damit diese Geräusche so gehört werden können, insgeheim doch auf den Werkbegriff rekurrieren, oder ihn zumindest voraussetzen. Auch die Frage nach der Ontologie von Musik reißt Davies bei dieser Gelegenheit an. Er rekurriert nochmals auf die Frage, ob 4'33'' Musik sei und kommt zu einem negativen Ergebnis. Für ihn ist es keine Musik, sondern eine zum Nachdenken über Musik anregende Performance. Da dies mit Mitteln der *Sinnlichkeit* geschieht, also auf den Vollzug der Wahrnehmung notwendig angewiesen ist, sei es unabdingbar Kunst. Im Grunde wird damit nicht gegen die Idee polemisiert, zufällig entstandene Geräusche musikalisch aufzufassen, sondern der theoretische Überbau zur Interpretation von 4'33'' wird kritisiert in seinem Anspruch der Begründbarkeit sowie des intendierten Zweckes, den Cage damit verfolgte. Davies versucht also – gemäß einer hermeneutischen Maxime – den Autor besser zu verstehen als er sich selbst verstand. Aber auch in polemischer Hinsicht findet gelegentlich eine Auseinandersetzung mit neuer Musik statt.

30 Zu der Problematik von Naturalismus bzw. Realismus im Ästhetischen siehe auch: René Thun (2007) Das Realismusproblem in der gegenwärtigen Musikphilosophie, Ulrich Tadday (Hrsg.), MusikKonzepte, Sonderband „Musikphilosophie", November.

31 Arthur Danto (1984) Die Verklärung des Gewöhnlichen, Frankfurt a.M. (Orig. 1981).

UND WAS, WENN DOCH?

Am Beispiel Davies' Reflexionen über Cages 4'33'' konnte in exemplarischer Hinsicht auf eine philosophische Auseinandersetzung mit Neuer Musik nachgezeichnet werden, in der es darum ging, ontologische Fragen, die mit dem Begriff des musikalischen Werkes einhergehen, zu klären. Einer der seltenen Versuche, Musik im Rahmen einer systematischen Abhandlung philosophisch zu diskutieren, stellt Kurt Hübners *Die zweite Schöpfung* dar. Der Philosoph Kurt Hübner steht der Neuen Musik argwöhnisch gegenüber, denn wer so ungezogen ist, und – wie die Neutöner – keine Musik komponiert, die den Massen zu Herzen geht, der hat es nicht besser verdient als mit der Etikette des Imperialismus versehen zu werden.[32] Seinem Imperialismusvorwurf sind namentlich Ligeti, Boulez und Stockhausen ausgesetzt. Seine Argumentation zu dem Verhältnis zwischen Neuer Musik und Gesellschaft zielt in die gleiche Richtung wie Subotniks: Die Bringschuld zur Akzeptanz neuer Musik läge nicht bei der Gesellschaft, sondern ausschließlich bei der Neuen Musik selbst.[33] Ähnlich, doch mit anderen normativen Konklusionen, schätzt Mahnkopf die Situation der Neuen Musik ein, die sich dem sozialen Diskurs verschließe.

> Die Neue Musik schließlich, unfähig der Partizipation am kulturellen Diskurs, hat sich zu einer Monade eines autoreferenziell sich selbst abwickelnden Subsystems abgeschlossen und ist dort ihrer Neurosen ohne therapeutischen Außenkontakt ausgesetzt.[34]

Diese Sicht der Dinge scheint jedoch etwas zu kurz zu greifen. Bereits in den sechziger Jahren war vielen Komponisten daran gelegen, nicht nur ihre Musik zu verbreiten, sondern Menschen für *Musik überhaupt*

---

32 Kurt Hübner (1994) Die zweite Schöpfung, München.

33 Vgl. Subotnik weiter oben.

34 Mahnkopf (2006) S. 81.

zu sensibilisieren.[35] Merkwürdig, dass all die musikpädagogischen Anstrengungen seitens der Neuen Musik, die den Zuhörer als aktiven Partner partizipieren lassen möchten, ignoriert werden. Kunstreligion, gegen die Avantgarde rebelliert, findet weniger in der Neuen Musik statt, sondern in den Stadien und Konzerthallen, in die sich „Fans" einfinden, um ihren Idolen zu huldigen. Dieses Phänomen findet sich übrigens nicht nur bei Jugendlichen, sondern ebenso bei Erwachsenen. Der Diskurs der Neuen Musik findet hingegen seine gänzlich eigene Ebene der Sachlichkeit.

35 Federführend tat dies etwa Hans Werner Henze, der gleich ein dreibändiges Werk zur Musikpädagogik herausgegeben hat.

III. Bedingungen Neuer Musik

Anfänge neuer Musik

Bisher wurden überwiegend programmatische Punkte Neuer Musik erörtert, ohne auf definitorische Probleme explizit einzugehen, die sich hinsichtlich des Begriffs „Neue Musik“ ergeben. So stellt sich im Folgenden die Aufgabe, für die bisher erfolgten und weiteren Ausführungen eines epistemischen sowie sprachphilosophisch unterfütterten Referenzrahmens aufzustellen, innerhalb dessen Neue Musik zu verorten wäre. Dem geht die Bemerkung voran, dass der Autor das Projekt einer analytischen Definition des Begriffs „Neue Musik“, in der eine einfache sowie notwendige wenn-dann-Beziehung formuliert wird, als aussichtslos erachtet.

Zunächst stellen sich Probleme epistemischer Natur. So stellt sich die Frage, welche die Kriterien sind, anhand derer sich entscheiden lässt, ob wir es mit Neuer Musik zu tun haben oder nicht, bzw. anhand derer man etwas als Neue Musik aus der transpersonalen Beobachterperspektive identifizieren kann. Genau dies ist ja der Sinn von Kriterien, also von beobachtbaren Merkmalen, die zur Reidentifizierung von etwas als etwas zu dienen. Nur, auf welche Merkmale oder Eigenschaften soll man sich zwecks einer Definition beschränken? Eine Möglich bestünde darin, das Kriterium der Chronologie heranzuziehen.

In der Regel wird musikhistorisch die Linie Schönberg, Serialismus und Postserialismus gezogen, wenn etwa die Neue Musik in ihrem historischen Verlauf und Wandel nachgezeichnet wird. Oft wird Schönberg als der Initiator der Neuen Musik erwähnt, doch gibt es auch Möglichkeiten, die Genese Neuer Musik im Sinne historischer Parallelität zu begreifen. Paul Bekker etwa weist auf Debussy und Ravel als Vertreter für Neuen Musik hin.[1] Neben Schönberg komponierten zudem Bartok oder auch Prokofiev im Sinne der Moderne; und in Übersee war kein geringerer als der Versicherungsvertreter Charles Ives kompositorisch tätig. Es gibt also viele Möglichkeiten, Traditionslinien innerhalb der Neuen Musik nachzuzeichnen.

Wer an *minimal music* denkt, wird kaum an Schönberg als deren Vorfahre denken, sondern sich an den französischen Komponisten, die ja eine von der Wiener Schule gänzlich unterschiedene Formauffassung besaßen, orientieren. Auch György Ligeti verweist gelegentlich auf den Einfluss, den Ravel und Debussy auf ihn ausübten.[2] Dieser Einfluss ist etwa im ersten Band der Klavieretüden, die Ligeti geschrieben hat, nicht zu überhören.[3] Auf Grund der unterschiedlichen musikalischen Ausrichtung, die den jeweiligen Schulen zugrunde liegt, ist es geradezu unmöglich, einen Merkmalskatalog aufzustellen, der es gestatten würde, anhand dieser Merkmale, etwas als Neue Musik zu bezeichnen. Der Begriff der Neuen Musik ist weder kriterial, noch ist er analytisch. Aber deshalb ist er nicht sinnlos, denn man kann im Rahmen einer hermeneutischen Pragmatik tätigkeitstheoretische Bedingungen festlegen, die den Geltungsanspruch rechtfertigen.

Auf das definitorische Problem hat vor langer Zeit bereits Paul Bekker hingewiesen und Schönberg hat sich, als jemand, der fraglos der

---

1 Paul Bekker (1923)

2 So unternimmt Ligeti in dem von Eckhardt Roelcke (2003) herausgegebenen Interviewband einen Exkurs zu Debussy und positioniert ihn geradezu an besonderer Stelle, da dieser in gewisser Hinsicht einen Endpunkt markierte, von dem aus des gilt, musikalisch weiter zu denken.

3 Vor allem die Etüden „Cordes a vides" und „Arc-en-ciel".

Neuen Musik zugeordnet wird, kritisch gegenüber dem Begriff der Neuen Musik geäußert.[4] Denn ihm zufolge ist Kunst immer mit dem Neuen verschwistert.

Im Grunde genommen ist Neue Musik kein Stilbegriff, auch wenn bestimmte Techniken, wie sie etwa auch in der Musik zu einem Krimi angewandt werden, sofort das Prädikat Neue Musik evozieren. Vielmehr versammeln sich unter dieser Etikette heterogene Stile bzw. Ansätze. So klafft etwa zwischen der Aleatorik und dem Serialismus ein tiefer musikästhetischer Abgrund, ebenso wie Serialismus und minimal music radikal verschieden sind. Sie sind radikal verschieden, weil ihre Ansätze grundsätzlich – also von der Wurzel her – inkompatibel sind. Der Minimalist Alvin Lucier versuchte mit seinem Stück „I'm sitting in a room" (1968) über die akustischen Emergenzphänomene musikalische Form zu gewinnen, welche sich daraus ergeben, wenn die spezifische Raumakustik iteriert wird. An akustisch-physikalischen Phänomenen ist der Serialismus jedoch nicht interessiert, sondern an Strukturen, die sich unter gegebenen Anfangsbedingungen über den Kalkül ergeben. Zudem geht der Serialismus von der Reihe als grundlegendem Prinzip aus, welches in der *minimal music* eigentlich keine Rolle spielt. Diese heterogenen Musiken existierten gleichzeitig.

Statt über Ursprungsprobleme der Neuen Musik zu sinnieren, plädiere ich dafür, ihre spezifische Handlungsform zu bestimmen, statt zu versuchen, invariante Merkmale herauszufinden. Ohne Zweifel steht der Materialgedanke im Zentrum der Reflexionen von Komponisten, welche der Neuen Musik zuzurechnen sind. Und es scheint sogar zentral um das Verhältnis zwischen Komponist und Material zu gehen. Somit wäre die Frage nach dem Material *als* Material auf jeden Fall als eine Bedingung für Neue Musik zu thematisieren.[5] Hinzu kommt der Neuanfang nach 1945. Man müsste also eher von verstreuten Anfängen oder Ansät-

4 Arnold Schönberg (1992) S. 42.

5 Aber genau dies ist ja ein Interpretationshintergrund, der von der Musik nicht nochmals explizit zur Darstellung gebracht wird.

zen statt von einem Ursprung der Neuen Musik sprechen. Zwischen Ursprung und Anfang besteht zudem ein gewichtiger Unterschied, der zu einer begrifflichen Klärung des Begriffs „Neue Musik" betragen könnte. Ein Rekurs auf einen Ursprung kommt nicht in Frage, da es keine genetische Keimzelle der Neuen Musik gibt, auf die man sich in ihrer Geschichte beziehen könnte; denn die technischen und ästhetischen Präferenzen der unterschiedlichen Strömungen schon zu Beginn des zwanzigsten Jahrhunderts verweisen darauf, dass Neue Musik kein homogenes Feld ist, sondern eine Praxis aus Konstellationen unterschiedlicher Strömungen.

DEFINITORISCHE SCHWIERIGKEITEN

Wenn der hier verfolgte Ansatz auf das Handeln abzielt oder die Tätigkeit(en), die statthaben müssen, um einen Begriff von Neuer Musik zu finden, so ist dies als eine Art oder Pragmatik, in Anlehnung an die philosophische Sprachpragmatik zu bezeichnen.

In der Sprachpragmatik geht man davon aus, dass die Worte und Sätze, die wir verwenden, nicht allein auf Grund ihrer syntaktischen Gestalt sowie lexikalischen Festschreibung (Semantik) ihre Bedeutung bzw. ihren Sinn erhalten, sondern durch den Gebrauch dieser Syntagmen. So kann beispielsweise das Wort Perle einmal buchstäblich und ein anderes Mal metaphorisch verwendet werden. Auch können wir einen Satz ironisch verwenden, wozu der Interpret über den Verwendungskontext Bescheid wissen muss, um diesen als Ironie verstehen zu können. Der hier verwendete Begriff von „Pragmatik" zielt also nicht darauf ab, einfach nur die effizientesten Mittel anzuwenden, gemäß dem politischen Slogan, dass man das „alles etwas pragmatischer" sehen sollte. Dies wäre lediglich der ideologische Gegenbegriff zu Ideologie. Der Pragmatismus, der hier interessiert, ist methodischer Art – er spielt eine bestimmte Rolle im Rahmen von Begründungsverhältnissen.

Aporetisch wäre auch ein Ansatz, der versucht oder verlangt, Neue Musik rein anhand chronologischer Kriterien zu definieren. Dieser Fassung zufolge stellt es geradezu ein Skandalon dar, wenn Musik, die schon gut hundert Jahre alt ist, als Neue Musik begriffen wird. Für Schönberg war das Label Neue Musik schlechthin Unsinn, es gibt für ihn nur Kunst oder Nicht-Kunst.[6] Wer meint, dass Musikgeschichte und Geschichte überhaupt in positivistischer Manier betrieben werden könnte, würde einem Konkretismus aufsitzen. Historische Linien, die von Schönberg ausgehend zum Serialismus führen, sind sicherlich nicht „falsch", sie scheinen sogar notwendig zu sein, doch sind sie nicht hinreichend, um den Begriff oder das zu beschreibende Phänomen vollständig fassen könnten. So bestehen zwischen Serieller Musik und Musique concrète gravierende Unterschiede hinsichtlich des Materials und der Hörweise. Setzt serielle Musik auf Struktur, so steht in der Musique concrète der Klang im Vordergrund. Einen Bruch mit dem Paradigma des Seriellen vollzog Ligeti in den sechziger Jahren mit seinem Orchesterstück ATMOSPHÈRES. Dieser Bruch mit (oder Kritik an) dem Serialismus führte allen Anschein nach aber nicht zu einem Ende der Neuen Musik. Im Gegenteil finden alljährlich in Darmstadt die Sommerkurse statt.

Setzt man den Beginn der Neuen Musik an den Anfang des zwanzigsten Jahrhunderts (Mahnkopf setzt den Anfang mit Schönbergs zweiten Streichquartett), so erweist sich das Phänomen der Atonalität bzw. die Schwächung strikter Tonalität als eine notwendige Bedingung und als Kriterium, das dem Material selbst entnommen werden kann.[7] Denn die Aufweichung der Tonalität, die im neunzehnten Jahrhundert durch Liszt und Wagner vorangetrieben worden ist, wurde im zwanzigsten Jahrhundert quasi vollendet. Dies ist der zeitliche Rahmen, in dem das

6 Arnold Schönberg (1992) S. 41f.

7 Günter Mayer versucht die Kohärenz in der Geschichtsschreibung zur Neuen Musik über die Begriffe der Revolution und Evolution zu fundieren. Das wichtigste Kriterium stellt für ihn dabei die Aushöhlung der Dur-Molltonalität dar.

Phänomen Neue Musik entstand. Ob es jedoch eine eindeutige Topographie der Genese Neuer Musik gibt, ist zumindest streitbar. Der Übergang von der Tonalität zur Atonalität scheint einer gewissen Notwendigkeit oder auch Immanenz des Materials zuzuschreiben zu sein. So bereitet ein intensiver Gebrauch vagierender Akkorde die Auflösung des tonalen Zentrums vor.[8]

> Aufgrund dieses „Außer-Betrieb-Stellens“ der diatonischen Tonarten und der Einführung der chromatischen Skala als der Material liefernden Instanz, gingen die bekannten Mittel zu Herstellung des formalen Zusammenhanges verloren [...] auch Webern sieht die vagierenden Akkorde, neben der üppigen Verwendung von Zwischendominanten und Alterationen anderer Art, für die Auflösung der Dur- und Molltonleitern in das „Übergeschlecht“ der chromatischen Skala als verantwortlich an.[9]

Atonale Musik stellt also eine Möglichkeit dar, den Zersetzungsprozess der Tonalität kreativ zu gestalten, daraus neue künstlerische Mittel zu gewinnen; die Dodekaphonie ist ein mögliches Resultat der Arbeit an Tonalität, denn was in der tonalen Musik noch Thema war, wird in der Dodekaphonie von der Reihe abgelöst und motivische Arbeit beibehalten. Dieser Prozess ist nicht nur bei der zweiten Wiener Schule zu beobachten, sondern auch anderswo, nämlich bei Stravinsky, Debussy und Ives, taten sich Wege auf, das Tonalität überwindende Material zu rekonfigurieren.[10] Auffällig daran ist, dass sich während dieses Prozesses ein geschichtliches Bewusstsein bei den Komponisten angekündigt hat. Sie reflektieren ihren eigenen historischen Ort, indem sie etwa fragen, wie das Material, mit dem Sie umgehen, so geworden ist, wie es ist. Dies setzte einen geschichtsphilosophischen Vorgang frei, der analog auch in

---

8 Marc Delaere (1991) Die Musikgeschichtsschreibung und das Neue, Brüssel.

9 Ebd. S. 14.

10 Eine ausführliche Darstellung dieses verzweigten Prozesses ist nachzulesen in: Christian Martin Schmidt (1977) Brennpunkte neuer Musik, Laaber.

den bildenden Künsten zu finden ist. Geschichtsphilosophisch interessant, wenn auch nicht stichhaltig, war das Selbstverständnis des Serialismus als Gipfel und Endpunkt Neuer Musik.[11] Er verstand sich als Telos der Musikgeschichte.

Ob ein radikales Methodenbewusstsein der richtige Weg des Komponierens sei, wurde daran anknüpfend in den sechziger Jahren von einigen Komponisten angezweifelt und – wie von Ligeti mit dem POÈM SYMPHONIQUE[12] – performativ artikuliert. Man kann dieses Stück als eine ironische Paraphrase auf den „Determinismus" deuten. Das Methodenbewusstsein des Serialismus kann aber, bei aller Affinität zur Aufklärung, in Überaffirmation der (Natur-)Wissenschaften münden. Der Komponist gilt dann nicht als (sich) ausdrückendes Individuum, etwa im Sinne des Schönbergschen Selbstverständnisses, sondern als Klang*forscher*. Dass der Serialismus als partikulare Erscheinung seinen Reiz haben kann, ist hier unbestritten. Bestritten werden kann jedoch sein Ausschließlichkeitsanspruch, den er qua Wissenschaftlichkeit als gesichert meint. Aber auch der Serialismus wurde Überwunden. Freilich ist es schwer, Stilen eine Art von Wahrheit zuzuschreiben. Dennoch wird mit einem Stil ein Geltungsanspruch erhoben, der allerdings nicht mit objektivem Wissen einhergeht. Für Arnold Schönberg kann der Geltungsanspruch der Wahrheit nur im Rahmen einer propositionalen Einstellung erhoben werden. Im Rahmen des Modus des *Wissens* kann dieser Anspruch für Musik nicht erhoben werden, sondern nur im Modus des *Glaubens*. Schönberg formuliert die Form des Geltungsanspruches eines musikalischen Werkes im Vorwort zu den Sechs Bagatellen op. 9 von Anton Webern folgendermaßen:

11 Vgl. hierzu: Beate Kutschke (2002) Wildes Denken in der Neuen Musik, Würzburg, S. 72 ff.

12 Das Werk besteht darin, dass hundert Metronome mit unterschiedlichen Tempoeinstellungen gleichzeitig zu ticken beginnen. Das Stück dauert so lange, bis alle Metronome ausgelaufen sind.

> Diese Stücke wird nur verstehen, wer dem Glauben angehört, dass sich durch Töne etwas nur durch Töne Sagbares ausdrücken lässt. Einer Kritik halten sie sowenig stand wie dieser und wie jeder Glaube. Kann der Glaube Berge versetzen, so kann dafür der Unglaube sie nicht vorhanden sein lassen. Gegen solche Ohnmacht ist der Glaube ohnmächtig... Was aber soll man mit Heiden anfangen? Feuer und Schwert können sie zur Ruhe verhalten; in Bann zu halten aber sind nur Gläubige.[13]

Als Aufforderung zu religiösem Obskurantismus mit antiaufklärerischen Absichten ist dies weniger zu verstehen, da damit vielmehr der Bereich des kriterial Wissbaren kritisch umgrenzt wird. Verstehen von Musik sowie deren ästhetische Beurteilung können nicht anhand kriterialen und somit beliebig oft sowie transsubjektiv reproduzierbaren Wissens begründet werden, wie es in den exakten Wissenschaften der Fall ist.[14] Somit wird auch das szientistisch gefasste Prädikat „wahr" epistemologisch kritisch rekonstruiert, es findet hier keine angemessene Verwendung. Um religiöse Konnotationen, die der Begriff des „Glaubens" hervorrufen könnte, kann dieser einfach als „Rezeptionsbereitschaft" reformuliert werden. Und in diesem Sinne kann man wohl behaupten, dass Neue Musik generell ein hohes Maß an Rezeptionsbereitschaft voraussetzt. Zugangswissen ist für die Rezeption Neuer Musik eine gute Starthilfe. Um die Vermittlung solchen Zugangswissens sind einige Komponisten der Neuen Musik wie auch Musikpädagogen bemüht, indem sie etwa Essays über ihre Auffassung des Komponierens und eine Rechtfertigung ihres kompositorischen Ansatzes schreiben. Diese Bemühungen korrelieren mit dem Erlöschen der konventionellen Verbindlichkeit von Tonalität als zweiter Natur, es gab keine allgemeinverständliche „Tonsprache" mehr.

---

13 Arnold Schönberg in: Anton Weber (1911) op. 9, Wien.

14 Damit ist lediglich gemeint, dass die exakten Wissenschaften von einem Handlungserfolg begleitet werden, der methodisch gesichert ist. Das zeigt sich etwa in der Halbleitertechnik oder der Raumfahrt, die auf exakte Wissenschaften als Mittel für eine technische Handhabung von Welt rekurrieren.

> In der Neuen Musik existiert keine allgemein verbindliche Tonsprache mehr, den Komponisten ist nichts mehr vorgegeben, jeder muss eine besondere Tonsprache erstellen. Das Besondere hat tatsächlich das Allgemeine aufgezehrt. Hier aber ergibt sich das Paradoxon, dass die Individualität des Werkes gefährdet wird, obwohl jetzt das Moment des Besonderen, das in der herkömmlichen Musik als Gegenbild das Allgemeinen die Individualität ausmachte, dominiert.[15]

Eingeschliffene und auf Identifikation hin angelegte Konvention wurde ersetzt durch musikimmanente Rationalität. An die Stelle der Tonalität trat das Kalkül, um Kohärenz des Werkes zu bewirken. Wohin sollte dieser Prozess der rationalen Durchdringung des Materials jedoch führen? Sollte mehr gerechnet als komponiert werden? Oder ist das „Rechnen“ Indikator einer dämmernden Überwindung eines Begriffs von „Komponieren“ oder gar dessen Redefinition? Auch gegenwärtig verlassen sich Komponisten auf den Kalkül und suggerieren somit den Anschein objektiver Wissenschaftlichkeit. So etwa der französische Komponist Mark Andre, der sich für seine Kompositionen auf die Kybernetik verlässt. „Bei der Generierung von Rhythmen oder Tonfolgen garantiert ihm der Algorithmus von Computerprogrammen wie Max/MSP objektiv nachvollziehbare Strukturen.“[16] Insofern ist der vom Serialismus erhobene Anspruch von Objektivität bzw. Wissenschaftlichkeit zumindest teilweise immer noch aktuell. Wenn diese Strukturen auch nicht „objektiv“ nachvollziehbar sind, so sind sie zumindest anhand einer klar angebbaren Methode reproduzierbar.

Adorno war gegenüber dem latenten Fortschrittsgedanken, der mit dieser Rationalisierung einher ging, jedenfalls misstrauisch und plädierte für eine eher anarchisch anmutende *musique informelle.*[17] In den sechziger Jahren hatte der Serialismus seinen Zenit überschritten und trat, zugunsten anderer Kompositionsverfahren, als kompositorischer

15 Schmidt (1977) S. 10.

16 Maartina Seeber (2008) Reise nach Innen, in: Positionen (Heft 75), S. 46.

17 Adorno (2003) Vers une musique informelle, in: Musikalische Schriften I-III, Frankfurt/Main 2003, S. 493 – 540.

Bezugspunkt in den Hintergrund. Beispiele für andere Kompositionsverfahren stellte etwa Ligetis ATMOPSPHÈRES, in dem mit der Autonomie der Parameter gebrochen wurde, zugunsten musikalischer Imagination, oder das von der *minimal music* entwickelter Verfahren des *phase shifting* dar. Gegen eine quasi atomisierte Ereignismusik, wie sie der Serialismus verkörpert, setzte Ligeti große Klangflächen, die nahezu ohne melodische Kontur auskommen. Er übte Sabotage an den Parametern, mit denen sich zuvor noch so hervorragend „rechnen" ließ. Es setzte somit gleichsam eine Dialektik im repräsentationalen Umgang mit musikalischen Strukturen ein. Hierbei ist mit dem Prädikat „repräsentational" kein Abbildungsverhältnis gemeint, sondern der Akt des Symbolisierens oder des Chiffrierens. Konnte der Serialismus als Widerstand gegen selbstherrliche Subjektivität und „falsches Bewusstsein" – weil nicht in Rationalität aufgehend – interpretiert werden, so stellt Ligetis Ansatz eine doppelte Kritik dar. Eine Kritik der Kritik. [18]

Zwar bedient sich Ligeti bestimmter Techniken, doch sind sie in eine Art neuen musikalischen Denkens eingebettet. Für das Publikum mag dies eine Art Befreiungsschlag gewesen sein, da mit Atmosphères ein neuer Ausdruckwert in die Musikwelt kam, der zugleich versprach, ein Ausweg aus der „zunehmenden Krise der Moderne [mit, RT] der Überwindung der esoterischen Auffassung vom Materialfortschritt (wie sie Adorno in seiner *Philosophie der neuen Musik* vertrat)"[19]. Als Opposition zum Serialismus wird Ligeti erst dann richtig begreiflich, wenn er als Opponent zum Methodenfetischismus betrachtet wird. Zur Überwindung des Serialismus tritt noch ein weiteres Sinnmoment hinzu, dem ein auf blanke Methode abzielender Komponist argwöhnisch begegnen würde.

18 Siehe: Rene Thun (2007) Komponieren gegen die Auslöschung des Individuums. Ein Versuch über Ligetis kritische musikalische Praxis, in: Musik-Texte (111).

19 Günther Mayer (1999) Neue Musik 1999. Bilanz und Perspektiven, Rudolf Frisius (Hrsg), Mainz, S. 10 – 30, hier: S. 15.

> Es gab wesentliche Erweiterungen, Differenzierungen im Realitätsbezug, in der Erfahrung extremer Widersprüche in den Klassenauseinandersetzungen innerhalb des Kapitalismus, zwischen Kapitalismus und Ansätzen zu einer sozialistischen Alternative sowie deren innerer Erstarrung: Kriege, Faschismus, Stalinismus. Neu sind Ausdruckscharaktere größerer Gegensätzlichkeit: zwischen härtester Brutalität und äußerster Zartheit, Hektik und Verlassenheit, lärmender Geschäftigkeit und meditativer Entrückung. Es gibt neue Wertinhalte von Parodie, Groteske, Sarkasmus bis hin zur Tragikomik, zum Zynismus. Es gibt höchste Expressivität und kühle Distanz – trotz der allgemein von vielen Komponisten und diesem Bereich der E-Musik verbal geäußerte Allergie gegen Emotionen, Ausdruck, Weltanschauung, Ideologie und Politik.[20]

Die Vielfalt neuer sowie wieder rehabilitierter Ausdruckswerte war also nicht nur bloßes Mittel für den Ausdruck kompositorischer Individualität; mithin musste komponierende Subjektivität gar nicht der Fluchtpunkt musikalischer Komposition sein, denn auch Ausdruck kann fiktiv sein.[21] Unter diesen Umständen wäre der Avantgarde-Begriff neu zu reformulieren, zumal es bereits seit dem zwölften Jahrhundert eine Avantgarde gibt.[22] Man versucht also nicht, Musik auf ein äußeres Drama zu beziehen und somit schlechte Wiederholung des Alltags zu betreiben, indem man Sentimentalitäten qua Lovesongs simuliert. Eher geht es um Arbeit am Begriff von Musik und um die Frage nach ihrem Zweck. Jedenfalls darf mit der postseriellen Musik wieder „genossen" werden, Sinnlichkeit wird wieder wichtig. Ligetis verweis auf Noblesse (die als eine Art des Anmutens keine deskriptive Eigenschaft ist) als das Faszinierende der späten Beethoven-Quartette, belegt dies.[23] Trotzdem geht bei Ligeti der kritische Impuls nicht verloren. So wendet sich Ligeti gegen Kommerzialisierung sowie Industrialisierung von Musik, womit er ein Anliegen Adornos vertritt.

---

20 Ebd. S. 16.

21 Vgl. Paul Ricœur (1987) Die lebendige Metapher, München, S. 225f.

22 Auf genau diesen Punkt kommt es Mayer an.

23 Ligeti in: Eckhardt Roelcke (2003) S. 206.

Der Prozess der Rehabilitierung von Ausdruckswerten und Tonalitätsbrocken ist schwer zu beurteilen. Handelt es sich dabei etwa um eine Art Rückkehr zum Kollektiv, dem die Neue Musik einst eine Absage erteilte oder kehrt sie gar zur Tradition im Sinne eines Traditionalismus zurück? Oder sucht man nach etwas Gemeinsamen jenseits der Sprache, nachdem die zunehmende Individualisierung in der Neuen Musik eine Abkehr vom Kollektiv bedeutete?[24] Feierte Lachenmann zeitweilig die Negation jeglicher Kommunikation zwischen Neuer Musik und Hörer, so sieht Adorno eine Aporie der Neuen Musik. „Die Intention, verstanden zu werden, und die Scheu davor wohnt ihr gleichermaßen inne."[25] Doch auch die Distanzierung zum Kollektiv kann nicht ganz ohne Tradition geschehen; und sogar eine Avantgarde kann ohne Tradition nicht auskommen – sie setzt diese voraus. Allerdings ist das Verhältnis zur Tradition kein ungetrübt affirmatives.

DAS VERHÄLTNIS ZUR TRADITION

Neue Musik zeichnet sich nicht durch Traditionslosigkeit aus – dies kann sie auch gar nicht. Wir konnten weiter oben bereits den Begriff der Tradition ins Spiel bringen, indem gezeigt wurde, dass Neue Musik auf Tradition nicht verzichten kann, doch sich in ein kritisches Verhältnis zu ihr setzt. Nun wird im Folgenden darum gehen, das Verhältnis der Neuen Musik zur Tradition mithilfe eines Modells orientiert an Gadamer sowie einer Unterscheidung im Begriff der Tradition von Lachenmann zu deuten. Dies hat zweierlei Bewandtnis. Die erste Bewandtnis betrifft den Anfang Neuer Musik, die zweite den Begriff der Tradition selbst sowie insbesondere die Gegenständlichkeit von Tradition. Indes wird der Aspekt der Geschichtlichkeit Neuer Musik hervorzuheben sein,

24 Hierzu: Adorno (2003) Schwierigkeiten beim Hören Neuer Musik, in: Musikalische Schriften IV, Frankfurt a. M. 2003, S. 278.

25 Ebd. S. 291.

um ihre Metamorphosen in den Blick bekommen zu können. Neue Musik ist kein fixer oder an sich seiender Gegenstand, sondern, um es in Anlehnung an Kant zu formulieren, eine musikalische Maxime. Der Begriff der Maxime bietet sich hier an, da eine Maxime – nach Kant – das subjektive Prinzip einer Handlung oder mehrerer Handlungen ist, sie ist ein (subjektiver) Grundsatz nach dem gehandelt wird.[26] Dadurch wird der weiter oben erhobene tätigkeitstheoretische Anspruch eingelöst. Neue Musik wird orientiert am Handeln – und somit als eine Praxis und nicht einfach am Produkt – begrifflich expliziert. Und erst so ist es möglich, den Begriff der Neuen Musik in seiner Geschichtlichkeit zu denken. Es geht mithin darum, die Einheit eines Begriffs sowie dessen innere Differenzen zu reflektieren. Innere Differenzen des Begriffs treten uns allerorten entgegen. Man nehme etwa nur den Begriff der Philosophie, und schon kann einem aufgrund der Differenzen und gar Streits der einzelnen Schulen und Strömungen untereinander regelrecht Hören und Sehen vergehen. Allein die Grobunterscheidung Aristoteles vs. Platon und die sich daran orientierenden Schulen wäre ein Ausgangspunkt, um eine nicht beendbare Philosophiegeschichte zu rekonstruieren. Dies sind die formalen begrifflichen Bedingungen unter denen das Verhältnis zwischen Neuer Musik und Tradition rekonstruiert werden kann.

Um das Verhältnis zwischen Neuer Musik und Tradition zu beschreiben, unterscheidet Helmut Lachenmann zwischen einer *latenten Tradition* und einer *landläufigen Tradition*.[27] Die landläufige Tradition ist eine Art unaufgeklärter Traditionalismus, der von einem letztlich ungeschichtlichen Traditionsverständnis ausgeht. Dieser Form von Tradition geht es lediglich darum, einen Bestand zu sichern und Formen als unhinterfragbare in die Öffentlichkeit zu setzen. In dieser Fassung wäre Tradition eine Anmaßung von Autorität. Man überlege sich nur, welch

---

26 Immanuel Kant (1956) Grundlegung zur Metaphysik der Sitten, in: Wilhelm Weischedel (Hg.), Kant. Werke in zwölf Bänden, Bd. VII, Frankfurt/Main, S. 84.

27 Helmut Lachenmann (2004), Musik als existenzielle Erfahrung, Kassel, S. 339.

katastrophalen Folgen dies für die Musikpädagogik haben kann. Statt lebensnahe Musik zu machen, wären Schüler dazu gezwungen, die Flucht in die Vergangenheit anzutreten. Deshalb gilt es für Lachenmann, der als „Statthalter der Moral in der Kunst"[28] zu bezeichnen wäre, die latente Tradition „offenzulegen und in ihren Widerspruch zur landläufigen Traditionspflege bewusst zu machen"[29]. Wer landläufig Anerkanntes nur nachmacht, der bewegt sich nicht in einer Tradition, sondern ist in ihr stillgestellt.

In diesem Sinne lässt sich auch Gadamers Begriff der Tradition rekonstruieren. Sein Traditionsbegriff gipfelt nicht in einer landläufigen Traditionspflege, sondern beschreibt ein dynamisches Verhältnis zwischen Gegenwart und Vergangenheit. Demnach kann der Komponist Neuer Musik sein Material nicht aus dem Nichts zaubern. Mehr noch, wenn er mit seiner Arbeit am Material zugleich an einem Musik-Begriff arbeitet, bedarf er eines geschichtlich gewordenen Musik*begriffs*, mit dem er sich auseinandersetzt. Freilich ist damit kein Begriff in lexikalischer Hinsicht gemeint, sondern es sind vor allem die Kategorien, die den Begriff des musikalischen Materials bestimmende fungieren. Schon weil das Material geschichtlich geworden ist, befindet sich der Komponist in Tradition(en). Tradition ist zunächst nichts weiter als ein Überlieferungszusammenhang. Was eine Tradition als eine bestimmte wirksame Tradition auszeichnet, ist, dass sie in Anerkennung übernommen wird, Tradition ist kein Schicksal.[30]

So ist auch die Neue Musik nicht einfach aufgrund eines Beschlusses oder einer Konvention gleichsam über Nacht entstanden, sondern sie ist Resultat eines historischen Ausdifferenzierungsprozesses, der bis heute statthat. Wer einen traditionslosen Avantgarde-Begriff vertritt, erhebt im Grunde genommen einen voraufklärerischen Geltungsanspruch

28 Adorno (2003) Schwierigkeiten beim Hören neuer Musik, in: Musikalische Schriften IV, Rolf Tiedemann (Hrsg.), Frankfurt a.M. 2003, S. 280.

29 Ebd.

30 In diesem Sinne versteht auch Hans Georg Gadamer in Wahrheit und Methode den Begriff der Tradition.

– und zwar in doppelter Hinsicht und vertritt daher Ideologie. Zum einen ist Peter Bürgers Avantgarde-Konzept für den vorliegenden Kontext zu eng gedacht. Schon de Vitrys *Ars Nova* oder Caccinis *nouve musiche* beanspruchten für sich, Neues bzw. Originalität und setzten sich vom traditionell Überkommenen ab, indem sie ihre Mittel und das Material reflektierten und sich in ein emanzipiertes Verhältnis zu ihm setzten. Im Laufe der Musikgeschichte finden sich mehrere Beispiele, die ein hohes Reflexionsniveau bezogen aufs Material bestätigen. Desweiteren kann es keinen Begriff von Musik geben, der bei null anfängt, denn es wird damit eine Tätigkeit bezeichnet, die sich gesellschaftlich und geschichtlich ausdifferenzierte. Wer Tradition überhaupt leugnet, der beraubt sich der eigenen Grundlagen.

> Sich der latenten Tradition verbunden zu wissen, bedeutet für einen Komponisten beides: Widerstand gegen Tradition, sofern deren Kategorien als herrschende Konventionen jenen bürgerlichen Verdrängungsmechanismen unterworfen sind; aber auch Insistieren auf Erfahrungen der Tradition dort, wo einen als oberflächliche Bilderstürmerei domestizierte Avantgarde – als Gruselgespenst vom Dienst – sich mit den überlieferten Fetischen zugleich der darin verkörperten Kriterien jener latenten Tradition zu entledigen hofft.[31]

Als latente Tradition begreift Lachenmann hier Schönberg und Webern, also jene traditionstiftenden Komponisten, die mit der Dekonstruktion etablierter und traditionell anerkannter musikalischen Kategorien anfingen. Wer aber Gewesenes einfach wiederholt, der ist im Grunde genommen traditionslos. Erst wer Tradition als Naturgegebenheit negiert, sich in ein kritisches Verhältnis zu ihr setzt, hat eine Tradition.

31 Lachenmann (2003): S. 340.

SCHIZOPHRENER SZIENTISMUS

Laut eines von Ulrich Dibelius herausgegeben Sammelbandes ist „Musik auf der Flucht vor sich selbst".[32] Aufklärerische Tugenden, die Musik verinnerlicht hat, können ihr zum Verhängnis werden. Weiter oben wurde als herausragendes Merkmal der Aufklärung die Wissenschaftlichkeit angerissen.[33] Dies wurde auch für die Neue Musik veranschlagt; und es wurde festgehalten, dass Wissenschaft idealiter eine Art demokratische Institution sei, auch wenn Wissenschaftlichkeit nicht automatisch zu Demokratie führt. Denn zur Wissenschaftlichkeit gehört nicht allein Manipulations- oder Herrschaftswissen, sondern Wissenschaftlichkeit fragt nach den Grenzen des Wissbaren und zielt Klarheit in der Nachvollziehbarkeit der Ergebnisse ab. Sie fragt also danach, welche unserer Überzeugungen gerechtfertigt sind und sich verallgemeinern lassen und welche nicht. Allerdings ist Wissenschaft nicht alleiniges Paradigma für Vernunft bzw. vernünftiges Handeln. Wissenschaft kann auch unvernünftig werden, sobald ihre innere Rationalität fetischisiert wird. Denn auch die Überzeugung, alles ließe sich mit Hilfe der Wissenschaft regeln, grenzt an Obskurantismus. Problematisch ist etwa szientifischer Reduktionismus, wie er von einigen Wissenschaftlern betrieben wird. Hingewiesen sei an dieser Stelle an Autoren wie Paul Churchland, der die Auffassung vertritt, die Neurobiologie könne für sämtliche Probleme der Politik, Ethik, Erziehung etc. eine Lösung geben.[34] Problematisch wird die Sache spätestens bei der Frage nach den Zwecken, denn diese sind normative Festlegungen und daher in der personalen Welt umstritten. Kurz: Ein Delegieren der Zwecksetzung an Wissenschaft allein mündet in einen autoritären Stil, der unterschiedliche Inte-

32 Ulrich Dibelius (Hrsg.) (1969) Musik auf der Flucht vor sich selbst, München.

33 Siehe auch FN 1 in Kap. VI.

34 Paul M. Churchland (1995) The engine of reason, the seat of the soul. A philosophical journey into the brain, Cambridge/Mass. 1995, S. 5.

ressen nicht berücksichtigt. Läuft nicht die delegierende Rationalität Gefahr, dass die Person verschwindet und somit – wie es Paul Ricœur einmal formulierte – der Einzelne nur noch ein Toter im Reich der Zwecke wird?[35] Bisweilen ist der Anspruch der Wissenschaftlichkeit, wie er innerhalb der Neuen Musik erhoben wird, etwas fragwürdig; denn dieser ist begleitet von einer Aporie.

Der von Mathias Spahlinger ins Spiel gebrachte „Objektivismus", durch den sich Neue Musik auszeichnet, eröffnet einen günstigen Zugang zu dieser Problematik. Unabhängig von erkenntnistheoretischen Fragezeichen, die dieser Objektivismus aufwirft, würde die zentrale Frage lauten, was denn überhaupt gewonnen wäre, wenn Neue Musik diesen „Objektivismus" realisieren würde. Kann es überhaupt einen Objektivismus in einem ästhetischen Diskurs geben? Mit dem Ausdruck „ästhetischer Diskurs" ist hier nicht nur ein irgendwie Reden über schöne Dinge gemeint, sondern die innere Form des Diskurses selbst über das Anmuten von Dingen, der von auffälliger Metaphorizität gekennzeichnet ist.[36] Ein Ton kann als „schneidend", Farben als „lebendig" oder eine Inszenierung als „flach" charakterisiert werden.

Indes ist die Metaphorizität von Mitteilungen über Erfahrungen mit einem Kunstwerk („Die Musik klingt wie helles und klares Licht") keine Schwäche des Diskurses, sondern lediglich eine Eigenheit aufgrund derer Welt- und Selbstbezüge auf bestimmte Art und Weise hergestellt werden können. Und würde man, wie etwa bei Hegel, unter Logik die Analyse unterschiedlicher Redeformen verstehen, wäre der ästhetische Diskurs ebenfalls Gegenstand der Logik. Wenn nun Kunstwerke metaphorisch charakterisiert werden, behaupten wir zwar einerseits ein Sein der Werke, aber dieses Sein ist letztlich zurückführbar auf ihr Anmuten,

35 Vgl. Paul Ricœur (1971) Symbolik des Bösen, Freiburg, S. 38.

36 Inwiefern der ästhetische Objektivismus ein philosophisches Problem darstellt, wurde bereits in den sechziger Jahren von John Sibley, Objectivity and aesthetics, in ders.: Approach to aesthetics, J Benson, Betty Redfern und J Roxbee Cox (Hrsg.), Oxford 2006 sowie René Thun (2013), dargestellt.

also wie sie auf uns wirken. Wir teilen uns mittels der metaphorischen Charakterisierung also mit.

Was im Folgenden interessiert, ist einzig der Anspruch des ästhetischen Objektivismus, nicht aber seine faktische Geltung oder Legitimität. Der Anspruch des Objektivismus – musikalisch verstanden – kann in nichts anderem bestehen, als allgemein nachvollziehbare Strukturen zu setzen und zu reidentifizieren. Im Grunde sollen diese Strukturen gar nicht gesetzt sein. Obwohl sie ein Gemachtes sind, soll dem Hörer suggeriert werden, dass sie quasi ganz natürlich entstanden sind. Wenn, wie Spahlinger, in der hier vorgeschlagenen Lesart, behauptet, Neue Musik danach fragt, was *wirklich* klingt, wäre die Betonung auf das Prädikat wirklich zu legen und nicht so sehr auf das Klingen, also nicht darauf, ob etwas „gut klingt". Es ginge so verstanden nicht um die Befindlichkeit des hörenden Subjekts. Es ginge überhaupt nicht um Subjektivität. Genau darin bestünde der Objektivismus. Und darin ist der Objektivismus, wie ihn Spahlinger vertritt, verwandt mit dem ästhetischen Realismus.

Die Debatte um den ästhetischen Realismus oder Objektivismus ist im deutschsprachigen Raum recht exotisch, doch im angelsächsischen Sprachraum wird darüber eine heftige Kontroverse ausgetragen. Spahlinger geht davon aus, dass Musik jenseits jeglicher kulturellen Kategorien und Konventionen hörbar sei. Der Philosoph Harry Redner schlägt eine Alternative bzw. Reinterpretation zu unserer Problemstellung vor. Die Zuschreibung ästhetischer Prädikate sei keine Frage zwischen Objektivität oder Subjektivität, sondern sei kulturell determiniert, womit der konstruktivistische Charakter dieser Zuschreibungen unterstrichen wäre. Zudem täte die Neue Musik gut daran, sich von Wissenschaftsfetischismus zu distanzieren, wenngleich die Form der Wissenschaftlichkeit ihr als Moment inhäriert.

Doch Wissenschaftlichkeit in kritischem Sinne ist nicht gleichzusetzen mit Realismus oder Naturalismus. Gute Wissenschaftlichkeit ist auch immer Reflexion der eigenen Methode und somit der Grenzen des Wissbaren. Zudem schaufelt sich Neue Musik, wenn sie den Schulterschluss mit positiven Wissenschaften sucht, ein eigenes Grab. Denn

Vertreter etwa der Lebenswissenschaften attestieren der Neuen Musik – evolutionsbiologisch gesprochen – mangelnde Fitness. Ihre Überlebenschancen seien, realistisch eingeschätzt, sehr gering. Und diese Einschätzung basiert auf evolutionsbiologischen, ethologischen sowie neurowissenschaftlichen Untersuchungen. Mangelnde Fitness behauptet auch der Musikwissenschaftler Hellmut Federhofer aufgrund eines von ihm durchgeführten Experiments zur Rezeption Neuer Musik. Neue Musik halte sich, seiner Meinung nach, nur aufgrund parasitären Verhaltens am Leben.[37]

Nicht selten plädieren Lebenswissenschaften auf Grund objektiv fundierter Daten ausschließlich für tonale Musik; und gelegentlich wird die Neue Musik – sofern sie posttonal ist – vehement angegriffen.[38] Dass Neue Musik sich zu produktionsästhetischer Inspiration mit Wissenschaften beschäftigt, ist auch Teil ihrer Autonomie. Entscheidend hierbei ist jedoch, ob Wissenschaften für sie eine sachliche Autorität darstellen oder ob diese von ihr blindlings fetischisiert wird. Zumindest kann festgehalten werden, dass sich Neue Musik mit ihrem Wissenschaftsfetischismus im Spannungsverhältnis von Kalkül und Person bewegt. Darauf hat schon Wittgenstein in seinen VORLESUNGEN ZUR ÄSTHETIK, PSYCHOLOGIE UND RELIGION hingewiesen. Das Sprachspiel der positiven Wissenschaften (wobei Wittgenstein explizit die Hirnforschung meint) sei – ihm zufolge – nicht in der Lage, das ästhetische Vokabular ins wissenschaftliche zu übersetzen – geschweige denn, es zu ersetzen.[39]

Andererseits ist Neue Musik eine Sabotage an einem vermeintlichen Realismus, den die positiven Wissenschaften ausformulieren möchten. Genauer gesagt geht es hierbei um einen szientistischen Realismus, dem

37 Hellmut Federhofer, Zur Rezeption Neuer Musik, International Review of the Aesthetics and Sociology of Music, Vol. 3, No. 1, S. 5 – 34.

38 So etwa von Diana Raffman, Is Twelve-Tone Music artistically deffective?, Midwest Studies in Philosophy XXVII.

39 Ludwig Wittgenstein (1968) Vorlesungen und Gespräche über Ästhetik, Psychologie und Religion, Göttingen, S. 44f.

zufolge die positiven Wissenschaften in der Lage seien, die Welt bewusstseinsunabhängig – also von einem externalistischen Standpunkt aus – zu erkennen und zu beschreiben.[40] Dem entgegen bezog Schönberg in seinem Vorwort zu seiner Harmonielehre Position gegen eine Verwissenschaftlichung musikalischer Komposition wie auch Rezeption. Schönberg vertritt die Auffassung, dass es keine naturwissenschaftlich begründbaren Gesetze in der Ästhetik gibt. Kunst ist für ihn geradezu gleichbedeutend mit Normenverstoß. Nimmt man Schönbergs Kritik an einer Verwissenschaftlichung der Musikästhetik ernst, so gerät der Anspruch eines ästhetischen Realismus ins Absurde. Denn er müsse methodisch davon ausgehen bzw. zu Grunde legen, was er überwinden will, nämlich die subjektive Perspektive. Und zudem wäre er nicht in der Lage, die lebenswissenschaftlich gedeuteten Phänomene selbstständig begrifflich einzuholen.[41]

Zustände oder Bewertungen, die jemand an ästhetischen Gebilden vollzieht, gehen nicht rein in der drittpersönlichen Beschreibungsperspektive auf, sondern setzen eine positiv nicht mehr explizierbar Vollzugsperspektive voraus. Aber auch Schönbergs Einwände gehören dem wissenschaftlichen Diskurs an, denn er fragt danach, was wirklich wissbar ist bzw. was sich dem Kalkül unterordnen lässt. Es macht einen Unterschied, ob im Rahmen kriterialer Rede zu sagen, „es gewittert“ oder ob wir behaupten „ich höre den Galopp des Pegasus“. Wir können für den ersten Satz Kriterien angeben, die als Wahrheitsbedingungen eines Satzes gelten. Das Gewitter geschieht transsubjektiv. Jedoch ist eine ästhetische Erfahrung nichts, was sich drittpersönlich beobachten ließe. Wie gesagt, zu behaupten, „es gewittert“, ist wahr, wenn es gewittert und stellt somit eine allgemein überprüfbare Aussage dar. Ästhetische Werturteile mögen zwar mit nachweisbaren Strukturen korrelieren, doch sie sind zugleich immer auch Mitteilungen der Person, die urteilt

40 Hierzu: René Thun (2007).

41 Zu diesem Methodenproblem: René Thun (2008) Freiheit und Methode, Münster.

und charakterisiert. Der ästhetische Diskurs ist nicht auf die Deskription reduzierbar.

Es scheint zumindest einige Berührungspunkte zwischen Kunst und Wissenschaft zu geben – und einer dieser Punkte ist der Begriff des Experiments, den wir weiter unten genauer erörtern werden. Im Kern sind sich Kunst und Wissenschaft hinsichtlich des Begriffs des Experiments weitgehend einig darüber, dass sich ein Experiment sich dadurch auszeichnet, dass ein Prozess in Gang gebracht wird, in den der Experimentator nicht mehr eingreift. Zumindest betrifft dies den Handlungsaufbau bzw. –Struktur eines Experimentes, wobei von der Teleologie, also dem Zweck des Experiments noch nicht die Rede ist. Deutlich ist dieser Begriff des Experiments oder das Prädikat des Experimentellen von einer Attitüde des Experimentellen zu unterscheiden, wo dem Zuhörer vorgegaukelt wird, dass dort, wo ungewohnte Technologien oder überbordende aber hohle Formen benutzt werden, schon von experimenteller Musik die Rede sei. Oder man denke an Vertreter der Elektro-Musik wie Tangerine Dream oder Klaus Schulze, wo das Experimentelle allein darin besteht, ungewohnte Synthesizerklänge zu verwenden und Form durch unbotmäßige Länge vorzugaukeln. In der gängigen Produktionstechnik die dort verwendet wird, kann nur schwerlich von experimenteller Musik die Rede sein, denn es kommt auch nur das heraus, was in den Ohren der Produzierenden „gut klingt“, wo das vermeintliche Experiment nichts weiter als Effekthascherei ist. Denn hier wird eben die praktische Komponente des Experiments völlig übersehen, die nämlich darin besteht, das Subjekt aus dem Verlauf herauszuhalten – und erst recht beim Ergebnis. Es wird dort nicht experimentiert, sondern herumgebastelt.

Der Zweck des Experimentes in Kunst und Wissenschaft besteht darin, Erfahrung zu machen. Aber aufgrund ihrer inneren Struktur ist die ästhetische Erfahrung von der wissenschaftlichen Erfahrung zu unterscheiden. Wissenschaftliche Erfahrung qua Experiment ist auf Transsubjektivität hin ausgerichtet, was jedoch nicht gleichbedeutend damit ist, dass Transsubjektivität auf jeden Fall erreicht wird. Transsubjektivität stellt hier vielmehr ein methodisches Ideal dar. Genau dies ist der Zweck wissenschaftlicher Experimente seit Beginn der Neuzeit. Wissenschaftliche Experimente sind idealiter von jedermann reproduzierbar, sofern die geeigneten Mittel zur Verfügung stehen und alle für das Experiment notwendigen Handlungsschritte in ihrer Reihenfolge eingehalten werden. Alles, was sich unabhängig von einer bestimmten Person reproduzieren lässt, ist transsubjektiv gültig. So gilt auch transsubjektiv, dass Wasser Feuer löscht, wenn alles richtig gemacht wird; wenn das Wasser also nicht neben, sondern auf die Brandstätte gegossen wird. Ebenso ist die geometrische Konstruktion einer Senkrechten mittels Zirkel und Lineal ein transsubjektiv gültiges Prinzip, welches auch unabhängig von der jeweiligen Befindlichkeit des Zeichnenden zu einem Handlungserfolg führt.

Auch Neue Musik hat den Charakter des Experimentellen. Diese Etikette hat jedoch nicht mehr den negativen Beigeschmack, den sie bis vor einigen Jahrzehnten noch hatte, als man, um diese Musik abzuwerten, Schönbergs Musik als „experimentell“ bezeichnete. Sie ist sicherlich explorativ, indem sie nach neuen Möglichkeiten des Materials und dessen Wirkungen regelrecht forscht. Neue Musik ist schlechthin auf Erfahrung aus. Der hier zur Debatte stehende Erfahrungsbegriff muss jedoch etwas näher bestimmt werden, da der im Ästhetischen verwendete Erfahrungsbegriff ein anderer ist als in den Erfahrungswissenschaften. Die Erfahrung, die der Rezipient mit Neuer Musik macht, kann kaum Anspruch auf transsubjektive Gültigkeit erheben; sie oder er kann lediglich versuchen, intersubjektive Verbindlichkeit über dieses oder jenes Stück zu erzielen. Dies ist ein kommunikativer Anerkennungsprozess, der auf Resonanz angewiesen ist.

Was für den Erfahrungsbegriff im Ästhetischen grundlegend ist und in den experimentellen Wissenschaften geradezu stört, ist die Rolle der Person bzw. des Individuums als Konstituens ästhetischer Erfahrung. Wer eine ästhetische Erfahrung macht, der stellt sich mit seiner ganzen Person in ein oftmals wertendes Verhältnis zu einem Gebilde. Trotzdem hängen beide Formen der Praxis miteinander zusammen; und die Unterscheidungen, die hier vollzogen wurden, sind rein methodisch zu verstehen, um ein Interpretationsmodell zu gewinnen sowie bestimmte begriffliche Momente deutlicher heraus zu stellen. Gemeinsam ist Neuer Musik und Wissenschaft die innere Form der Diskursivität – darin liegt ihr Ethos. Hinzu kommt, dass in einer Demokratie Konflikte offen und nach fairen Regeln ausgetragen werden.[42] Die Wissenschaft ist ihrer diskursiven Struktur nach demokratisch, insofern der Wissenschaftler jeden Schritt, den er in seiner Forschung vollzieht, angeben können muss und daher sein Tun auf Überprüfbarkeit hin anlegt. Und das Ergebnis muss – eingerechnet die Abweichungen statistischer Art – reproduzierbar sein. Man schaue sich nur einmal die Analysen von Komponisten wie Ligeti, Stockhausen, Lachenmann oder Boulez an, in der das „Verhalten" des Materials schon quasi prognostisch erörtert wird. In der Neuen Musik – und nicht nur in ihr, sondern in der gesamten so genannten E-Musik wird über den Umgang mit dem Material Rechenschaft abgelegt. Auf die spezifischen Differenzen zwischen den angerissenen Erfahrungsbegriffen, soll nun näher eingegangen werden.

DIE EMPHASE DER ERFAHRUNG

Neue Musik unterscheidet sich hinsichtlich des Begriffs der Erfahrung aber nicht nur von Wissenschaft, sondern auch von der so genannten U-Musik. Um die Emphase der Erfahrung durch die Neue Musik verdeutlichen zu können, wird der von Gadamer ins Spiel gebrachte Erfahrungsbegriff ein Orientierungspunkt sein. Dieser ist ein hermeneutischer Erfahrungsbegriff und wurde von Gadamer in kritischer Abgrenzung des Erfahrungsbegriffs der Erfahrungswissenschaften konzipiert. Neue Musik unter der Kategorie der Erfahrung zu explizieren, ist der Sache nicht äußerlich, sondern betrifft ein notwendiges Moment ihres Begriffs. Auch Adorno hat die Rolle, die Erfahrung in der Neuen Musik spielt, thematisiert.

42 Vgl. Paul Ricœur (1996) Das Selbst als ein Anderer, München.

Neue Musik insgesamt postuliert – als Bewusstsein von Spannung – Erfahrung, die Dimension von Glück und Leid, die Fähigkeit zum Extrem, zum nicht Vorgeformten, gleichsam um zu erretten, was die Apparatur der verwalteten Welt zerstört.[43]

Adorno gibt somit einen ersten Hinweis auf eine intrinsische Verwobenheit von Neuer Musik und Erfahrung. Diesem Hinweis gilt es zu folgen und die Voraussetzungen sowie Implikationen darzulegen. Interessanterweise macht Gadamer in „Wahrheit und Methode" für seine Explikation des Erfahrungs-Begriffes den Anfang bei der Kunst.[44] Sie ist das Medium für eine besondere Form des Erfahrens und der „Wahrheit". Erfahrung kann zwar in gewisser Weise als ein Lernprozess aufgefasst werden, doch dies auf besondere Weise und meint auch nicht durch Belehrung initiiertes Lernen. Vor allem ist es die Selbständigkeit und die Selbstbildung, auf die es hierbei ankommt. Wissen, welches durch Erfahrung erworben wurde, ist zwar lehr- bzw. vermittelbar, doch es ist dies nicht im Sinne theoretischen Wissens, welches zwecks Reproduktion bereitgestellt ist. Zur Verdeutlichung, und als Beispiel für Erfahrungsbezogenes Lernen, wäre exemplarisch der Autodidakt zu erwähnen. Er muss – im Gegensatz zu einem Schüler, der alles gezeigt bekommt –, auf derartige Vermittlung bereits gemachter Erfahrung verzichten; er muss alleine herausfinden, wie etwas funktioniert. Wer erfährt, dem widerfährt etwas *als* etwas und als Neues. Dann ist jemand, dem vieles widerfahren ist, erfahren. So ist etwa ein Arzt, der auf langjährige Berufspraxis zurückblicken kann, erfahren auf seinem Gebiet.

Für Kant war Erfahrung auf sinnliche Affizierung bezogen beschränkt; und die Erfahrungswissenschaften, sind jene, welche auf Empirie beruhen – so etwa die Physik. Damit wird jedoch nicht behauptet, Physik hätte es nur mit Erfahrungsgegenständen zu tun. Diese Behauptung würde den Entwicklungen in der modernen Physik, die sich in viele

43 Adorno, Schwierigkeiten beim Hören neuer Musik, S. 288.

44 Gadamer (1975).

Bereiche unterteilt, nicht gerecht werden, zumal dort mit Modellen gearbeitet wird, die sich zwar auf die Empirie anwenden lassen, diese jedoch nicht direkt abbilden, sondern über sie hinausgehen. Beispielsweise ist die in der Astrophysik diskutierte „dunkle Materie“ kein Gegenstand *direkter Beobachtung*, sondern der Schweizer Astrophysiker Fritz Zwicky hat sie *postuliert*. Um auf die Masse zu kommen, die ein galaktischer Kugelhaufen haben muss, die aber nicht sichtbar ist, hat er sie als funktionale Größe modelliert. Zwischen Masse und Fluchtgeschwindigkeit der Galaxien bestand eine Diskrepanz, die man mithilfe des Postulates von Dunkler Materie zu überwinden hoffte. Auch Sozialwissenschaftler rekurrieren gerne auf Empirie, doch diese ist dann überwiegend statistischer Natur.

Wir können aber auch eine Erfahrung an oder mit bislang Bekanntem machen, indem wir einen neuen Aspekt an der Sache sehen. Gadamer spricht diesbezüglich auch von der Negativität der Erfahrung, also dass eine Erwartung enttäuscht wird. Wenn wir eine Erfahrung mit etwas gänzlich Neuen machen, kann dies mitunter verstörend wirken oder aber unseren Horizont erweitern. Insofern sind Erfahrungen auch immer Modifikationen unseres Selbst.

ZUM UNTERSCHIED ZWISCHEN ERFAHRUNG UND ERLEBNIS

Eine begriffliche Unterscheidung zwischen Erfahrung und Erlebnis könnte dazu beitragen, den Unterschied zwischen sogenannter U-Musik und E-Musik zu explizieren. Vorausgesetzt, man möchte Unterscheidungen machen. Ein Missverständnis wäre es, zu denken, dass eine Unterscheidung zwischen E und U zum Ziel hätte, die Daseinsberechtigung der einen oder anderen Seite in Frage zu stellen. Es geht hier lediglich um einen Geltungsanspruch in funktionaler Hinsicht. Beide Musik-Formen verfolgen je unterschiedliche Zwecke und stellen daher zwei unterschiedliche praxeologische Strukturen dar.

Im Rahmen philosophischer Begrifflichkeit wurde der Begriff des Erlebnisses wohl zuerst von Wilhelm Dilthey systematisch verwendet. Sein Begriff des Erlebnisses ist für eine Begründung der Geisteswissenschaften methodisch vorrangig, da er konstitutiv für den Wissensbegriff sowie der Generierung von Wissen durch die historischen Wissenschaften ist. Dass schriftlich fixierte Texte oder überhaupt menschlich fixierter Ausdruck mit Erlebnissen korreliert sind und sich daher das Problem des Verstehens oder der Interpretation auf spezifische Weise stellt, hat Dilthey in Anlehnung an Schleiermacher deutlich herausgestellt. Ein Buch (Roman) oder ein Bericht über eine vergangene Welt ist von Erlebnissen durchdrungen, ebenso wie der Leser seine Erlebniswelt auf den Text appliziert. Es war dies auch der Grund für Dilthey, eine Kongenialität des Autors und des Lesers anzunehmen, wobei das hermeneutische Optimum in einem Nachfühlen oder Nacherleben des Geschriebenen bestünde.

> In dem Zusammenwirken von Erleben, Verstehen anderer Personen, historischer Auffassung von Gemeinsamkeiten als subjektiven geschichtlichen Wirkens, schließlich des objektiven Geistes, entsteht das Wissen von der geistigen Welt. Erleben ist die letzte Voraussetzung von diesem allen, und so fragen wir, welche Leistungen es vollbringt.[45]

Hier fungiert der Erlebnisbegriff als Korrektiv zum naturwissenschaftlichen Erfahrungsbegriff; und Dilthey weist damit auf eine methodisch völlig eigenständige Kategorie hin, die von den Naturwissenschaften nicht mehr eingeholt werden kann.[46] Somit stellt sich das Erlebnis als eine methodisch irreduzible Kategorie heraus und kann nur noch phänomenologisch operationalisiert werden – also als ein Funktionsbegriff

45 Wilhelm Dilthey (1927), Entwürfe zur Kritik der historischen Vernunft, in ders. Ges. Werke Bd. 7, S. 196, Leipzig.

46 Fortgesetzt wird dieser Ansatz im Rahmen der Philosophischen Anthropologie von Helmuth Plessner (1975) Stufen des Organischen und der Mensch, Berlin.

aufgefasst werden, weil ihm keine Entität entspricht, die sich beobachten ließe. Nur wer erleben kann, der kann auch verstehen.[47]

Für Dilthey ist das Erlebnis eine den objektiven Geist umfassende Kategorie und die Emphase legt Dilthey auf das Nacherleben, das im Verstehensprozess stattfindet. Sicherlich hat Dilthey damit einen wichtigen Beitrag zur Eigenart der so genannten Geisteswissenschaften geleistet und zugleich auch einen Ansatz zur Begründung der Unterscheidung zwischen Ursachen und Gründen bzw. Erklären und Verstehen. Dennoch ergeben sich aus diesem Ansatz heraus Probleme hinsichtlich der Beantwortung der Frage nach der Möglichkeit des Neuen sowie der Erfahrung von Negativität objektiven Geistes. Auf genau diesen Punkt geht Gadamer in „Wahrheit und Methode" ein. Erfahrungen können zwar als von Erlebnissen lediglich abgeleitet begriffen werden, doch dann würde man sich um die Besonderheit des Erfahrungsbegriffs bringen. Denn im Grunde ist alles, was auf ein Subjekt bezogen werden kann oder was in den Horizont des Subjekts treten kann, zunächst nichts weiter als Erlebnis. So kann jemand immer wieder das gleiche Erlebnis haben, wenn er in ein Flugzeug steigt, weil er oder sie etwa unter Flugangst leidet. Oder jemand stellt fest, dass innerhalb von drei Tagen die Mülltonnen wieder randvoll sind und sich deswegen ärgert. Erlebnisse stellen sich so verstanden als reproduzierbare Subjektivität dar. In diesem Sinne wird im weiteren Verlauf von „Erlebnis" die Rede sein. Erfahrungen sind davon abzuheben, nicht, weil sie nicht in den Kreis der subjektiven Erlebnisse fallen würden – und es könnte Mischformen geben –, sondern es gilt eine Unterscheidung zu treffen zur genaueren Beschreibung von „Erfahrungen".

Von der reproduzierbaren Subjektivität des Erlebnisses ist der Erfahrungsbegriff zu unterscheiden, da letzterer Subjektivität – bis hin zum Charakter – konfiguriert bzw. konstituiert. Erfahrungen erweitern unseren Horizont, unsere Möglichkeiten des Selbstseins, indem sie etwas als Etwas neu sehen lassen oder sie sind überhaupt die Möglichkeit,

47 Dilthey (1927) S. 214.

etwas in den Blick kommen zu lassen – sogar anlässlich eines Nichtverstehens oder eines Scheiterns. Sie sind Widerfahrnisse im eigenen Tun und somit erschließen sie uns Wirklichkeit oder Welt. Erfahrung findet da statt, wo unserer Erwartungshaltung enttäuscht wird, wo uns Fremdes begegnet oder Bekanntes uns in bestimmter Hinsicht fremd wird. Zentral für Erfahrungen ist das Neue – und dies gilt auch für die Wissenschaft, denn ihr geht es darum, Wissen zu mehren oder zu sichern. Hierfür müssen auch Entdeckungen gemacht werden; so wie Lavoasier den Sauerstoff versehentlich entdeckte und somit die alte Phlogistontheorie, mit der man den Verbrennungsvorgang erklärte, falsifizieren konnte.

Den bisher erfolgten Ausführungen lassen sich zwei Tätigkeiten auch in erkenntnistheoretischer Hinsicht entnehmen. Wer etwas erlebt, der *reidentifiziert* vor allem, es ist zunächst bloßes Wiedererkennen von etwas. Wer erfährt, der *identifiziert* etwas als etwas oder stößt zunächst auf Nichtidentisches. Reidentifikation und Reproduktion scheinen somit in einen gemeinsamen semantischen Hof zu gehören. Diese Unterscheidungen lassen sich auf den Bereich der musikalischen Praxis anwenden. Denn wenn die Unterscheidung zwischen Erfahrung und Erlebnis zutrifft, dann kann der Unterschied zwischen U und E in der Musik auf diese Unterscheidung zurückgeführt werden. Damit aber verfolgen Neue Musik und U-Musik unterschiedliche Zwecken. Und freilich kann es hier nur um eine Tendenz gehen. Dass der Aspekt des Reidentifizierens in der so genannten Unterhaltungsmusik eine zentrale Rolle spielt lässt sich bereits an den Texten etwa der Schlagermusik oder auch der Rockmusik ablesen. Für die Neue Musik kann beansprucht werden, dass sie den Akt des Identifizierens gleichsam auf die Probe stellt.

WAS HEISST HIER NUN NEU?

> Das Neue ist die Sehnsucht nach dem Neuen, kaum es selbst, daran krankt alles Neue.
> ADORNO: ÄSTHETISCHE THEORIE

Was aber ist an der Neuen Musik neu, wenn sie bald ein gutes Jahrhundert alt ist? Ist Neue Musik aus den sechziger Jahren, wozu insbesondere noch der Serialismus zu zählen wäre, genauso Neue Musik wie die aus dem 21sten Jahrhundert? So ähnlich klingende Aporien kann man häufig finden: sobald etwas entstanden ist, dann kann es gar nicht mehr neu sein, denn neu ist es nur zum Zeitpunkt seiner Entstehung. Diesem chronologischen Konkretismus muss man sich nicht anschließen, zumal terminologisches Reden über ästhetische Belange der Sache nicht angemessen ist, sondern sie verfehlt. Wer der festen Überzeugung ist, das Neue sei eine kriteriale Kategorie, weil chronologisch entscheidbar, übersieht eben den Handlungsaspekt. Wäre es vielleicht nicht angebrachter mit der Verwendung des Prädikates „neu" ein wenig Nachsicht zu üben? Denn was neu ist oder als neu gilt, kann lediglich kommunikativ ermittelt werden. Das Neue ist immer neu in Relation zu einer bestimmten Situation. Dies ist nicht als eine Ausflucht gemeint, sondern ein methodischer Vorschlag wie das Neue in Neuer Musik rechtfertigbar ist.

Schon allein dass unter dem Label Neue Musik eine traditionsstiftende Praxis verstanden werden soll, mutet zunächst wie ein Oxymoron an. Mit diesem Gehalt möchte man sich nicht ohne weiteres anfreunden. Weiter oben wurde jedoch festgehalten, dass Tradition kein Wiederholen bestimmter Pathosformeln sei, sondern einen Rahmen für das eigene musikalische Handeln darstellt, den es stets zu erweitern gilt. Und so bezieht sich das Prädikat neu auf den Umgang mit musikalischen Kategorien; das Neue an Neuer Musik ist dann keine deskriptive Eigenschaft, sondern ein ihr inhärierenden Prinzip. Dass seit gut drei Jahrzehnten Tonalität erneut thematisch wird, ist erstens kein Tabubruch – und wenn er es wäre, umso besser. Neue Musik bedeutet nicht automatisch ein Tabu gegenüber Tonalität. Auch Alban Berg hatte Tonalität thematisiert. So komponierte er zwar nicht in aber mit Tonalität.[48] An den vier Stücken für Klarinette und Klavier (op. 5) etwa lässt sich dieser Sachverhalt studieren. Im zweiten Stück liegt die Terz im Klavier quasi wie ein Orgelpunkt mit rhythmischer Bewegung. Was über das Intervall als tonal erscheint wird über die Rhythmik zugleich in der Schwebe gehalten bzw. nicht verfestig.

Abbildung 1: Alban Berg, op. 4, Nr. 2 , Takt 1-2.

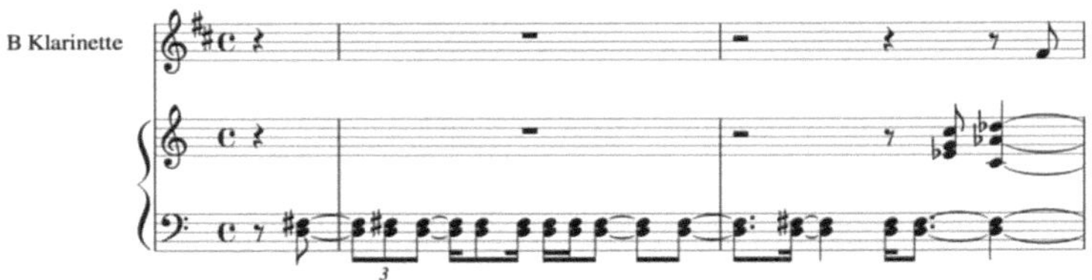

Dass in der Neuen Musik seit den achtziger Jahren Tonalität thematisch wird, kann, nachdem der serielle und aleatorische Weg nicht mehr befriedigte, als eine Neuerung innerhalb der Neuen Musik angesehen werden. Auch Ligeti versuchte in seinem Hamburgkonzert oder in seinem Violinkonzert eine Neukontextualisierung von tonalen Momenten. Dort arbeitete er mit Obertönen und erzeugt eine Pseudotonalität. Die Quinte als Oberton im Horn etwa klingt *schräg* zur wohltemperierten Tonika. Auf diese „unreine" Tonalität hatte Ligeti es abgesehen. Die konsonante Wirkung der Quinte wird somit hintergangen. Die Funktionsharmonik blieb dennoch ein Tabu für ihn. Wenn Tonalität nur ein mögliches Mittel ist, um musikalische Form zu erzeugen, dann ist Tonalität nicht mehr das, was sie noch im neunzehnten Jahrhundert war, nämlich ein Medium musikalischen Denkens.

---

48 Diese Unterscheidung habe ich vom Komponisten Reinhard Febel (1982) übernommen.

Neu heißt hier also nicht *absolut* neu. Denn dies wäre – wie übrigens auch „absolut frei" – ein unmögliches Prädikat. Was als neu gilt, kann nur im Rahmen einer geschichtlichen Situation ermittelt werden. Es sind beispielweise die Ausdruckswerte neu, die erzeugt werden. So verstanden könnte überlegt werden, ob Neue Musik nicht eine Opposition zum Wiederholungszwang der Kulturindustrie darstellt und musikalische Ausdruckwerte in Relation zur Lebenswelt aktualisiert, als Geste des Nichteinverständnisses, statt verschlissenen Pathos zu Revitalisierungszwecken zu wiederholen. Vielleicht ist die Emphase der Erfahrung gerade auf Grund um sich greifender Musealisierung sowie durch den Konservativismus, der mit den Aufzeichnungsmedien einhergeht, so dringlich geworden. Ausgerechnet jene, die aktuell sein wollen und mit MP3 Playern herumrennen, scheinen die Konservativsten zu sein: Sie möchten Erlebnisse wiederholen und sedimentieren und bringen sich darum, ihren eigenen Möglichkeitssinn zu entfalten.

IV. Musik und Aufklärung

Herbert Schnädelbach, bekannt als Vernunfttheoretiker und Aufklärungsverfechter, sieht in der „Aufklärung mehr als nur ein philosophisches Projekt, auch wenn sie ohne Philosophie kaum gelingen dürfte“[1]. Er unterscheidet zwischen einem historischen Aufklärungsbegriff, der Aufklärung als Zeitalter beschreibt und als strukturellen Begriff, der von einem Aufklärungsbedarf in jedem Zeitalter ausgeht. Dies fundiert er quasi kulturphilosophisch, indem er Aufklärungsbedarf überall dort sieht, wo „neue Traditionalismen vom Menschen als Grenzen ihrer freien Selbstbestimmung erfahren werden“[2]. Dabei ist Aufklärung an keine bestimmte Form des Diskurses oder Praxis gebunden. Nicht nur in den Wissenschaften, im Recht und in der Religion findet Aufklärung statt, sondern auch im Ästhetischen, das eine besondere Form der Kontingenzbewältigung mithin ein besonderer Umgang des Menschen mit seiner Geschichtlichkeit ist. Dies berechtigt zunächst zu der Frage, ob und wie Aufklärung in der Neuen Musik möglich sei. Neue Musik – so die These – zeichnet sich vor allem dadurch aus, dass sie an Aufklärung orientiert ist. Diese Aufklärung betrifft nicht nur technisches Wissen bzw. absolute Transparenz wie Beherrschung des Materials, sondern

---

1 Herbert Schnädelbach (1998) Was ist Aufklärung?, in: Gunzelin Schmid Noerr (Hg.), Metamorphosen der Aufklärung, Tübingen, S. 15 – 19, hier: S. 19.

2 Ebd. S. 18.

hängt mit unseren generellen Vorurteilen gegenüber der Musik zusammen. Sie ist zugleich eine Öffnung in kognitiver und emotiver Hinsicht, sie hinterfragt unsere eingeschliffenen Hörgewohnheiten und bricht sedimentierte Kategorien auf. Hierbei zielt sie darauf ab, eine Prüfung unserer musikalischen Grundlagen zu vollziehen – und zwar in Form einer „kritischen Selbstprüfung".[3] Die These, dass Neue Musik aufklärerisch sei, muss allerdings noch erwiesen werden.[4] Erst dann wird sich zeigen, inwiefern Neue Musik nicht nur *rational* hinsichtlich der Reflexion des Materials, sondern auch *vernünftig* ist, insofern sie die Immanenz des Materials transzendiert.

Die folgenden Ausführungen werden mit einem kurzen historischen Exkurs beginnen, um auch die Transformation des Verhältnisses von Musik und Aufklärung nachzuzeichnen.

DIE STELLUNG DER MUSIK IN DER AUFKLÄRUNG

Bevor Neue Musik als eine genuin aufklärerische Praxis bezeichnet werden kann, da sie in sich aufklärerisch ist, sollen einige wichtige programmatische Punkte der Aufklärung (Enzyklopädie/Kant) erörtert werden. War Musik in der epochalen Aufklärung *Gegenstand* didaktischer Bemühungen der Enzyklopädisten, wobei etwa an D' Alemberts *Elemens de Musique. Theorique et practique*[5] oder gar an die von Marpurg gegründete Zeitschrift *Der Critische Musicus an der Spree*[6] zu denken wäre, so wird sie später ein *Medium* aufklärerischen Denkens darstellen. Einen besonderen Erkenntniswert schrieb man der Musik während der

3 Paul Bekker (1923) Neue Musik, Stuttgart, S. 97.

4 Hierzu auch: René Thun (2012) Partizipation an Aufklärung durch das Medium der Neuen Musik, in: Kunst und Kirche, Vol. 1.

5 Jean le Rond D'Alembert (1752) Elemens de la musique. Theorique et practique, Paris.

6 Friedrich W. Marpurg (1979) Der Critische Musicus an der Spree erster Band, Hildesheim (1749/50).

Aufklärung nicht zu, auch wenn sie mit mathematisch/physikalischen Mitteln untersucht wurde und somit Erkenntnisse über sie möglich waren. Musik war noch weit davon entfernt, ihr kritisches Potenzial zu entwickeln. Sie wurde größtenteils als eine Art intimer Affektenapotheke angesehen. Dafür musste sie, wie etwa Mattheson forderte, auf Einfachheit abzielen.[7] Musik sollte einfachen Gesetzen gehorchen und dadurch natürlich wirken.

EXKURS ZUR AUFKLÄRUNG

Statt ein ausladendes Bild von der Epoche der Aufklärung zu entwerfen, werde ich kurz skizzieren, was für den weiteren Verlauf als Aufklärung bezeichnet werden soll. In der Geschichte der Philosophie hatte die Aufklärung nicht immer einen guten Stand. Zumindest nicht die Aufklärung in historischem Sinne. Nach durch Romantik vollzogener Vernunftkritik, die ihre Personifizierung in Friedrich Nietzsche findet, kann jedoch von einer transhistorischen strukturellen Aufklärung die Rede sein. Demnach wäre Aufklärung ein Prozess, der nicht abschließbar ist, da er mit der Geschichtlichkeit des Menschen Schritt hält. Trotz der Kritik, die Horkheimer und Adorno in ihrer Dialektik der Aufklärung übten, ist Aufklärung nicht als ein gescheitertes Projekt zu betrachten – sie ist nicht einmal eine zeitliche Entität. Es können nur ontologische Missverständnisse sein, die dazu führen, Aufklärung als ein gescheitertes Projekt zu betrachten (welches Strukturen der Unterdrückung des Leibes etwa entwickelte)[8], statt ein Programm zu reformulieren und ggf. Korrekturen vorzunehmen. Zumindest sehen einige Vernunftkritiker und Aufklärungsskeptiker wie etwa Gernot Böhme, den Begriff der Aufklä-

7 Johann Mattheson (1995) Der vollkommene Kapellmeister, Kassel (orig. 1739).

8 Andreas Bähr Hrsg. (2005) Grenzen der Aufklärung. Körperkonstruktionen und die Tötung des Körpers im Übergang zur Moderne, Hannover.

rung zweideutig. Aufklärung habe, indem sie den autonomen Vernunftmenschen zum Ideal erhob, den „autoritären Charakter und die autoritäre Familienstruktur“[9] erzeugt. Allerdings muss dies nicht als ein Zweck der Aufklärung angesehen werden, sondern beschreibt eher deren Scheitern. Trotzdem fordert Böhme eine gegenwartsbezogene Aufklärung. „Jede Zeit braucht ihre Aufklärung, immer erneut, permanente Aufklärung.“[10] Das Ziel der Aufklärung ist nicht zu allen Zeiten mit denselben Mitteln erreichbar. Was Adorno und Horkheimer mit ihrer Dialektik der Aufklärung jedoch geleistet haben, war das Aufdecken innerer Widersprüche und insbesondere des technokratischen Denkens, das sich einschleicht, wenn nur eine bestimmte Rationalitätsform, nämlich die naturwissenschaftlich technische die Oberhand gewinnt und nicht weiter hinterfragt wird. Im Anschluss daran kann es also nur darum gehen, den Begriff der Aufklärung nach der Kritik und mit der Kritik zu reformulieren.

Einen wichtigen Beitrag zur europäischen Aufklärung hat schon Descartes mit seiner Forderung nach *clare et distincte* Vorstellungen – ein Grundmotiv aufklärerischen Denkens – geleistet. Demnach kann nur das, was wir zu erkennen meinen, einen Anspruch auf wirkliche Erkenntnis einfordern, also nur dann wirkliches Wissen sein, wenn es in einem klaren Lichte vor uns steht und nicht auf vagen Vermutungen und unüberprüfbaren Behauptungen basiert. Eine Methode, mit der man Erkenntnis erlangen kann, schlägt Descartes in seinen Meditationen vor. Dort entwickelt er die Methode des Zweifelns. Aus einer zunächst skeptischen Perspektive werden wir durch den Zweifel dahin geführt zu wissen, was sich wirklich begründet sagen lässt. Der Endpunkt des Zweifels, was also dem Zweifel widersteht, ist in die Philosophiegeschichte als *cogito ergo sum* – ich denke, also bin ich – eingegangen. Mithilfe des Zweifels gewinnen wir Gewissheit; denn dass ich zweifle, ist mir evident. Allerdings stellt sich dabei heraus, dass damit nur sehr wenig

9 Gernot Böhme (1988) Permanente Aufklärung, in: Gunzelin Schmid Noerr, Metamorphosen der Aufklärung, Tübingen, S. 20 – 26, hier: S. 21.

10 Ebd. S. 21.

gewiss ist. Ob sich dieser bewusstseinsphilosophische Ansatz, den Descartes verfolgt, aufgrund der Auslassung wichtiger Momente der Selbstkonstitution, wie etwa der Sprache, sich mit intellektueller Redlichkeit schmücken kann, kann wiederum angezweifelt werden. Denn die Grenzen dieser Methode werden nicht eingestanden. Zudem stellt sich das Problem der Weltverdoppelung, denn auch wenn das, was mich zu umgeben scheint, auf Irrtum, Täuschung oder Einbildung beruhen sollte, so komme ich nicht umhin, eine Welt anzunehmen, in der dies alles (Irren, Zweifeln, etc.) geschehen kann. Problematisch wäre dann also die Bezugnahme auf die (eigentliche) Welt, die hinter dieser erfahrenen (Schein-)Welt stehen soll. Der Weg, auf dem man zu Erkenntnis oder Wissen gelangt, muss, im Sinne der Aufklärung, klar angebbar und nachvollziehbar sein. Die Annahme etwa einer Matrix – als postmoderner Variante der Cartesischen Philosophie –, innerhalb derer wir virtuell existieren, mag als Narrativ attraktiv erscheinen und als Märchen für Technologieenthusiasten wunderbar funktionieren, doch eben, weil diese These nicht überprüfbar ist, bleibt sie auch ein Märchen. Dieser Status kennzeichnet übrigens auch Verschwörungstheorien.

Erleuchtung, oder auch *Devination*, ist ein anderer Erkenntnismodus als das *Lumen naturale* und kann deshalb kein Bezugspunkt für Aufklärung sein. Die Unterscheidung zwischen *Devination* und *Lumen naturale* hilft überdies, den Begriff oder das Projekt der Aufklärung zu verdeutlichen. Das *Lumen naturale* ist, um bei der Lichtmetaphorik zu bleiben, genau das Licht, mit dem der *common sense* die Dinge der Welt beleuchtet bzw. erfasst. Mit dem *lumen naturale* hatte auch der Frühaufklärer Pierre Bayle die Vernunft in seinem Essay über Toleranz gleichgesetzt.[11] Und mit besonderer Strahlkraft leuchtet dieses Licht in der (exakten) Wissenschaft, sie verkörpere das *Lumen naturale* in reinster Form. Erkenntnis wird also nicht kontingenterweise dem Genie zuteil, sondern kann – zumindest dem Prinzip nach – von jedermann erlernt werden, wozu es nötig ist, die einzelnen Schritte, die methodisch zur

11 Pierre Bayle (2016) Toleranz – Ein philosophischer Kommentar, E. Buddenberg und R. Forst (Hg.), Frankfurt a.M.

Erkenntnis führen, nachzuzeichnen oder darzulegen. In diesem Sinne ist Aufklärung die Forderung nach epistemischer Transparenz.

Allerdings ist dieser Begriff von Erkenntnis, dem dann auch ein bestimmter Wahrheitsbegriff korrespondiert, zu einem recht hohen Preis erkauft. Denn die einseitige Fixierung auf einen szientifischen Realismus als Paradigma für aufgeklärte Erkenntnis, versäumt es, andere Modi der Weltverhältnisse, wie sie etwa durch Religion, Kunst oder Politik vollzogen werden, diskursgerecht zu reflektieren und kann durch eine beanspruchte Alleinherrschaft Gefahr laufen, in Obskurantismus zu münden. Nicht selten wird etwa mit literarischen Mitteln eine „Wahrheit" vermittelt, die auf den Modus dieser Vermittlung notwendig angewiesen ist und sich daher der rein deskriptiv-kriterialen Sprache entzieht. Auch kann die bildende Kunst mittels der ihr eigenen Mittel Kritik an politischen wie auch gesellschaftlichen Strukturen üben. Inwiefern dies keine deskriptiv-kriteriale Angelegenheit ist, mag das Beispiel der informellen Malerei in der ehemaligen DDR verdeutlichen. Sie wurde, da sie für Vertreter des sozialistischen Realismus zu formalistisch erschien, als subversiv eingestuft und stellte für das System eine Bedrohung dar. Otto Grotewohl ließ sie verbieten. Hingegen wurde in der BRD die informelle Malerei teilweise als politisch unengagiert bzw. zu wenig provokativ empfunden. Wer „Wahrheit" also nur an der Deskription festmachen will, der denkt – jedenfalls in der Kunst – der Sache nach nicht adäquat, da er ihr einen heteronomen Diskurs aufdrängt.

Dass nicht Wissenschaft alleine einen Anspruch auf Erkenntnis erhaben kann, wurde schon von Kant klargestellt. Und auch in den Wissenschaften kann der Wahn bzw. der Obskurantismus um sich greifen, wenn die Grenzen der eigenen Erkenntnisfähigkeit nicht reflektiert werden.[12] Die Forderung nach epistemischer Transparenz stellte zunächst einen Grund dar, den Begriff der Erkenntnis sowie der Wahrheit vorrangig an die exakten Wissenschaften zu delegieren, was seine prägnante Ausformung in der *mathesis universalis* (Leibniz) fand, doch bei Kant

12 Siehe auch: Constantin Raue (2007) Wahn und Wahrheit. Kants Auseinandersetzung mit dem Irrationalen, Berlin.

bestand epistemische Transparenz darin, den Wissenschaftsbegriff und zugleich den Geltungsbereich wissenschaftlicher Aussagen zu begrenzen. Dies kann als ein Kernstück der KRITIK DER REINEN VERNUNFT von Kant angesehen werden.[13] Damit werden auch die Zuständigkeitsbereiche der Wissenschaften abgesteckt; und so besehen ist die KRITIK DER REINEN VERNUNFT auch ein Rechenschaftsbericht bzw. eine Reflexion über die Bedingungen der Möglichkeit sowie Grenzen wissenschaftlicher Erkenntnis.

In der Moralphilosophie Kants wiederum steht die autonome Person im Vordergrund, denn die Person ist nicht nur autonom insofern sie sich Gesetze und Prinzipien des Handelns selbst gibt, sondern sie urteilt selbstständig über Handlungen. Sie bedient sich ihres eigenen Verstandes – ein Gebrauch, den sie aber in der Gesellschaft erlernen muss, denn niemand fängt bei null an. Wenn die Person autonom ist, so ist diese Autonomie nicht mit Unbedingtheit gleichzusetzen (sonst wäre sie absolut), sondern eher mit selbstständigem Antworten. Dieses Antworten kann sich auf die Sitten, Gepflogenheiten, Glaubensfrage, etc. beziehen. Wenn sich eine Person aus eigenem Verstande Regeln oder Grundsätze (Maximen) gibt, so erfindet sie die Sittlichkeit nicht neu, sondern sie arbeitet an ihr.

Bei diesem Problem setzt auch Gadamer in WAHRHEIT UND METHODE seine Kritik an der Aufklärung an. Die „Aufklärung" hatte zu den Vorurteilen ein spannungsreiches Verhältnis. Am Umgang mit Vorurteilen zeigt sich, dass Aufklärung ein Prozess ist, der schon mit Beginn der Neuzeit einsetzt. So formulierte bereits Francis Bacon um 1620 seine *Idolenlehre*, um den Trugbildern des Verstandes auf die Schliche zu kommen und diese abzustreifen.[14] Kurz: Die Aufklärung stand in einem äußerst spannungsreichen Verhältnis zu Autorität und Vorurteil. Gadamer wollte mit der kritischen Selbstbesinnung, die er in WAHRHEIT UND METHODE durchführt, dem Projekt der Aufklärung keine Absage

---

13 In diesem Sinne rekonstruiert Raue die Kritik der reinen Vernunft bzw. die Wissenschaftsphilosophie Kants. Vgl. Raue (2007) 19 – 20.

14 Francis Bacon (1999) Neues Organon, Hamburg.

erteilen, sondern diese unter kritischen Vorzeichen der Aufklärung rehabilitieren sowie den Begriff der Tradition aufklären. Er warf der Aufklärung lediglich vor, diese Begriffe eliminieren zu wollen, statt deren Notwendigkeit zu reflektieren und das Bewusstsein ihrer wach zu halten. Sein Ziel ist es, die Aufklärung wiederum aufzuklären, indem er nachzuweisen sucht, dass auch sie durch und durch geschichtlich ist. Wenn wir verstehen, so können wir nicht voraussetzungslos beginnen, sondern finden uns immer schon in einer Sprechergemeinschaft und in einem System von Normen, Gepflogenheiten, Begriffen usw. So verstanden stellen Vorurteile eine Art Anfang überhaupt dar. Statt sie zu eliminieren, müssten sie als solche erkannt und überprüft werden.

Zudem ist Erkenntnis auch ein Prozess der Überlieferung und somit der Tradition. Damit ist mitnichten der blanken Willkür oder einem Traditionalismus das Wort geredet, dem zufolge man etwas tut, weil man es schon immer so getan hat, sondern auch der Begriff der Tradition muss einer kritischen Reflexion unterzogen werden. Der von Gadamer angeregte Traditionsbegriff geht ja eben mit Kritik und somit Handlungen der Vernunft einher. Wir können jedoch keinen radikalen Neuanfang machen. Der Begriff der Tradition ermöglicht es Gadamer, einen methodischen Anfang zu setzen, der in der geschichtlichen Lebenswelt verankert ist. Dieser Anfang ist jedoch nicht als eine Art Entelechie zu denken, so dass der Anfang des Verlaufes den Prozess determinieren würde – er ist vielmehr ein Korrelat. Dass der Einzelne sich trotz der Tradition seines eigenen Verstandes bedient, ist gemäß dieser Konzeption kein Problem, sondern eine Aufforderung, kraft derer der Sinn von „Tradition“ sich erst manifestiert.

MUSIK IN DER AUFKLÄRUNG

Als Repräsentanten für Musik in der Aufklärung kommen Autoren wie C.P. Bach, Marpurg, Rameau oder auch Rousseau in Frage, wobei Rameau explizit einen rationalistischen Standpunkt bezog. Er systematisierte das musikalische Material mithilfe der Akustik und Mathematik.

Daher war er für den Aufklärer und Enzyklopädisten D'Alembert ein wichtiger Orientierungspunkt. Musik als ein Medium der Kritik zu denken, war während der Aufklärung undenkbar, denn sie war Mittel zu einem ganz anderen Zweck: Sie war in erster Linie angenehmer Zeitvertreib. Man ersieht hieran schon, welch gewaltigen Transformationsprozess Musik bis heute durchlaufen hat und wie schwankend der Musikbegriff war.

Von einem linearen Prozess kann dabei schwerlich die Rede sein. Für das mittelalterliche Quadrivium war Musik etwa in Form der *musica mundana* ein integraler Bestandteil der Gelehrtenbildung in spekulativ-mathematischer Hinsicht, und somit gehörte sie in die Domäne der Rationalität bzw. sie war Medium und Gegenstand rationaler Betrachtung. Die gesamte mittelalterliche Musiktheorie orientierte sich ausgehend von Boethius vor allem am Numerus zu theologisch-spekulativen Zwecken. Hingegen lag der Zuständigkeitsbereich der Musik während er Aufklärung in erster Linie bei den Affekten. Leibniz verwies sie an ihren Ort, indem er Musik zwar mit Arithmetik in Verbindung brachte, da sie ein Zählen sei, doch dieses Zählen verlief unbewusst und konnte daher kein geschätzter Gegenstand für die Aufklärungsphilosophen gewesen sein. Um nämlich ein dem aufklärerischen Denken adäquater Gegenstand zu sein, muss er mit dem Verstand erfassbar sein, was beim Unbewussten jedoch nicht der Fall ist. Exemplarisch ist die gesellschaftliche Stellung der Musik in RAMEAUS NEFFE von Diderot dokumentiert, wo er auf die Komponisten und andere „genialische Schwärmer" zu sprechen kommt. Der Komponist gilt dort lediglich als genialischer Träumer; doch die Genies

> wissen nicht, was es heißt, Staatsbürger, Vater, Mutter, Bruder, Verwandter, Freund zu sein... Menschen muss es geben, aber keine genialen. Nein wahrhaftig, die sind völlig entbehrlich. Sie verändern das Gesicht des Erdballs, ja: aber in

den lächerlichsten Dingen ist die Dummheit so verbreitet und so mächtig, dass sie nicht ohne Scherereien abzuschaffen ist[15].

Wer Komponist war und sich nicht ins realistische Weltbild fügte, der hatte also schlechte Karten hinsichtlich der Legitimität seines Tuns.

Mehr Respekt wurde der Literatur entgegengebracht, sie nahm unter den Künsten eine Vorrangstellung ein. Dies verwundert nicht, zumal die Enzyklopädisten sich als *hommes des lettres* verstanden. Paradigmatisch rekurriert auch Kant in der KRITIK DER URTEILSKRAFT auf die Literatur. In seiner Darstellung des Systems der Künste versucht er, ihren Daseinsrang philosophisch zu untermauern. Mit der Literatur konnten Handlungen und zwischenmenschliche Beziehungen sowie gesellschaftliche Missstände direkt dargestellt werden, während Musik als Stimulans für das Gemüt zu wirken habe. Dieses Vorurteil gegenüber der Musik zog sich bis in die hegelsche Musikästhetik durch, der Musik auf Gefühl und Innerlichkeit reduzierte.

Musik ist für Kant eine „Kunst des schönen Spiels der Empfindungen"[16]. Seine Ambivalenz hinsichtlich der Musik beruht auf der Unterscheidung zwischen *Reflexion* und *Empfindung*. Etwas *gefällt* aus der *Reflexion*, aus dem freien Spiel der Erkenntniskräfte heraus, wohingegen die *Empfindungen* mit dem Angenehmen und dem Genuss einhergehen. Findet das Subjekt ein bloßes Gefallen am Gegenstand, so verhält es sich kontemplativ; findet es ihn angenehm, möchte es ihn sich einverleiben bzw. aneignen.

Wenn man dagegen den Wert der schönen Künste nach der Kultur schätzt, die sie dem Gemüt verschaffen, und die Erweiterung der Vermögen, welche in der Urteilskraft zum Erkenntnisse zusammen kommen müssen, zum Maßstabe nimmt: so hat Musik unter den schönen Künsten sofern den untersten (so wie

15 Denis Didero (1989) Rameaus Neffe, in: Rolf Geißler (Hg.), Diderot. Ein Lesebuch, Berlin/Weimar, S. 203.

16 Immanuel Kant (1957) Kritik der Urteilskraft, § 51 (S.322).

unter denen, die zugleich nach ihrer Annehmlichkeit geschätzt werden, vielleicht den obersten) Platz, weil sie bloß mit Empfindungen spielt.[17]

Ein weiteres ästhetisches Manko der Musik gegenüber etwa der Literatur resultiert aus den Stellenwert des Begriffs der ästhetischen Idee für die Beurteilung von Kunstschönem. In der Einteilung der schönen Künste stehen die redenden Künste (Literatur) an erster Stelle. Die Dichtkunst steht der Vernunft am nächsten, da die Dichtkunst in der Lage sei, einen freien Umgang mit ästhetischen Ideen zu gewinnen. Als Sprache der *Affekte* steht Musik – gemäß Kant – der Vernunft also ferner als die Dichtkunst, welche es direkt mit dem Spiel von *Ideen* zu tun hat. Ihr Wert bemisst sich danach, wie sehr sie in der Lage ist, unsere Urteilskraft zur Erkenntnis zu *erweitern*. Und genau dies vermag in den Augen der meisten Aufklärer eben die Dichtkunst bzw. die Literatur. Kant sieht das Defizit der Musik darin, dass sie – anders als die mit ästhetischen Ideen spielende Dichtkunst – nichts „zum Nachdenken übrig lässt“[18]. Ob dies zutrifft, kann mit Fug und Recht angezweifelt werden. Wir werden uns später noch die Frage stellen, was zumindest Neue Musik zu denken gibt bzw. zu denken übriglässt.

Hegel hingegen sah die Musik im System der Künste aufgrund ihrer flüchtigen Materialität schon einige Stufen höher angesiedelt. Ihre Flüchtigkeit, Temporalität und beinahe Immaterialität genügten Hegel, um sie zu adligen. Aber auch hier darf nicht übersehen werden, dass sie kein Medium kritischer Artikulation ist. Sie ist vielmehr tönende Innerlichkeit und Subjektivität; Musik ist „die Kunst des Gemüts“[19]. Diese These ist zumindest stichhaltig, da wir von einer Musik mitgerissen oder genervt sein können. Doch obwohl Musik eine abstrakte Kunst ist und aufgrund ihrer Subjektivität zu den romantischen Künsten zählt, steht sie für Hegel noch unterhalb der Literatur, denn bei aller Abstraktheit mangelt es ihr noch an der Idealität des Begriffs.

---

17 Kant (1957) § 53, S. 329.

18 Kant, KDU, § 53, S.328

19 Hegel (1985) Ästhetik II, Berlin, S. 262.

Kant hätte möglicherweise dem Vorschlag zugestimmt, Musik als einen „Brennpunkt... kulturellen Selbstbezugs“[20] zu sehen, doch für ihn hätte Musik sicherlich kein Brennpunkt im Sinne der Aufklärung sein können. Dafür waren die Fragen der Aufklärer auch auf zu entfernte Gegenstandsbereiche gerichtet, zumal Aufklärung mit dem Geist der Wissenschaft Verbreitung finden sollte. Als Sprache der Affekte ist sie weit davon entfernt, einen originären Beitrag zur Aufklärung leisten zu können. Denn Affekte haben nichts mit Erkenntnis zu tun. Auch der französische Kunstphilosoph Batteux wies den Künsten ihren Ort außerhalb der Erkenntnis zu, denn es ginge den Künsten nicht um Wahrheit, sondern um Simulation von Gefühlen. Hierin unterscheidet er sich wesentlich von Kant, der ja zumindest der Dichtkunst einen Erkenntniswert zusprach. Am Beispiel der Musik legt Batteux seine Einschätzung von Kunst generell dar:

> Wir wiederholen hier nicht, dass die Melodie der Musik und Bewegung des Tanzes nur Nachahmungen, ein künstlerisches Gewebe von poetischen Tonfällen und Gesten sind, die nur Wahrscheinlichkeit, keine Wahrheit habe... Kunst ist dazu da, zu täuschen, wir haben es, glaube ich, genug gesagt[21]

Wahrheitsfähig war Musik selbst also nicht, sondern nur das Philosophieren über bzw. die rationale Durchdringung von Musik. Die wissenschaftliche Auseinandersetzung mit Musik fand ausschließlich auf der Ebene des Theoriewerkes – also unter dem technischen Aspekt von Musik statt, indem man sich etwa mit ihren mathematischen Bedingungen befasste. Dies wohl mit dem Zweck, einem jeden die Grundlagen von Musik zu vermitteln.

---

20 Christian Kaden (1993) Des Lebens wilder Kreis, Kassel, S.5.

21 Charles Batteux (1984) zitiert nach Michael Zimmermann und Carl Dahlhaus (Hrsg.), Musik zur Sprache gebracht, Kassel, S. 36.

Es gibt jedoch noch eine andere Perspektive auf Musik während der Aufklärung, der zufolge Musik nicht nur Objekt aufklärerischen Denkens ist. Einige Autoren sehen in Mozart einen Aufklärer, der Aufklärung im Medium der Musik betrieben hat.

> Mozart war mit Grundgedanken der Aufklärung vertraut, vermittelt durch Lektüre, durch Begegnungen mit Aufklärern, durch die Freimaurer. Das zeigt sich unter anderen in der oft wörtlichen Übereinstimmung seiner schriftlichen Formulierungen mit dem streitbarsten Vokabular der Aufklärung. Aber was Mozart auf Notenpapier brachte, ist auf die in der Musikwissenschaft so beliebten „Einflüsse" nicht zu reduzieren: seine Musik muss verstanden werden als eine Reaktion auf die gleichen Konstellationen und Erlebnisse, die Andere Aufklärer zu Aufklärern machten.[22]

So verstanden wäre Musik auch ein Medium, *mit* welchem Aufklärung vollzogen wird. Dies setzt sich merklich von der Auffassung von Musik als bloßem Gegenstand aufklärerischer Bildung ab. Es sind nicht allein die (satz-)technischen Innovationen, die als spezifisch aufklärerisch zu bezeichnen sind. Mozart greife, so Knepler, mit Hilfe mimetischer Verfahren in seinen Opern Themen des Bürgertums der Aufklärungsepoche auf.

> In Mozarts Musik werden Schlüsselbegriffe wie Bewegung, Tätigkeit, Arbeit formulierbar, in denen Aufklärung sich aussprach, was für das junge Bürgertum ökonomisch, politisch, moralisch entscheidend war.[23]

Hier verhält es sich näher besehen aber so, dass lediglich Themen in einem expliziten Sinne von einer musikalischen Gattung (der Oper) aufgegriffen werden. Zwar hat Mozart im Geiste aufklärerischen Denkens

---

22 Georg Knepel (1988), Mozart und die Ästhetik der Aufklärung, in: Mozart und die Aufklärung. Sitzungsberichte der Akademie der Wissenschaften der DDR (Gesellschaftswissenschaften), Jg. 1988, Nr. 11/G, S. 7 – 19, hier: S.7.

23 Ebd. S. 17.

komponiert, so könnte man behaupten, doch für eine Reform musikalischer Praxis als aufklärerischer, so dass Aufklärung nicht nur *mit*, sondern *durch* Musik vollzogen wird, reicht dies nicht aus. Aus diesem Grunde erscheint Kneplers These nicht überzeugend. Fraglich ist zudem, ob rein immanente Innovation mit Aufklärung gleichzusetzen sind, oder ob es nicht noch etwas Anderem bedarf.

Etwas präziser fasst Harry Goldschmidt Mozarts Relevanz für musikalische Aufklärung. Er begreift Aufklärung nicht, wie noch Knepler, allein im thematischen Aufgreifen, sondern begreift Aufklärung als eine Methode.[24] So verwendet Mozart, „die Heiterkeit als Waffe der Aufklärung, das Vergnügen im Dienste der Moral!“[25] Aufklärung findet hier also bereits auf der konzeptionellen Ebene statt und genau darin läge „das gesellschaftliche Engagement“[26] Mozarts. Und noch einen weiteren programmatischen Punkt der Aufklärung sieht Goldschmidt mit der Opernkonzeption Mozarts verwirklicht. Mozart befolge mit dem Kunstgriff, Ouvertüre und Handlung miteinander zu verschmelzen, ein Bühnenpostulats Diderots.

> In der Einbeziehung der Ouvertüre in die Handlung haben wir nicht nur einen dramaturgischen Anteil zu bewundern. Er erklärt uns nicht nur ihren originellen Aufbau mit ihrem pausenlosen Übergang zum ersten Auftritt. Sie zeigt, welchen Wert er darauf legte, die Handlung schon vor dem Aufziehen des Vorhangs beginnen zu lassen. Die handlungsmotivierte Ouvertüre – das war ein Stück Aufklärung als Methode, in vollem Einklang mit den Bühnenpostulaten Diderots, nichts dem Zufall oder der Willkür zu überlassen.[27]

---

24 Harry Goldschmidt (1988) Aufklärung als Methode. Zu Mozarts „Entführungs“-Ouvertüre, in: Mozart und die Aufklärung. Sitzungsberichte der Akademie der Wissenschaften der DDR (Gesellschaftswissenschaften), Jg. 1988, Nr. 11/G, S. 20 – 28.

25 Ebd. S. 20.

26 Vgl. Ebd. S. 21.

27 Ebd. S. 23.

Hier wird Aufklärung jedoch noch ganz – wie von Horkheimer und Adorno moniert – als Herrschaft aufgefasst. Es ließe sich also bestenfalls von einer lockeren Korrelation zwischen prozessualer Aufklärung und Musik sprechen, denn Musik selbst ist hier noch nicht Medium des Aufklärens, indem es etwa musikalische Vorurteile hinterfragt. Noch ist für die Musik die Zeit nicht reif für ein *cano aude*.

TRADITION(EN) NEUER MUSIK

Von *der* Tradition Neuer Musik kann nicht die Rede sein. Sie hat nicht nur eine Tradition, nicht nur einen Ursprung, sondern mehrere Anfänge. Bereits Paul Bekker hat auf die unterschiedlichen Traditionslinien in der neuen Musik hingewiesen, womit eine lineare und quasi exklusivische Geschichte der Neuen Musik, die sich lediglich auf die Linie von Atonalität über Dodekaphonie zum Serialismus hin entwickelt, abzulehnen wäre. Neue Musik ist, auch in ihren aktuellen Erscheinungen, kein homogenes Feld, sondern setzt sich aus unterschiedlichen Musikstilen sowie Kompositionsmethoden zusammen. Es ist daher nicht möglich, von *der* Tradition *der* Neuen Musik zu reden. Freilich ist es möglich, sich normativ festzulegen und somit den Begriff der Neuen Musik für bestimmte musikalische Phänomene zu reservieren. Man wird nicht umhinkommen, sich in dieser Frage festzulegen, denn Neue Musik ist keine invariante Entität, die es lediglich zu beschreiben gilt, sondern der Begriff ist den Phänomenen vorgeordnet. Aus diesem Grunde will ich vorschlagen, dass der Ausdruck Neue Musik hier nicht mit terminologischer Strenge zu verwenden sei, sondern, dass er lediglich als Reflexionsbegriff gilt, der Vorabdifferenzierungen zulässt, welche es in einem weiteren Schritt auszudifferenzieren gilt.

Neue Musik ist nicht absolut neu. Und das Neue kann hier eigentlich nur relativ neu sein, so dass das Neue immer nur als eine Geschichtliche und nicht als ontologische Kategorie verstanden werden sollte. Erst im Vergleich oder in Differenz zu anderen musikalischen Erscheinungen stellt sich heraus, ob das Label „Neue Musik" anwendbar ist. Wer erwartet, dass Neue Musik so neu sei als wäre sie etwas noch nie Dagewesenes, würde die Geschichtlichkeit musikalischer Praxis leugnen. Auch Monteverdi hat mit seiner *seconda prattica* den Anspruch des Neuen erhoben ebenso wie die *Ars Nova* (de Vitry). Die Kategorie des Neuen ist also nicht Neues. Das Neue ist ein Anspruch, der auch auf Grund bestimmter tätiger Verhältnisse erhoben wird.

Weiter oben wurde das negative Verhältnis von der Aufklärung zur Tradition angesprochen. Tradition galt der Aufklärung als eine negative und dogmatische Angelegenheit, die am Selbstdenken hindert. Auch Neue Musik hat ein Verhältnis zur Tradition, welches man jedoch als aufgeklärt bezeichnen kann. Allerdings setzt dies einen bestimmten Begriff von Tradition voraus, der dargelegt werden muss. Für die Tradition gilt, dass sie keine ontologische Größe ist, sondern funktionaler Natur. Genau damit kann nämlich der Wandel erklärt werden, dem Traditionen unterliegen. Traditionen sind keine fixierten Entitäten, sondern ganze Handlungskontexte geschichtlicher Art. Kurz: Traditionen sind Systeme, und der Französische Soziologie Maurice Halbwachs würde sie als Kollektive bezeichnen.[28]

Dieser Ansatz scheint geeignet, um einen negativen ontologischen Begriff von Tradition zu verabschieden.[29] Es gibt gute und es gibt schlechte Traditionen, je nach Kontext. Denn Tradition bedeutet keinen Traditionalismus; und es muss hier sogar die Frage gestellt werden, ob ein Begriff der Tradition außerhalb der Kategorie des Wandels überhaupt sinnvollanwendbar ist. Eine Tradition ist schließlich kein handelndes Subjekt, das den handelnden Zeitgenossen zu irgendetwas zwingen würde. Halbwachs' Begriff des kollektiven Gedächtnisses scheint eine sehr angemessene Reformulierung des Begriffs der Tradition zu sein.

28 Vgl. Maurice Halbwachs (1962) Das kollektive Gedächtnis, Stuttgart.

29 Auf ein ontologisches Missverständnis scheint eben genau der Traditionsbegriff zurück zu führen zu sein, den Helga de la Motte verwendet. Helga de la Motte (1990) Neue Musik und Tradition, in: Joseph Kuckertz (hg.), Neue Musik und Tradition. Festschrift für Rudolf Stephan, Laaber.

Kollektive, verstanden als spezifische Praxen, arbeiten mit und an einem durch Kooperation funktionierendem Gedächtnis. In genau diesem Sinne scheint mir der Traditionsbegriff in der Neuen Musik eine Rolle zu spielen.

Inwiefern Tradition auch in der Neuen Musik eine Rolle spielt, lässt sich anhand von Äußerungen diverser Komponisten belegen. Schönberg, der zumindest als ein Mitinitiator der Neuen Musik gilt, kommt nicht ohne Tradition aus. Er rekurriert auf Bach und Brahms, wenn er erläutert, wie er zu seinem produktionsästhetischen Paradigma gekommen ist. Er bezeichnet Bach sogar als Zwölftonkomponisten. „Bach arbeitete mit den zwölf Tönen manchmal auf solche Weise, dass man geneigt sein könnte, ihn als den ersten Zwölftonkomponisten zu bezeichnen."[30] Hierbei macht Schönberg einen sehr großzügigen Gebrauch des Ausdrucks „Zwölftonkomponist", insofern Bach lediglich die chromatischen Töne auf relative engem Raum verwendete. Man sollte unter dem Ausdruck Tradition jedoch keinen produktionsästhetischen Kanon verstehen. Tradition heißt zunächst nichts weiter als Überlieferung; und auch Komponisten der Neuen Musik verorten sich innerhalb eines Überlieferungszusammenhangs. Dieser Überlieferungszusammenhang ist aber keine positiv gegebene Größe, sondern wird konstituiert von dem Fokus der Wahl, der auf mögliche Überlieferungszusammenhänge in der Geschichte gerichtet ist, in welche ein Komponist sich begibt.

Neue Musik – so experimentell und antitraditionalistisch sie auch anmuten mag – kann letzten Endes auf Tradition nicht verzichten. Ihr Sinn besteht aber auch nicht darin, althergebrachte Kompositionsmethoden irgendwie zu aktualisieren. Sie steht in einem Spannungsverhältnis

30 Arnold Schönberg (1992) Stil und Gedanke, Frankfurt a.M. (Orig. 1950), S.45.

zwischen Altem und Neuem. „Traditionelle" Musik[31] gilt ihr als notwendiger Absetzungshintergrund; und sie stellt die Frage nach dem Material in einer Radikalität, die vorher noch nicht da gewesen ist. Zudem stellt sie die Frage nach Musik überhaupt – also mit welchen Kategorien sie zu beschreiben sei. Näher besehen stellt sich die Frage, ob Musik überhaupt ein *kriterialer* Begriff ist, der sich anhand bestimmter objektiv überprüfbarer Kategorien definieren lässt.

Es ist nicht allein anhand beobachtbarer Merkmale (Kriterien) entscheidbar, ob ein Stück nun Neue Musik sei oder nicht. Auch das Verhältnis zur Tradition, durch das sie sich auszeichnet, ist keine einfach beobachtbare Eigenschaft, sondern unterliegt einer rekonstruktiven sowie interpretatorischen Leistung. Tradition ist keine gegebene Realie wie etwa ein Bagger oder ein Pflaumenbaum, sie beschreibt eine *Struktur der Kommunikation durch die Zeit.* Werke Neuer Musik können demnach als Antworten auf ältere Werke verstanden werden. Auffällig an der Neuen Musik ist auch die Hinwendung zur ganz alten Musik. Mit dem Zerfall der Tonalität erledigte sich der homophone Satz, wie er in der Musik des 19. Jahrhunderts vorherrschte, zugunsten einer Polyphonie, und genau hierin besteht ein Anknüpfungspunkt für die Neue Musik. Denn die alte Musik war zu einem großen Teil polyphon. Das Problem, auf das Tradition in der Neuen Musik aufmerksam macht, ist die soziale Relevanz von Musik im Rahmen einer möglichen Musikgeschichte einerseits und andererseits die bedingte Souveränität im Akt der Traditionsbildung. Obwohl sie sich, gemäß der Konzeption der Avantgarde, als gesellschaftliches Organ der Kritik versteht, stößt sie kaum auf gesellschaftliche Resonanz. Für die traditionelle Musik gilt ein dazu gegenläufiges Modell.

---

31 Traditionelle Musik ist auch hier keine chronologische Kategorie. In den Unterhaltungsmedien wird in der Regel traditionelle Musik gespielt, insofern in ihr die traditionell verankerten musikalischen Kategorien angewendet werden.

Ob jemand sich für eine Tradition entscheidet, sich also in einen Überlieferungszusammenhang stellt, unterliegt bestimmten Gründen oder auch Maximen. Es steht jedoch nicht in unserer Macht, welche Traditionen als Traditionen in unseren Horizont treten. Es kann dann nur darum gehen, aus einer Verstrickung etwas zu machen. Und daher ist die Bildung einer Traditionslinie ein Akt der normativen Festlegung: Des freien Entwurfs im Hinblick auf die Geschichte. So *steht* jemand nicht einfach in einer Tradition, sondern, wenn es in aufklärerischer Hinsicht der Fall ist, *versteht* sich jemand in einer Tradition und modifiziert sie beständig.

Exemplarisch wäre hier auf György Ligeti zu verwiesen, der sich explizit zu dieser Thematik geäußert hat. In einem Interview mit Eckart Roelcke kommt er ausdrücklich auf den Einfluss zu sprechen, den Bach und Beethoven auf ihn ausübten. So bekennt Ligeti: „Meine tiefste Bewunderung gilt der KUNST DER FUGE von Bach und dem späten Beethoven."[32] Dabei geht es Ligeti nicht um die stilistischen Mittel, die er reanimieren möchte. Auch andere Komponisten der so genannten post-tonalen Musik rekurrieren auf Komponisten der alten Musik. Nicht selten wird etwa der Name Josquin Despréz erwähnt. Für Komponisten wie Lachenmann und Rihm ist etwa Schubert ein Orientierungspunkt. Und diese alten Komponisten, auf die Bezug genommen wird, machen sich durch *Anklänge* in der Neuen Musik bemerkbar. Georg Friedrich Haas etwa greift direkt in seinem Stück *Uno ex trias* auf den Satz des Agnus Dei von Josquin Desprez zurück und unterzieht ihn einer „kommentierenden Instrumentation". Von Tradition kann hier in zweifacher Hinsicht gesprochen werden. Zum einen wäre Tradition das, woran konstitutiv und transformierend angeknüpft wird. Die andere Möglichkeit, von Tradition zu reden, besteht darin, die Musikgeschichte als eine Art Bausatzkasten aufzufassen, um sich unterschiedlicher Stilmittel zu bedienen. Komponisten wie Stravinsky oder auch an Schnittke machen von diesem Verfahren Gebrauch.

---

32 György Ligeti in: Eckhard Roelcke (2003) Träumen Sie in Farbe?, Wien, S. 206.

Eine Verschränkung von Neuer und alter Musik kann anhand des NOCTURNAL Op. 70 von Benjamin Britten besonders deutlich nachgezeichnet werden. Als dessen musikhistorischer Ausgangspunkt dient das Ayre „come heavy sleep" aus *dem* FIRST BOOK OF SONGS AND AYRES von John Dowland. Der explizite konstruktive Rückbezug hebt den Akt der Traditionsbildung besonders deutlich hervor. Das Nocturnal stellt gewissermaßen eine Suite dar; eine Sammlung von Sätzen unterschiedlicher Charaktere, wobei von einem Modell weniger die Rede sein kann als von einer freien Verarbeitung der im *Come heavy sleep* auffindbaren Phrasen. Hierin zeigt sich zugleich auch die Qualität der Brittenschen Herangehensweise, die alles andere als dürftig ist. Bei genauerem Hinsehen stellt sich vielmehr Adornos Verdikt über Brittens „auftrumpfende Dürftigkeit"[33] als ein Vorurteil heraus. Schon die Gesamtdisposition ist nicht ohne Raffinesse. Was variiert wird, steht nicht am Anfang der Variationssätze quasi als Modell, von dem aus die Variationen stattfinden. Was historisch zuerst da war (das Ayre) wird am Ende des Nocturnals zitiert in einer Bearbeitung für Sologitarre. Der empirische Ausgangspunkt wird somit zum Fluchtpunkt. Dies ähnelt einem Versuch, die *causa efficiens* durch die *causa finalis* zu ersetzen. Es gab schon vorher Zitate in der Musik, wie etwa das durch Instrumentation kommentierte Zitat des Bachchorals im Violinkonzert Alban Bergs. Und der Vorschlag, dieses Zitat als eine Dissonanz im übertragenden Sinne zu hören, ist zumindest plausibel.[34] Doch welche Funktion hat das Zitat am Ende des Nocturnals? Ein „Zurück zu Dowland" wird dies sicherlich nicht bedeuten, denn dafür ist es zu akribisch durchgearbeitet. Um dies zu zeigen genügt ein Vergleich der ersten Takte des ersten Satzes, der ja nicht wirkliche ein Ursprung ist, sondern ein methodischer Anfang und dem letzten Satz, in dem das Ayre zitiert wird und zugleich ein Ende

33 Adorno (2003) Philosophie der neuen Musik, Frankfurt a.M., S. 16.

34 Vgl. Adorno, Berg – Der Meister des kleinsten Überganges, Franfurt a.M. 1995, S. 16.

darstellt. Die historischen Verhältnisse werden als methodische Verhältnisse verkehrt. Dies käme einer strukturalen Dekonstruktion gleich, von der weiter oben bereits die Rede war.

Neue Musik über einen Kriterienkatalog definieren zu wollen, den Begriff der Neuen Musik also ontologisch aufzulösen, wird aufgrund der Heterogenität der kompositorischen Ansätze scheitern. Wer konnte schon erahnen, dass etwa die Kategorie der Melodie so grundsätzlich suspendiert wird wie etwa in der *musique concrète* oder in Ligetis Klangflächenkompositionen. Aber genau dies sollte zu einem Begriff der Tradition gehören, damit dieser nicht in dogmatischen Traditionalismus abdriftet. Es ist der aufklärerische Impuls der Neuen Musik, der den Begriff der Tradition in ein neues und bedenkenswertes Licht stellt. Sie hat einen freien Umgang mit Tradition und sie tut gut daran, den Begriff der Tradition nicht irgendwelchen reaktionären Strömungen vorzubehalten, sondern um Tradition zu streiten, sie lebendig zu halten und gegen Kolonialisierung zu verteidigen. Erst hieraus wird verständlich, welch erstaunlicher Prozess mit der Neuen Musik hinsichtlich der Tradition in Gang gesetzt worden ist.

AUFKLÄRUNG ALS MAXIME NEUER MUSIK

Es gibt gegenwärtig Komponisten, die sich explizit zur Aufklärung bekennen. Als Vertreter aufklärerischen Denkens in der Neuen Musik sind Mathias Spahlinger, Helmut Lachenmann, Dieter Schnebel und György Ligeti zu nennen. Von besonderer Relevanz für eine Verhältnisbestimmung von Neuer Musik und Aufklärung ist Mathias Spahlinger, da er sich quasi manifestartig zur Aufklärung bekennt. Spahlinger spricht als ein Exempel Neuer Musik. Es soll versucht werden, eine Bedingung Neuer Musik nachzuzeichnen, die sich nicht an stilistischen Merkmalen beobachten lässt, sondern dem Aspekt der Geschichtlichkeit neuer Musik Rechnung trägt. Dabei gilt es zum einen, Aufklärung als immanenten Prozess und zum anderen Aufklärung als expliziten Vollzug zu begreifen. Ein impliziter Bezug zur Aufklärung unterliegt der Interpretation von außen, wohingegen die explizite Bezugnahme auf Aufklärung diese zum Programm erhebt. Zunächst wird die explizite Bezugnahme auf Aufklärung skizziert, um von da aus die Praxis neuer Musik als zumindest implizit aufklärerische zu beschreiben, d.h. strukturell bedingt wäre Neue Musik als Handlungssystem aufklärerisch.

Spahlinger kommt in seinem Aufsatz DIES IST DIE ZEIT DER KONZEPTIVEN IDEOLOGIEN NICHT MEHR ohne Umschweife auf das aufklärerische Programm Neuer Musik zu sprechen.[35] Bereits der Titel verdeutlicht die aufklärerische Stoßrichtung: Ideologien soll eine Absage erteilt werden. Genau dies stellt eine Maxime im Sinne des *sapere aude* dar. Und es wird somit deutlich, weshalb Musik erst nach der Aufklärung eine Transformation durchfuhr, da Neue Musik ein Kind der Aufklärung sei.

> Die Neue Musik ist die erste und einzige Musik (soweit wir wissen), die das syntaktische oder sprachähnliche System ihrer eigenen Tradition suspendiert oder aufgehoben hat. Sie hat zudem, anders als früherer Paradigmenwechsel, keine neue verbindliche Konvention an die Stelle der alten gesetzt. Sie ist ein Kind der Aufklärung, des technisch-wissenschaftlichen Objektivismus, der industriellen Revolution, der politischen Macht des Bürgertums. Sie ist prinzipiell selbstreflektorisch. Mithin anti-ideologisch.[36]

Laut Spahlinger ist Neue Musik ein Kind der Aufklärung bzw. aufklärerischen Denkens, sofern sie bestimmte Bedingungen erfüllt, die zumindest den musikalischen Vollzug generell und nicht unbedingt das Werk aufgrund deskriptiver Merkmale betreffen. Sie ist mehr als nur klingende Struktur – sie ist ein musikalisches Ethos, was nochmal Gelegenheit bietet, auf den Begriff der Tradition einzugehen. Der Komponist Claus-Steffen Mahnkopf reflektiert ebenfalls das Verhältnis von aufklärerischer musikalischer Praxis zur Tradition, denn die Tradition

35 Mathias Spahlinger (2007) Dies ist die Zeit der konzeptiven Ideologien nicht mehr, in: MusikTexte 113, S. 35f.

36 Ebd. S. 35.

stellt etwas bereit, das es zu überwinden gilt. Für Mahnkopf besteht das Ziel der Neuen Musik darin – und darin stimmt er mit Spahlinger überein –, das syntaktische oder sprachähnliche System, über das tonale Musik verfügt, zu dekonstruieren. Aus diesem Grunde steht bei ihm auch der Begriff der Struktur im Vordergrund. Und für eine emotionale Aufklärung im Sinne einer Selbstenthüllung durch Musik, die einer rationalen Aufklärung folgen müsse, plädiert der Berliner Komponist H. Johannes Wallmann.[37] Als Kind der Aufklärung müsste Neue Musik ein bestimmtes Verhältnis unseren musikalischen Vorurteilen gegenüber bedeuten. Aber was kann man sich unter dem Ausdruck eines musikalischen Vorurteils vorstellen?

Einfach scheint der Umgang mit Vorurteilen nicht zu sein, sofern Gadamers Aussage zutrifft, „dass es legitime Vorurteile gibt, wenn man der endlich-geschichtlichen Seinsweise des Menschen gerecht werden will"[38]. Mit seiner Kritik an der Kritik an den Vorurteilen, wie sie von der Aufklärung vollzogen wurde, stellt sich Gadamer jedoch nicht gegen die Aufklärung, um dem Dogmatismus das Wort zu reden, sondern er nimmt eine feinere Differenzierung vor. So stimmt Gadamer mit der Position überein, die Kant in seinem Aufsatz BEANTWORTUNG DER FRAGE: WAS IST AUFKLÄRUNG?[39] vertritt.

Der von der Aufklärung in Anspruch genommene Gegensatz von Autoritätsglaube und Gebrauch der eigenen Vernunft besteht an sich zu Recht. Sofern die Geltung der Autorität an die Stelle des eigenen Urteils tritt, ist Autorität in der Tat eine Quelle von Vorurteilen.[40]

---

37 H. Johannes Wallmann, Integrale Moderne. Vision und Philosophie der Zukunft, Saarbrücken 2006, S. 13.

38 Hans Georg Gadamer (1975) S. 261.

39 Immanuel Kant (1968) Werke in zwölf Bänden. Bd. XI, Wilhelm Weischädel (Hrsg.), Frankfurt a.M.

40 Gadamer (1975) S. 263.

Das Subjekt allein kann jedoch nicht der letzte Fluchtpunkt des richtigen Vernunftgebrauchs sein, sondern es bedarf zur Aufklärung einer Öffentlichkeit. Zudem würde ein radikaler Verzicht auf Autorität sämtliche Geschichte in Frage stellen; doch diese Autorität muss dann sachlicher Natur sein. Gadamer interpretiert die Aufklärung dahingehend, dass sie zwar nicht Abschaffung von Autorität sei – und auch nicht sein kann –, sondern dass sie „die Unterwerfung aller Autorität unter die Vernunft“[41] bedeutet.

Auch musikalisch kann von Vorurteilen und Autorität die Rede sein. Zwar mag es unmöglich sein, völlige Vorurteilslosigkeit zu erreichen, doch zumindest kann eine Aufklärung über falsche Vorurteile durch blinden Gehorsam der Autorität gegenüber stattfinden. Dabei sind Vorurteile keine bloß subjektiven Angelegenheiten, sondern sind schon durch den öffentlichen Raum vorgezeichnet. So meint Nietzsche, dass unsere Begriffe Vorurteile seien. Einen aufklärerischen Umgang mit musikalischen Vorurteilen stellt die Einleitung zur Harmonielehre Schönbergs dar. Er entlarvt nämlich die Rede von den so genannten natürlichen Kunstgesetzen sowie der Natürlichkeit des abendländischen Tonsystems bzw. der wohltemperierten Stimmung als Vorurteile, die nicht den Geltungsstatus haben, den sie beanspruchen, jedoch von Lehrenden an den Kunstakademien verbreitet werden. Diese nämlich würden handwerkliche mit normativen Aspekten vermischen. Er erhebt mit seiner Harmonielehre hingegen den Anspruch, zur musikalischen Mündigkeit zu führen, indem er den Schülern bloß die Mittel zur Komposition an die Hand gibt, doch ihrer Kreativität jedoch nicht durch normative Vorentscheidungen vorgreifen will, indem er ein ästhetisch unterfüttertes System vermittelt, da er sie nicht als normatives *System*, sondern als eine beschreibende *Darstellung* begreift.

Ein weiteres Vorurteil, das Schönberg im Gefüge der Kunstakademie sah, war die Dichotomie von Konsonanz und Dissonanz. Anhand der Obertonreihe versucht Schönberg zu zeigen, dass Dissonanz und

41 Ebd. S. 262.

Konsonanz keine Gegensätze beschreiben, sondern lediglich eine unterschiedlich große Distanz zum Grundton bedeuten und deshalb für das durchschnittliche Gehör, das weniger analytisch ausgerichtet ist, einen höheren bzw. geringeren Grad an Fasslichkeit implizieren. Es ist für Schönberg also kein Naturgesetz, dass eine „Dissonanz" aufgelöst werden muss. Das Gebot der Auflösung besteht nur innerhalb eines bestimmten normativen Systems, jedoch ohne Anspruch auf universale Gültigkeit. Auch die Wertung eines Intervalls als dissonant oder konsonant ist kein Naturgesetz, sondern verändere sich geschichtlich, wofür Schönberg auf musikethnologische Forschung verweist, die gänzlich andere Tonsysteme als das der abendländischen Musik erfassen konnte.

Der weiter oben von Spahlinger erhobene Anspruch der wissenschaftlichen Objektivität ist daher nicht ganz unproblematisch, da nicht alle Belange menschlichen oder gesellschaftlichen Lebens – und auch keine musikalischen – mit der Wissenschaft zu erfassen sind. Im Gegenteil kann ein Szientismus, als naiver Glaube an die Wissenschaft als oberste Instanz des Problemlösens, zu einem regelrechten Obskurantismus führen. Nicht wenige an den positiven Wissenschaften orientierten Musiktheoretiker sowie Ästhetiker halten die positiven Wissenschaften für den einzig tauglichen Kandidaten zur Lösung bzw. Beantwortung ästhetischer Fragen normativer Art.[42] Dann kann also auch der übersteigerte Glaube an die Wissenschaft in ein Vorurteil umschlagen und somit den Abschied vom aufklärerischen Denken bedeuten. Und aus diesem Grunde erfolgte nach der epochalen Aufklärung eine Vernunftkritik, der zufolge man naturwissenschaftliche Erkenntnis nicht mehr als absolut setzen kann.[43]

---

42 Vgl. René Thun (2007) Das Realismusproblem in der gegenwärtigen Musikphilosophie, in: U. Tadday (Hrsg.), Musik-Konzepte, München 2007. S. 87-102.

43 Hierzu: Gernot Böhme (1988) Permanente Aufklärung, in: Gunzelin Schmid Noerr. Metamorphosen der Aufklärung, Tübingen, S. 20 – 26.

Das Problem, das mit einer rein naturwissenschaftlichen Analyse einhergeht, besteht in Erkenntnis bedingenden Festlegungen kategorialer Art. So sind denn auch Gegenstände der Geisteswissenschaften von anderer Gegenständlichkeit als die Objekte der naturwissenschaftlichen Betrachtungen. Zudem wäre eine Reduktion auf naturwissenschaftliches Wissen kein Garant für Vorurteilsfreiheit, wie sie, im Sinne der Aufklärer, mit den Naturwissenschaften erreicht werden sollte. Im Gegenteil kann von einem Obskurantismus gerade in ästhetischen Diskussionszusammenhängen die Rede sein, wenn etwa vermeintliches Wissen, das die Lebenswissenschaften bereitstellen, zur normativen Direktive missbraucht wird. Und auch Schönberg kann hier als ein Aufklärer gelten, indem er den Aberglauben, der darin besteht, Kunstgesetze auf Naturgesetzte reduzieren zu können, am Beispiel der Dissonanz regelrecht dekonstruierte. Der Rekurs auf Naturgesetze ist für den ästhetischen Diskurs in normativer Hinsicht wenig hilfreich, da wir als Personen Kunstwerke vor dem Hintergrund unserer Erfahrungen und Präferenzen beurteilen.

Wie Schönberg, so bestreitet auch der Serialist Boulez die Möglichkeit zur Rechtfertigung musikästhetischer Entscheidungen durch Naturgesetze.

> Auch ist es wahrhaft grotesk, alles auf die so genannten natürlichen Funktionen zurückführen zu wollen [...] nichts, aber auch gar nichts rechtfertigt, physikalisch und psychologisch, ein System mehr als ein anderes [...][44]

In diesem Sinne kann Neue Musik als die Fortsetzung der Aufklärung mit musikalischen Mitteln betrachtet werden. Diese Aufklärung besteht etwa in der Abschiednahme von dem Vorurteil, dass die Tonalität ein ewiges Gesetz sei, womit sie einen ästhetischen Objektivismus negiert,

---

44 Pierre Boules, Kulturen sind sterblich, in: Was ist Musik?, in: Melos Heft 3 (1959), S. 69, hier zitiert nach Beate Kutschke, Wildes Denken in der Neuen Musik, Würzburg 2002, S. 53.

denn dieser würde die Geschichtlichkeit des Menschen ignorieren. Tonalität war – wenn schon kein Gesetz – kraft der Konvention für einige Jahrhunderte die Regel. Weshalb aber sollte ihr der Status eines unabänderlichen Gesetzes zukommen? Schönberg behauptet indirekt auch, dass ästhetischer Konservativismus zugleich das Ende aller weiteren Kunst bedeute, denn „Kunst heißt Neue Kunst"[45]. Szientistisch motivierte Ästhetik hingegen zielt darauf ab, ästhetische Gewohnheiten zu bestätigen und zu zementieren.

45 Schönberg (1992) S. 42.

V. Vernunft

Es mag überraschen, wenn ein bereits als antiquiert geglaubter Begriff wie der der Vernunft im Rahmen der ästhetischen Diskussion in weitestem Sinne auftaucht. Denn ist es noch statthaft, nach erfolgter Vernunftkritik durch die Postmoderne einen Begriff wie den der Vernunft noch ins Spiel zu bringen? In den siebziger und achtziger Jahren setzte eine Welle der Vernunftkritik ein, die sich mit dem Vernunftbegriff einen Popanz aufbaute, den sie leicht demontieren konnte. Rehabilitiert bzw. nicht aufgegeben wurde der Vernunftbegriff u.a. von einer philosophischen Strömung, die sich durch ein kritisches Verhältnis zur instrumentellen Vernunft auszeichnet. Dies ist u.a. die philosophische Hermeneutik, die Vernunft als einen Funktionsbegriff auffasste und von Substanzdenken befreite. Bislang kursiert in der Philosophie die Auffassung, Vernunft sei eine Entität oder ein Organ.[1] Wer denkt oder in Bezug auf Kant unterstellt, Vernunft sei eine Art Selbstverleugnung der individuellen Person – und ihren Neigungen – zugunsten des Allgemeinen, unterstellt Totalitätsdenken, welches eigentlich nur kraft Vernunft kritisiert werden kann. Wer Kunst in Opposition zur Vernunft denkt, übersieht, dass Künstler nicht selten ihre eigene künstlerische Produktion bzw. Praxis reflektieren und zur Diskussion stellen.

Es ist wichtig, einen verständigen Gebrauch (im Sinne Hegels), der einem unmittelbaren Vitalinteresse entspringt, von einem vernünftigen

1 Thomas Gil (2003) Die Rationalität des Handelns, München, S. 69.

Gebrauch der Musik zu unterscheiden. Es könnte also am Paradigma ästhetischer Praxis eine Unterscheidung zwischen Vernunft und Rationalität nachgezeichnet werden. Die Frage lautet: Aber wie? Ein Vertreter der Vernunft verteidigenden philosophischen Hermeneutik ist Hans Georg Gadamer. Für ihn gehören Vernunft und Sprache zusammen.[2] Es geht ihm um artikulierte wie artikulier*bare* Selbst- und Weltverhältnisse, für deren Konstituierung Vernunft eine zentrale Rolle spielt. Vernunft ist, in der hermeneutischen Fassung, einzig die Fähigkeit, mit dem Anderen über Welt sinnvoll zu kommunizieren und in den diskursiven Raum der Gründe, nicht aber der Letztbegründung, einzutreten. Vernunft stellt – so verstanden – eine Art anthropologische Universalie dar hinsichtlich der formalen Bestimmung. Welcher inhaltliche Gebrauch von Vernunft gemacht wird, hängt vom jeweiligen Kulturraum ab. Der Vernunftbegriff würde sich somit zwischen Universalismus und Geschichtlichkeit bewegen.

Vernunft kann ferner als die Fähigkeit gedacht werden, eigenes Denken – und mithin sich selbst – im Allgemeinen zu verorten. Sie ist eine Vermittlungsleistung des Besonderen mit dem Allgemeinen. Der Einzelne soll nicht im Allgemeinen aufgehen, denn das wäre der Verlust jeglicher Kritikmöglichkeit und mithin Totalitarismus. Ob diese Verortung praktisch gelingt oder misslingt, ist eine andere Frage. Nicht umsonst unternahm Kant in seiner Religionsschrift den Versuch, das Böse aus dem Vernunftgebrauch heraus zu begründen.[3] Nicht, dass Vernunft per se böse sei, sondern im Vernunft*gebrauch*, im Verbund mit dem Begehren, besteht die Möglichkeit zum Bösen – durch die handelnde Person. Damit wird der ambivalente Charakter endlicher Vernunft herausgestellt, da sie zwischen der Subjektivität und dem Allgemeinen oszilliert.

---

2 Vgl. Gadamer (1975), insbesondere der dritte Teil.

3 Immanuel Kant (1956) Die Religion im Gebrauch der bloßen Vernunft, darin die Abhandlung Vom radikal Bösen, in: Wilhelm Weischedel (Hg.), Kant. Werke in zwölf Bänden, Bd. VIII, Frankfurt/Main.

Vernunft setzt die Zwecke, wohingegen die Rationalität die Mittel zur Erreichung dieses Zweckes reflektiert. Rationalität bezieht sich also eher auf die Technik in weitem Sinne, sie besagt eine Optimierung der Zweck-Mittel-Relation. Vernunft wäre hingegen das, was Immanenzen überschreitet, während Rationalität die Mittel reflektiert – also in der Immanenz operiert. Wenn etwa rationales Handeln orientiert am *rational choice Paradigma* für den praktischen Syllogismus zuständig ist, so reflektiert Vernunft diese innere Ordnung des Handelns. Der Ökonom etwa handelt völlig rational, wenn er auf Gewinnmaximierung aus ist und dafür die effizientesten Mittel wählt. Vernünftig wäre zu fragen, ob die Gewinnmaximierung überhaupt ein vorrangiger Zweck ist. Wenn die Vernunft diese Immanenzen überschreitet, so ist sie die Fähigkeit Synthesen zu bilden par excellence. Sie kann sich in unterschiedlichen Medien artikulieren,[4] wobei an den Medien oder in den Medien rational gearbeitet werden kann. Sie ist, als Grundvermögen der Kommunikation schlechthin, immer schon auf das Allgemeine gerichtet, weshalb Kant in ihr auch ein Prinzip zur Universalisierung sah.

Sprache wäre Vernunft schlechthin, wobei Sprache nicht als bloßer Zeichenbestand aufzufassen wäre, sondern als eine bestimmte Tätigkeit, als eine Symbolische Form, die auch eine Weltsicht bedeutet, wie Cassirer zu zeigen versuchte.[5] Diese Tätigkeit artikuliert sich wiederum in der lebendigen Rede (parole), welche nicht nur mündlich stattfinden muss, sondern auch aus dem Fingeralphabet (ASL) bestehen kann. Es müssen also nicht unbedingt gesprochene Worte sein. Sprache ist in dieser Konzeption nicht beliebiges Mittel im Sinne von Werkzeug, sondern ein Medium im Sinne der Mitte. Sie ist eine Mitte zwischen Sprecher und Hörer, sie ist ein Medium zwischen Denken und Welt, sie ist ein Weg zur Welterzeugung. Sie bringt Welt erst zur *Darstellung*. Eben durch die Sprache – als sozialer Interaktion – werden uns Dinge, Ereignisse oder auch Zustände gegenständlich. Daher rührt auch Gadamers

4 Mathias Vogel, Medien der Vernunft, Frankfurt a.M. 2001.

5 Ernst Cassirer, Philosophie der symbolischen Formen, Bd. 1 Die Sprache, Darmstadt 1994.

Emphase, der zufolge Welt-Haben und Sprache-Haben gleichrangig sind. Der Mensch ist nach Gadamer durch und durch sprachlich; und auch der Taubstumme ist in der Sprache. Sprache überhaupt, von der sich die Einzelsprachen ableiten, ist dann mehr eine Form des Vollzugs statt ein System. Der sprachliche Vollzug geschieht allerdings nach Regeln. Vernünftig wäre, in einem vorläufigen Verständnis demnach, was durch Sprache allgemein rechtfertigbar ist. Vernünftig ist, was sich vermitteln lässt und mit anderen geteilt werden kann. Der universalistische Anspruch, den Kant für die Vernunft einforderte, wird somit zwar eingeschränkt, aber dafür umso plausibler, wenn Kants Rede von subjektiver Allgemeinheit, von der er in der *Kritik der Urteilkraft*[6] sprach, mit der Vernunft zusammengeführt wird. Hier ist das Subjekt mit seiner Initiative, seinem Blick oder Gehör, unverzichtbar. Es ist für diese Form von Praxis konstitutiv.

Wie aber hängen Musik und Vernunft zusammen? Über den Begriff der Kompositionstechnik, also der Beherrschung des Materials im Rahmen innerer Zweckmäßigkeit würde schon der Begriff der Rationalität genügen, der sich an einem einfachen Beispiel verdeutlichen lässt. Als Paradigma für Rationalität gilt das *rational choice* Paradigma der praktischen Rationalität. In diesem Sinne kann Rationalität als eine Tätigkeit des Verstandes aufgefasst werden, der sich vom Begriff der Vernunft unterscheidet. Der Verstand registriert Kausalität(en) und taugt daher für den praktischen Syllogismus. P möchte X, a ist ein geeignetes Mittel, um a zu realisieren, also tut P X. Die Frage jedoch, woher ein Zweck kommt, ob ein Zweck, der mit Hilfe der reflektierten Mittel erreicht werden kann überhaupt erreicht werden soll, oder welcher Zweck überhaupt erreicht werden soll, wäre ein Geschäft der praktischen Vernunft. Geht es beim Verstand um das *Können*, so geht es der praktischen Vernunft um das *Sollen*. Und dann würde Rationalität zunächst den handwerklichen Aspekt, also die innere Kohärenz eines musikalischen Werkes betreffen.

---

6 Immanuel Kant (1956) Kritik der Urteilskraft, Wilhelm Weischedel (Hg.), Kant. Werke in zwölf Bänden, Bd. X, Frankfurt a.M.

Abgesehen von immanenten Aspekten kann Musik aber auf außermusikalische Ereignisse bezogen werden bzw. Außermusikalisches widerspiegeln.[7] Dieser Punkt ist nicht selbstverständlich, insofern eingeworfen werden kann, dass Musik selbst keine Sprache sei, denn es lassen sich keine Propositionen mit Musik aufstellen. Musik fehlt es somit an semantischer Kraft.[8] Diesem Bedenken kann zugestimmt werden, ohne jedoch den Sinneffekt von Musik verabschieden zu müssen. Denn abgesehen davon könnte sie Sprach*charakter* haben. Zunächst muss der Begriff der Widerspiegelung expliziert werden. Widerspiegeln heißt hier nicht, die Dinge einfach abzubilden, so wie die naive Sicht eine Photographie für eine Abbildung des auf der Photographie festgehaltenen Gegenstandes hält. Eine Widerspiegelung muss immer interpretiert werden und zwar vermittelt über ein Medium. Zumal geht es hier um die Widerspiegelung durch den Produzenten musikalischer Gebilde.

Dieses Verhältnis ist nicht erst seit der ersten Hälfte des zwanzigsten Jahrhunderts thematisiert worden, sondern wurde bereits von Ästhetikern aufgegriffen, welche in dem Ruf stehen, Formalästhetik im Gefolge Kants zu betreiben. Die Anerkennung, welche der Musik damit zuteilwird, ist nicht zu unterschätzen, gerade wenn sie in Verbindung mit Musik gedacht wird. Namentlich Eduard Hanslick hebt den Zug der Vernünftigkeit sowie Geschichtlichkeit der Musik hervor.

Es ist nicht lange her, seit man angefangen hat, Kunstwerke im Zusammenhang mit den Ideen und Ereignissen der Zeit zu betrachten, welche sie erzeugt. Dieser unleugbare Zusammenhang besteht wohl auch für die Musik. Eine Manifestation menschlichen Geistes, muss sie wohl auch in Wechselbeziehungen mit dessen übrigen Tätigkeiten stehen: zu den gleichzeitigen Schöpfungen der dichtenden und bildenden Kunst, den poetischen, sozialen, wissenschaftlichen Zuständen

7 Albrecht Riethmüller (1976) Die Musik als Abbild der Realität. Zur dialektischen Widerspiegelungstheorie in der Ästhetik, in: Beihefte zum Archiv für Musikwissenschaft XV, Wiesbaden.

8 Christoph Penteker (1997) Musikalische Semantik im Werk Gustav Mahlers, in: Studien zur Wiener Schule II, Frankfurt/Main, S. 13 – 126.

ihrer Zeit, endlich den individuellen Erlebnissen und Überzeugungen des Autors.[9]

Damit anerkennt Hanslick das Faktum der Geschichtlichkeit sowie Vernünftigkeit in Form der Widerspiegelung geschichtlicher Verhältnisse, die sich bis ins Politische erstrecken können. Musik legt – so verstanden – Zeugnis ab oder hinterlässt eine Spur des jeweils kulturellen Standes, ohne die Sache direkt abzubilden. Zwar ist diese Korrelation von Musik und Welt ihrer Form nach notwendig, doch in der inhaltlichen Bestimmtheit ist diese Korrelation nicht notwendig, sondern unterliegt dem Akt der Interpretation bzw. Artikulation und der Rekonstruktion von Sinn anhand *möglicher* Gründe.

Adorno jedenfalls hat die Vernünftigkeit des Materials, weil durch Geist hervorgebracht, nicht ohne Weiteres Akzeptiert.[10] Doch sehen wir uns Hanslicks Plädoyer für die Vernünftigkeit des Materials etwas genauer an, um dann eine kritische Prüfung vorzunehmen.

In der Musik ist Sinn und Folge, aber *musikalische*; sie ist Sprache, die wir sprechen und verstehen, jedoch zu übersetzen nicht imstande sind. Es liegt eine tiefsinnige Erkenntnis darin, dass man auch in Tonwerken von „Gedanken" spricht, und wie in der Rede unterscheidet da das geübte Urteil leicht echte Gedanken von bloßen Redensarten. Ebenso erkennen wir das vernünftig Abgeschlossene einer Tongruppe, indem wir sie einen *Satz* nennen. Fühlen wir doch so genau wie bei jeder logischen Periode, wo ihr Sinn zu Ende ist, obgleich die Wahrheit beider ganz inkommensurabel dasteht [...] In dieser negativen Vernünftigkeit, welche dem Tonsystem durch die Naturgesetze innewohnt, wurzelt dessen weitere Fähigkeit zur Aufnahme positiven Schönheitsgehalts. Das Komponieren ist Arbeiten des Geistes in geistfähigem Material.[11]

---

9 Eduard Hanslick (1984) Vom Musikalisch-Schönen, Leipzig.

10 Adorno (1971) S. 140. Er weist in seinen Reflexionen über den Begriff des Geistes in der Kunst darauf hin, dass Vergeistigung in Form eines Physikalismus den Geist aus der Kunst vertreibe.

11 Hanslick (1984) S. 76 – 77.

Zwar ist hier der hegelsche Zungenschlag nicht zu überhören, doch verwundert an dieser Stelle – und aus heutiger Sicht – der Rekurs auf der Musik innewohnenden Naturgesetzen. Schönberg hätte dem energisch widersprochen. Wie auch für Adorno die Rede von Naturgesetzen in der Musik, und diese werden von der Tonalität verkörpert, letztlich bürgerlicher Ideologie entsprungen sei. Milder formuliert könnte Hanslick damit auch die der Musik inhärierenden Gesetze meinen, die nicht unbedingt physikalische sein müssen. Denn gegen eine strikte Naturalisierung des Musikalisch-Schönen verweigert sich auch Hanslick. Besondere Aufmerksamkeit verdient hier aber Hanslicks Begründung der Vernünftigkeit der Musik. Sie ist vernünftig, weil sie in Beziehung zur Sprache steht.

Das Problem der Nichtübersetzbarkeit scheint ein Argument gegen die Auffassung von Musik als Sprache zu sein. Es zeichnet Sprachen ja aus, dass sie sich ineinander übersetzen lassen; dabei muss nicht alles in jeder Sprache gleichermaßen *gesagt* werden können. Und genauer besehen scheint sich Hanslicks Vernünftigkeitsbegriff mit dem weiter oben ausgeführten Begriff der Rationalität zu decken. Denn er beschreibt hier lediglich die innere Zweckmäßigkeit, also musikalische Form. Die Unterscheidung zwischen Rationalität und Vernunft, bezieht sich, wie wir oben sehen konnten, auf die Zweck-Mittel-Relation. Musikalische Rationalität durchformt das Material hinsichtlich seiner Immanenz. Rational ist hier, was sich in einem Schaffen nachvollziehen lässt, also das Wozu etwa einer bestimmten Tongruppe – der innere musikalische Sinn, über den man mittels Analyse halbwegs zuverlässig Auskunft erteilen kann. Rational ist Komponieren, indem es von Regeln geleitet ist.

Vernunft übersteigt diese Immanenz. Daher ist ästhetische Vernunft kein vernünftiges Formprinzip, wie Hanslick etwa meinte, sondern schlichtweg ästhetisch sich *artikulierende* Vernunft. Vernünftig wäre musikalisches Komponieren, sobald es aus dem rein ästhetizistischen Wirkkreis heraustritt, ihre Immanenz transzendiert und sich ins Verhältnis zum Allgemeinen setzt. Genau aus diesem Grunde kann Adorno zumindest implizit als ein Vernunfttheoretiker in puncto Musik bezeichnet werden. Denn bei allen – seiner Auffassung nach – wichtigen Werken geht es explizit um die Dialektik zwischen Allgemeinem und Besonderem. Um diese Dialektik kreist, wie Adorno in seinen musikalischen Monographien nachzeichnet, beispielsweise die Musik Mahlers und Bergs,[12] in denen er – zumindest plausible – Korrelationen musikalischer Faktur und Außermusikalischem herstellt. Stellt Vernunft den Standpunkt der Vermittlung von Allgemeinem und Besonderem dar, liegt die von Martin Seel vertretene Auffassung, der zufolge Vernunft Einübung unterschiedlicher Rationalitäten sei,[13] nicht fern. So wäre das Zweck-Mittel-Verhältnis auf eine andere Ebene gehoben. Die unterschiedlichen Rationalitätsformen werden zu Mitteln der Vernunft. So sind etwa die Religion oder die Kunst mögliche Mittel der Vernunft zur Erreichung bestimmter Zwecke. Als Mittel sind sie allerdings nicht beliebige, sondern gewinnen sich ihre Autonomie durch ihre eigenen Symbolwelten und Sichtweisen. Dann gerät Hanslicks Formulierung, Komponieren sei geistige Arbeit in geistfähigem Material sowie seine Rede von der Naturgesetzlichkeit in eine Schieflage. Denn genau die Autonomie der einzelnen Tätigkeitsformen stellt eine Emanzipation von der „Naturnotwendigkeit" dar. Geist ist das, was immanent diese Formen hervorbringt; die Dichotomie zur „Natur" ist, wie der Begriff der Natur selbst, eine von ihm gesetzte. Vernunft spielt vor allem dort eine Rolle, wo Vermittlungen vollzogen werden, wenn zwischenmenschlich eine Welt eröffnet wird.

Aus genau diesem Grunde wurde das Verhältnis von Sprache und Welt als ein gleichursprüngliches gedacht. Sprache ist dabei nicht nur als ein bestimmtes Zeichensystem zu betrachten, sondern Sprache bzw. Sprachlichkeit zeichnet sich durch die Konstituierung von Welt, auf die man sich gemeinsam beziehen kann aus. Sprache ist so verstanden eine Tätigkeit. Eine Welt ist nur, wenn man sie mit anderen teilen kann. Vernunft ist, da sie eine Hinwendung zum Allgemeinen ist, ein Überschreiten der eigenen gewohnten Perspektive und genau darum geht es in der

12 Vgl. Adorno (1971) Die musikalischen Monographien, in: Gesammelte Schriften 13, Frankfurt/Main.

13 Martin Seel (1977) Die Kunst der Entzweiung, Frankfurt a.M., S. 15.

Neuen Musik. Aus diesem Grund etwa kann es so etwas wie politische bzw. engagierte Musik oder den sozialen Roman geben.

MUSIK – DAS ANDERE DER VERNUNFT?

Unbestritten hat auch Neue Musik mit Emotionen zu tun. Musik setzt bei uns Affekte frei, schon allein deshalb, weil sie uns affiziert. Zudem interpretieren wir Musik als Ausdruck bzw. Darstellung von Emotionen, ohne dass wir selbst diese haben müssen. Vielen Vertretern der Neuen Musik – von Schönberg bis Lachenmann – gilt dies als ein Gemeinplatz. Für Schönberg gab es nur einen Zweck, für den die musikalischen Mittel erarbeitet wurden: sich auszudrücken. Auch bei Helmut Lachenmann spielt der Begriff des Ausdrucks oder der Expressivität eine wichtige Rolle.[14] Und sogar Autoren wie Adorno, umhüllt vom Mythos der Negativität, sehen die Trennung von Intellekt und Gefühl beim Hören auch von Neuer Musik als eine künstliche und nicht akzeptable.[15] Geht man davon aus, dass die Person bzw. ihr Charakter eine affektive Perspektive verkörpert, so gilt es zu berücksichtigen, dass es bei ästhetischen Urteilen immer auch auf ein *Wer* ankommt, der oder die wahrnimmt und urteilt. Und neben der Einbildungskraft, die vonnöten ist, um eine Syntax bzw. eine Form in die Musik hinein hören zu können, bedarf es eben des Gemüts. Nicht umsonst führt Kant zur Bestimmung des Kunstschönen den Geist als belebendes Prinzip ein.[16]

Gemäß einer systemtheoretischen Auffassung von Wahrnehmung (wobei ungeklärt bliebe, wie mit diesem Ansatz ästhetische Wahrnehmung begrifflich expliziert werden könne) rezipiert ein aus Strukturen Zusammengesetztes Was (ZNS), und ästhetische Urteile werden reduziert auf dem System gemäße Stellgrößen. Dadurch wird ein Realismus

14 Helmut Lachenmann, Musik als existienzielle Erfahrung,

15 Adorno, Schwierigkeiten beim Hören neuer Musik, S.289.

16 Immanuel Kant, Kritik der Urteilskraft, §49, S. 413.

in der Erklärung von Kunstrezeption bzw. ästhetischer Erfahrung suggeriert, der, verglichen mit phänomenologischen Ansätzen, in eine Aporie spätestens dann gerät, wenn er erklären soll, wie er über die semantischen Kapazitäten verfügt, mittels derer er divergierende ästhetische Urteile begrifflich explizieren möchte. Dieser Realismus – wenngleich er sich zuweilen als radikaler Konstruktivismus versteht – gibt vor, Musik, – quasi *more geometrico* –, a priori erklären zu können, da die musikrezipierenden Systeme mit identischen biologischen Universalien zur Musikwahrnehmung ausgestattet seien. Begreift man hingegen Musik bzw. musikalische Wahrnehmung vorrangig als eine soziale Praxis, so erhellt, weshalb man hier von einem regelrechten szientistischen Bluff sprechen könnte.

Musikhören und aktives Musizieren sind sicherlich nicht koextensive Begriffe, doch sie sind zumindest miteinander korreliert.[17] Allein innerhalb des abendländischen Kulturraumes lassen sich mannigfaltige Hörweisen sowie Musikstile aufzählen. Und noch überraschender ist die Variationsbreite hinsichtlich der stilistischen Eigenheiten bezogen etwa auf ganze Epochen, wenn man nur die Unterscheidung zwischen Spaltklang und Mischklang in Betracht zieht. Schon hier zeigen sich die normativen Implikationen musikalischer Praxis und deshalb sollte musikalisches Hören als geschichtlich geformtes aufgefasst werden. Dessen ungeachtet spielt die physische Seite des Rezeptionsprozesses eine notwendige Rolle. Ohne Gehör würden wir wohl nicht über Musik reden können. Und ebenso spielt das Gehirn dabei eine notwendige Rolle. Kritisiert wird lediglich der Geltungsanspruch, man könne den Prozess musikalischer Wahrnehmung auf das Gehirn bzw. Physis reduzieren. Es gilt demnach, den methodischen Ort kausaler Erklärungen kritisch zu reflektieren. Tonalität ist keine biologische Universalie, sondern auch eine Frage der Musikerziehung. Spannungsgefälle zwischen Tonika und Dominante sowie eines Halbschlusses werden nicht apriorisch gehört. Schon eine recht schlichte Gitarrenetüde von Fernando Sor wirft für Schüler ein Problem für das Erfassen der Form bzw. der Harmonik als

17 Bernhard Dopheide (1978) Musikhören – Musikerziehung, Darmstadt.

syntaktischer Kategorie auf. Diese Art zu Hören muss erlernt und vermittelt werden – selbstverständlich oder naturwüchsig ist sie nicht.

Emotionale Wirkung wird gelegentlich als das Andere der Vernunft begriffen. Zudem wird die emotionale Wirkung von Musik als eine biologische Universalie angesehen und daher der Biologie eine Vorrangstellung in der Erklärung von durch Musik evozierter Emotionen beansprucht. Gegen die Rede von Emotionen in der musikalischen Wahrnehmung ist überhaupt nichts einzuwenden, zumal wir als Personen die Welt auch aus einer affektiven Perspektive wahrnehmen. Dennoch tendiert eine Reduktion auf Emotionen dahin, Musik als eine vernunftfreie emotionale Liegewiese zu begreifen, was zu den bisherigen Ausführungen nicht kohärent ist. Eine wissenschaftliche Kausalerklärung des Verhältnisses von Musik und Gefühlen ist problematisch, denn Gefühle, die sich während des Hörens einstellen können, sind vielseitig, und das Verhältnis zwischen Musik und bestimmten Emotionen kein notwendiges.

Wäre Kunst oder Musik das Andere der Vernunft, dann befänden sich Emotionen im freien Fall. Der zu Unrecht als Gefühlsgegner kritisierte Hanslick hebt ja hervor, dass Gefühle immer bestimmte und daher auch begrifflich korrelierte Gefühle sind. Jedoch sind Gefühle nicht intrinsisch in die Musik gewoben, so dass sich bei jedem Menschen apriorisch und beliebig bestimmte Gefühle mit der Musik auslösen ließen.

> Wer tritt hinzu und getraut sich, ein bestimmtes Gefühl als Inhalt dieser Themen aufzuzeigen? Der eine wird „Liebe“ sagen. Möglich. Der andere meint „Sehnsucht“. Vielleicht. Der Dritte fühlt „Andacht“. Niemand kann das widerlegen.[18]

Das Grundsätzliche Problem mit der emotionalen Bewertung von Musik besteht darin, dass Gefühle nicht kriterial in der Musik verankert sind. Zwischen Struktur und Ausdruck besteht kein intrinsisches Verhältnis. Zwar können wir uns persönlich über ein Musikstück mitteilen und es wird auch häufige gemeinsame Auffassungsweisen hinsichtlich einer

18 Hanslick, S. 57.

bestimmten Musik geben, doch es gibt eben auch Differenzen hinsichtlich der Interpretation des emotionalen Gehaltes von Musiken. Während jemand vom Bombast der Wagnerschen Musik begeistert ist, kann eine andere Person von demselben Ausdruck genervt sein.

Würde man Kunst schlechthin auf Emotionen abstellen, dann könnte man vom Anderen der Vernunft reden. Die Deutung von Kunst (und Musik insbesondere) als dem Anderen der Vernunft ist jedoch allein schon deshalb problematisch, weil wir über unsere kunstästhetischen Erfahrungen reden können. Wir können über diese Erfahrungen *reden*, wenngleich wir diese Erfahrungen nie *sagen* können. Ohne Vernunft wäre dies schlicht undenkbar. Wir können zudem unser Urteil über ästhetische Gegenstände rechtfertigen und somit Gründe für unser Urteil angeben, die dann wiederum für andere als Gründe in der Wahrnehmung fungieren. Diese Gründe betreffen zunächst die Gestalt oder die Syntax eines Gegenstandes der ästhetischen Betrachtung. So lässt sich beispielsweise unterschiedliche Formauffassungen eines Musikstücks – etwa der Klaviersonate op.1 von Alban Berg – jeweils begründen. Diese Gründe können kommuniziert werden und die Wahrnehmung anderer leiten. Somit wäre Kunst aber lediglich etwas anderes als Philosophie, aber nicht das Andere der Vernunft; Kunst wäre – als eine Verkörperungsweise von Vernunft – also eher als Komplement zur Philosophie zu denken.

In genau diesem Sinne versucht Hans Ebeling das Verhältnis zwischen Kunst und Philosophie zu bestimmen. Kunst wäre demnach das Andere der Philosophie, nicht, weil sie einen gänzlich anderen Gegenstandsbereich als die Philosophie umfassen würde, sondern weil sie mit gänzlich anderen Mittel sich mit Fragen beschäftigt, mit denen sich auch die Philosophie auseinandersetzt und daher einen Wahrheitsanspruch erhebt.

Die Rede von der ‚anderen' Richtigkeit der Kunst ist aber zunächst von der Art, den übergreifenden und konkurrenzlosen Anspruch der Vernunft auf nur eine Wahrheit und nur eine Richtigkeit herauszufordern... Für das philosophische Argument ist die Eindeutigkeit des Wahren und des Richtigen jedenfalls zwingendes Ziel. Für das poetische Hervorbilden aber die Bewahrung der Mehrdeutigkeit.[19]

Es ist aber nicht so, als könne Philosophie die Mehrdeutigkeit nicht denken. Eindeutigkeit ist ein Ziel nur für philosophische bzw. wissenschaftliche Aussagen. Es ist andererseits gerade hermeneutische Philosophie, die sich der Mehrdeutigkeit des Textes sehr wohl bewusst ist. Zwischen Philosophie und Kunst fände nach Ebelings Meinung, eine Art Arbeitsteilung statt, wobei die Kunst die Existenz und die Philosophie die Vernunft vollende.[20] Dieser Vollendungsgedanke ist allerdings problematisch und läuft Gefahr, auf eine Transformation des christlichen Verheißungsgedankens verengt zu werden. Zudem ist gar nicht offensichtlich, was da vollendet werden soll. Solche Rhetorik mag jedoch ein Grund für eine Begriffswandlung gewesen sein. Der Vernunftbegriff wurde abgelöst von dem der Rationalität.

EXKURS: ZUR WANDLUNG DES VERNUNFTBEGRIFFS

Gegenwärtig ist in unterschiedlichen Philosophien eine synonyme Verwendungsweise der Begriffe von Vernunft und Rationalität bemerkbar. Wenn der Begriff der Rationalität den Begriff der Vernunft ersetzt haben soll, so ist damit jedoch nicht einfach nur ein Begriffswandel nachzuzeichnen, sondern ein gänzlich anderer Sachverhalt ist an die Stelle

19 Hans Ebeling (1989) Ästhetik des Abschieds, Freiburg/München, S. 148 – 49.

20 Ebd. S. 149.

der Vernunft getreten.[21] In der praktischen Philosophie wird gegenwärtig von „praktischer Rationalität" statt wie noch bei Kant von „praktischer Vernunft" gesprochen. Vor allem soll durch den neu konzipierten Rationalitätsbegriff der traditionelle substanzialistische oder organologischer Vernunftbegriff, der die Fähigkeit des Menschen, nach selbstgegebenen Zwecken zu denken und zu handeln, funktionalisiert werden. Es sollte schlichtweg eine gänzlich andere Ontologie bzw. Gegenständlichkeit hinsichtlich dessen erreicht werden, was unser begründendes Denken und Handeln ausmacht. Aber dies ist nur die eine Seite der Medaille.

Mit der Transformation des Vernunftbegriffs in den der Rationalität sollte der Totalisierungshang der Vernunft und somit auch deren Logozentrismus überwunden werden.[22] Der Grund dafür liegt in der Annahme, dass es nicht einfach eine Welt gibt, sondern diese ist partikularisiert in unterschiedliche Weltsichten. Dagegen nimmt sich die Rede von der Einheit der Vernunft schlecht aus. Die Rede von Vernunft ist daher permanenter Kritik ausgesetzt, die aber nicht immer reinsachlich fundiert ist. „Um Vernunft möglichst effektive bekämpfen zu können", so Gloy

> baut man einen Popanz auf, den es so historisch nie gegeben hat. Unter Einebnung aller Differenzen und übertriebener Simplifizierung wird die Vernunft uniformiert und universalisiert, zum monolithischen Singular hochstilisiert und die These vertreten, die gesamte abendländische Philosophie von Parmenides bis Hegel sei nichts anderes als Einheitsphilosophie gewesen, die das Viele, Heterogene, Relative nicht ernst nehme und zu eliminieren trachte[23].

Gloy spricht damit ein tiefergehendes Problem an, nämlich wie man angesichts der Vielfalt der Kulturen sowie der Kulturrelativität der Sitten

21 Siehe hierzu: Karen Gloy (2003) Vernunft und das Andere der Vernunft, Freiburg, S. 11

22 Vgl. Jacques Derrida (1988) Grammatologie, Frankfurt a. M.

23 Gloy (2003) S. 17.

noch von einer Einheit der Vernunft sprechen kann. Ein Begriff wie Rationalität klingt dagegen zeitgemäßer und weniger metaphysisch vorbelastet, da auch „kriterial" überprüfbar. Als rational wird eine Art und Weise des Handelns aufgefasst, die sich „beobachten" lässt, nämlich als Zweck-Mittel-Relation. Hingegen kann bei niemandem ein Organ wie „Vernunft" beobachtet werden. Allerdings melden sich hinsichtlich eines kriterialen Rationalitätsbegriffs Bedenken an.[24] Dass Rationalität selbst kriterial überprüfbar sei, ist kriterial nicht mehr überprüfbar, sondern eine gesetzte Norm.

Es stellt sich trotzdem die Frage, wie es denn möglich sei, die oben angesprochene Vielfalt als etwas anzuerkennen, was einen Eigenwert hat; denn dazu wäre wieder Vernunft vonnöten. Wie kann es sein, dass eine in sich heterogene Kultur überhaupt als Kultur anerkannt wird? Dies kann erst dann geschehen, wenn die Vielheit vor einem gemeinsamen Horizont erfasst wird, der das „Ganze" als Regulativ erblicken kann. Denn erst daheraus wird man der Relativität des eigenen Standpunktes gewahr. Auch andere Perspektiven müssen erstmal als Perspektiven in den Blick kommen können. Ohne eine Synthesisleistung, für die eben der Begriff der Vernunft steht, wäre dies nicht möglich.

Wie dem auch sei, der Unterschied zwischen Rationalität und Vernunft wird von zeitgenössischen Autoren als immens wichtig erachtet. So zeichnet sich aus der Perspektive Thomas Gils Rationalität in Form von praktischer Rationalität folgendermaßen aus:

> Als „rational" bezeichnen wir, mit anderen Worten, eine Reihe von Phänomenen und Vorgehensweisen, die bestimmte (noch näher zu untersuchende) Merkmale haben [...] Ich werde nicht von „der" Vernunft reden, die in der Tradition häufig als ein psychisches Vermögen, eine „facultas", als geistiges Organ (analog zu physischen Organen) gedacht und seit dem Deutschen Idealismus von einem anderen geistigen Vermögen, nämlich dem Verstand, positiv abgesetzt wurde. Vielmehr möchte ich hier konsequent von Rationalität reden und diese als eine

24 So etwa der analytische Philosoph Hilary Putnam (1990) Vernunft, Wahrheit und Geschichte, Frankfurt a.M., S. 152.

Methode, eine bestimmte Art des Verfahrens, eine Prozedur denken, die im individuellen und kollektiven Leben der menschlichen Individuen wichtige Funktionen übernehmen kann, ja Mehreres zu leisten vermag.[25]

Wir sollten aber – näher besehen – von *Rationalitäten* sprechen, so wie Gloy darlegt; also von institutionalisierten rationalen Zweck-Mittel-Relationen. Für nahezu jede Denkform lässt sich ein bestimmter Typus von Rationalität benennen. Wenn der Begriff von Rationalität die Zweck-Mittelrelation (methodisches Vorgehen) betrifft, ist es leicht ersichtlich, dass in unterschiedlichen Praktiken unterschiedliche Mittel und Zwecke zur Disposition stehen. Bernhard Debatin beispielsweise expliziert die innere Logik und mithin Rationalität der Metapher.[26] Wenn im Folgenden eine Apologie der Vernunft – oder der Vernünftigkeit – erfolgt, so hat dies seine Motivation aus der Frage nach dem Ganzen als Regulativ bezogen. Nicht Totalisierung ist das Ziel des hier vorgeschlagenen Vernunftbegriffs, sondern einzig, mögliche Gründe für Verbindlichkeit zu finden, die im Effekt auf transkulturelle Verbindlichkeit ausgerichtet sein kann.

Sollte sich Vernunft als der Inbegriff aller Rationalitäten erweisen, dann würde ihre besondere Leistung darin bestehen, diese unterschiedlichen Rationalitäten einander zu vermitteln. Damit käme ihr die Aufgabe der Synthesis heterogener Diskurse oder Rationalitäten zu. Auf Grund dessen ist sie dann die Reflexion der Zwecke, nicht nur der Mittel. Ähnlich sieht Welsch diesen Sachverhalt. Die Vernunft habe es, für Welsch, mit Fragen nach den Verhältnissen der unterschiedlichen Rationalitäten untereinander zu tun, wobei ihr die Aufgabe zukommt, „das Verhältnis der verschiedenen Rationalitäten zu klären und in der rechten Form zu gewährleisten oder gegebenenfalls auch zu korrigieren."[27] Dies setzt jedoch keinen quasi göttlichen Standpunkt voraus. Wenn wir mit

25 Thomas Gil (2003) Die Rationalität des Handelns, München, S. 69.

26 Bernhard Debatin, Die Rationalität der Metapher, Berlin 1994.

27 Wolfgang Welsch (1996) Vernunft. Die zeitgenössische Vernunftkritik und das Konzept der transversalen Vernunft, Frankfurt a.M., S. 46.

Gadamer unter Vernunft nicht nur das schlechthin Universale denken, sondern ein Universales, das in der Endlichkeit menschlicher Vermittlungsvollzüge wurzelt, so kann sie zunächst am ehesten in Form einer kommunikativen Tätigkeit verstanden werden, die Allgemeinheit oder Universalität erst schafft, und zwar nicht in der faktischen Geltung, sondern im intendierten Geltungs*anspruch*. Ob dieser Geltungsanspruch dann tatsächlich eingelöst werden kann oder eingelöst wird, ist eine gänzlich andere Frage.

Wenn die hauptsächliche Aufgabe der Vernunft darin besteht, Synthesen unterschiedlicher Perspektiven zu bilden, so geht es schließlich darum, die eigene endliche Perspektive zu transzendieren, das Singuläre vor dem Hintergrund des Allgemeinen zu denken. Die Frage nach der „Wahrheit" der somit gewonnen Perspektive ist eine zweitrangige Frage. Wir können diese These begründen, indem wir die Unterscheidung zwischen Rationalität und Vernunft am Beispiel des Musikalischen zu bestimmen versuchen, wo es genau um Synthesen unterschiedlicher Perspektiven geht. Ein nahezu universales Medium dieser Synthesen ist die Sprache. Weiter oben konnten wir sehen, inwiefern Sprache zwar nicht konstituierendes aber rekonstruierendes Medium in der Vermittlung von Musik ist. Folglich muss die Autonomie der Kunst und – spezifischer noch – der Musik in ihrem inneren Formungsprinzip bzw. ihrer Verkörperungsweise gesucht werden.

Mit der Rede von Vernunft und dem Anderen der Vernunft geht aber noch ein anderes Problem einher, wenn die Universalität der Vernunft und Sprache unserer Erfahrung kolonialisiert. Denn wie lässt sich die Rede von Vernunft sinnvoll verorten, wenn ihr Widerpart aufgrund der Universalität der Vernunft zu verschwinden droht? Reicht menschliche Vernunft tatsächlich so weit wie Sprachlichkeit? Karen Gloy jedenfalls macht auf eine Aporie eines übersteigerten Universalitätsanspruchs der Vernunft aufmerksam.

Bei einem Universalitäts- und Totalitätsanspruch der Vernunft, der mit der Selbstreferenz einhergeht, resultiert allerdings das Problem, wie die Vernunft von einem rein internen Standpunkt aus Möglichkeit, Umfang und Grenzen ihrer selbst bestimmen könne. Wenn sie schlechthin alles umfasst, auch noch das Gegenteil ihrer selbst, wenn sie das Andere der Vernunft als Implikat enthält, verfällt eine solche Selbstaufklärung dem Immanentismus. Der angebliche Tranzensus über die Vernunft hinaus, der für die Grenzziehung erforderlich wäre, erweist sich als Schein.[28]

Es muss also ein Begriff der Universalität der Vernunft expliziert werden können, der sich nicht in der von Gloy beschriebenen Aporie verfängt. Ein Lösungsvorschlag bestünde darin, die Universalität methodisch oder funktional statt ontologisch zu denken. Dann würde Vernunft ihr Anderes nur insofern „umfassen", als dass dieses Andere von der Vernunft gedacht werden könne, ohne einen Ursprung zu behaupten. So verstanden ginge es nicht um eine Topographie von Vernunft und dem Anderen der Vernunft im Sinne unterschiedlicher „Bereiche", sondern um die reflexive Grenze von Vernunft. In diesem Sinne wäre an Gadamers Begriff der Sprachlichkeit zu denken, der lediglich von *einen Zur-Sprache-Bringen-Können* der Erfahrung des Anderen der Vernunft ausgeht. „Die Sprache ist die Sprache der Vernunft selbst."[29] Erstaunlicherweise begründet Gadamer dies mit dem Akt des Rechtfertigens. Denn da auch zunächst nichtsprachliche Gebilde – wie etwa die Reproduktion eines Notentextes – durch den Interpreten grundsätzlich auf Rechtfertigung hin angelegt sind, setze diese Praxis *Sprachlichkeit* voraus.[30] Wäre also das Nichtsprachliche als das Andere der Vernunft aufzufassen, dann ist die Vernunft also nicht der Ursprung des Anderen der Vernunft, sondern Vernunft ist das universale Medium, welches dieses Andere der Vernunft zur Sprache und somit zur Darstellung bringt – wenngleich sich dieses Andere nicht vollständig „sagen" lässt. Somit wäre ein möglicher Weg skizziert, den von Gloy angemahnten Immanentismus zu umgehen. Das Verhältnis zwischen Vernunft und dem Anderen der Ver-

28 Gloy (2003): S. 15.

29 Hans Georg Gadamer (1975) S. 379.

30 Ebd. S. 377 – 78.

nunft wäre dann letzten Endes als ein hermeneutischer Zirkel zu begreifen. Das Andere der Vernunft müsste somit nicht mehr expliziert, sondern kann auch symbolisiert werden kraft der metaphorischen Artikulation.

MUSIKALISCHE RATIONALITÄT

Wie oben in Bezug auf den Begriff der praktischen Rationalität erwähnt worden ist, ist Rationalität als eine Methode, als ein planmäßiges Vorgehen und Umgehen mit Mitteln zur Realisierung bestimmter Zwecke bestimmbar. Mit der Unterscheidung zwischen Rationalität und Vernunft soll keine Polarisierung herbeigeredet, sondern auf die je spezifische Semantik der Focus gelenkt werden. Zudem besteht das Ziel darin, mittels praxeologischer Rückbindung eine metaphysische Überhöhung von Musik zu vermieden. Für den Komponisten bedeutet Rationalität zunächst Technik in der Arbeit am Material. Sie ist eine Auseinandersetzung mit dessen Immanenz. Dieser Aspekt hat auch dort Gültigkeit, wo wir es mit Auftragswerken zu tun haben. Autonomie qua inneres Formgesetz ist kein Widerspruch zu ökonomischen Abhängigkeiten, denen die meisten künstlerisch tätigen Personen eben ausgesetzt sind. Und auch diese Immanenz, der Rekurs auf die kohärente Struktur eines musikalischen Werkes, hat mit unserer Lebenswelt zu tun, da musikalische Praxis eine Tätigkeit menschlichen Geistes ist. Dieser „Geist" ist nicht substantialistischer Art, sondern ebenfalls funktional oder relational und erhält aufgrund des Aktes der Interpretation bzw. des Verstehens durch den Anderen seine „Realität". Indes soll damit keinem naiven Realismus das Wort geredet werden. Denn wenn auch zugegeben werden kann, dass Geist objektiv sei, so ist damit nicht etwa Eindeutigkeit des Sinns künstlerischer Gebilde gemeint, sondern deren Erfahr*barkeit* für jedermann. Demnach wären beispielsweise Institutionen wie Sprache und Wissenschaft objektiver Geist, da sie als solche für jeden erfahrbar sind.

Zudem arbeitet das kollektive Gedächtnis der Komponisten am objektiven Geist, also am kulturellen Gedächtnis; ihre Werke werden öffentlich und somit objektiv.

Musikalische Rationalität als Arbeit am Material und an der Form lässt sich studieren und nachvollziehen, indem man etwa eine Analyse eines musikalischen Werkes vornimmt. Dies kann mittels einer Partitur oder mit dem Gehör geschehen. Musikalisch rational wäre die Begründbarkeit des inneren Zusammenhanges sowie die Frage nach der Grundkonzeption oder der ästhetischen Idee des Werkes. Was planmäßig organisiert bzw. kohärent ist, gilt als rational. Rational sind etwa auch Problemlösungsstrategien zur Sicherung künftigen Handelns. Ein Beispiel für innovative musikalische Rationalität ist die Entstehung der musikalischen Notation. So etwa entstand die Neumenschrift zwecks Rationalisierung musikalischer *Alteritätserfahrung*, um die Unterschiede zwischen franconischer und römischer Schule in der Art zu singen festzuhalten.[31] Daheraus ergaben sich andere Fragestellungen an die Notation als Mittel, wie etwa die nach der besten Darstellungsweise der Rhythmik und der Tonhöhe (Diasthematik).[32] Diese Mittel wurden im historischen Verlauf zu Medien in einem den bloßen Mittelbegriff übersteigenden Sinn; sie waren konstitutiv für das musikalische Denken selbst. Erst aufgrund der Verschriftlichung war die ausgefeilte Polyphonie möglich. Hier haben wir es mit impliziter Rationalität zu tun, insofern es um planmäßiges Handeln geht. Es soll hier noch auf eine vordergründige Rationalität, in der allein die innere Zweckmäßigkeit einer Komposition thematisch wird. Adorno hat darauf hingewiesen, dass das Vertrauen ins Material schon qua Geschichtlichkeit geistreich bzw. rational sei, falsches Bewusstsein ist. Hierin scheint ein weiterer wichtiger Punkt zu bestehen, insofern ja nicht alles, was Produkt des (objektiven) Geistes ist, geistreich sein muss. Schon Kant kam auf diese Disproportion in seiner *Kritik der Urteilskraft* zu sprechen. So mag denn eine

31 Hierzu: Michael Walter (1994) Grundlagen der Musik des Mittelalter, Stuttgart, insbes. S. 17ff.

32 Vgl. Christian Kaden (1984) Musiksoziologie, Berlin, S. 7ff.

Komposition nach allen *Regeln der Kunst* angefertigt worden sein, doch sie hat keinen Geist.

Ein besonderes Merkmal ästhetischer Rationalität in der Neuen Musik besteht auch darin, dass sie sich nicht wiederholt. Denn, um auf das Verhältnis zur Tradition zurückzukommen, die bloße Reproduktion wäre lediglich Nachahmung des Bestehenden und keine produktive Nachfolge. Zudem wird gerade in der Neuen Musik von ästhetischer Rationalität eine individuelle Rationalität erwartet, indem nach neuen musikalischen Mitteln gesucht wird. Wird Rationalität jedoch nur als richtige Handhabung eines Werkzeuges gesehen, läuft man Gefahr, den Begriff der Rationalität zu verengen. Analog gilt auch für praktische Rationalität: Wer nämlich egoistisch handelt, der handelt zwar nach Maßgaben der instrumentellen Vernunft rational, insofern der Egoist seine Ziele ungestört – also mit Handlungserfolg – verfolgen kann. Gemessen am Anspruch der Vernunft bliebe die (versuchte) Vermittlung mit dem Allgemeinen sowie eine Reflexion der Zwecke als Zwecke außen vor. Es scheint jedoch so, dass gerade im Ästhetischen der Mittelgebrauch selbst wiederum anderen Zwecksetzungen unterliegt.

Selbst Arnold Schönberg hatte es nicht nur auf innere Zweckmäßigkeit abgesehen. Ebenso ist kompositorische Rationalität in den STRUCTURES für Piano solo von Pierre Boulez nicht nur um ihrer selbst willen da. Freilich ist dies nicht gleichbedeutend mit einer Missionierung oder einer positiven Mitteilung. Dessen bedarf es nicht, um Sinn zu erzeugen. Das Verhältnis von Sinn und Struktur begegnet auch in – auf dem ersten Blick als unsinnig anmutenden – Gebilden eines Kurt Schwitters. In seiner Urlautsonate liegt (abgesehen vom Wort „Rakete") keinerlei semantischer Gehalt, obwohl es beansprucht, ein Gedicht zu sein. Sinn macht das Gedicht als Geste. Sinn ist nicht unmittelbar mit Semantik oder Bedeutung zu identifizieren. Worauf es letztlich ankommt, ist der durch Interpretation erschließbare mögliche *Handlungssinn*, den es zu rekonstruieren gilt. Der Begriff des Handlungssinns ist besonders geeignet, weil er hilft, Kunst als eine Praxis zu begreifen, in der es auch um die Geschichtlichkeit des Menschen geht. Künstlerische Gebilde sind, ihrer pragmatischen Tiefenstruktur nach, immer auch als

Antworten auf die jeweilige Geschichtlichkeit zu verstehen. Dabei sind dann beispielsweise die musikalischen Strukturen, die rekonstruiert werden, nicht nur in sich sinnvoll organisiert im Hinblick auf den Stand des Materials, sondern zugleich innovativ und explorativ für die personale Welt. Genau diese Leistungen ästhetischer Rationalität kann vor allem Neue Musik für sich reklamieren. Sinnliches, das in sich sinnvoll ist, ist rational. Als Antworthandlungen auf unsere Geschichtlichkeit sind diese musikalischen Strukturen aber noch mehr. Sie sind im Modus des Metaphorischen vernünftige musikalische Artikulationen; musikalische Rationalität im Gebrauche der Vernunft.

MUSIKALISCHE VERNUNFT

Ist Vernunft so universal, dass man sie auf Musik anwenden kann? Der Rationalität zwar nicht entgegengesetzt, so aber diese einschränkend hinsichtlich des Monopolanspruchs reiner Rationalität, ist musikalische Vernunft. Sie ist der Überstieg aus dem rein Musikalischen, welches sich zumindest methodisch herleiten lässt. Eine Konzeption des rein Musikalischen findet sich in Roger Scrutons Begriff der akusmatischen Erfahrung.[33] In der akusmatischen Erfahrung geht es allein um die mit dem Ohr wahrzunehmende klingende Struktur. Und genau diese Form von Erfahrung liegt dem landläufigen Musikbegriff zu Grunde, nämlich dass die klingenden Strukturen für den Hörer da sei.[34] In eine ähnliche Richtung, aber ohne unterstellte Teleologie, bestimmt Gunnar Hindrichs das musikalische Werk als ein der Idee nach Erklingendes.[35]

Schon im geistesschwangeren neunzehnten Jahrhundert bemerkte der Musikkritiker Hanslick, dass Musik geistige Arbeit in geistfähigem Material sei. Diese Formulierung ist zwar sehr vage, doch sie bietet sich

33 Roger Scruton (1997).

34 Dieser Punkt wurde weiter oben in Rekurs auf Raffman und Subotnik hervorgehoben.

35 Vgl. Hindrichs (2014) S. 77.

als Ausgangspunkt an. Fragt Rationalität in erster Linie nach Zweck-Mittel-Relationen, und zwar unter der Voraussetzung, dass Rationalität allein die Güte der einzusetzenden Mittel reflektiert, wäre der Vernunftbegriff einerseits als ein Überstieg dieser Immanenz und würde zumindest ein Abwägen der Zwecke implizieren (man Denke da an Kant „Reich der Zwecke"). Eine weitere Konzeption von Rationalität hatte Martin Seel in seinem Buch „Die Kunst der Entzweiung" vorgeschlagen, die ich aufgreifen möchte. Sie hängt mit der Konzeption von Rationalität als Mittelwahl eng zusammen. Zweck-Mittel-Relationen finden sich etwa auch in Begründungen; und daher definiert Seel Rationalität als Begründ*barkei*t. Dies hat seinen Grund darin, dass wir viele Handlungen habituell vollziehen, so dass wir unsere Handlungen auch im Nachhinein rechtfertigen können.

Abgesehen von Materialreflexionen, die mitunter sehr erhellend sein können, reflektieren Komponisten der Neuen Musik ihr Tun hinsichtlich eines Ganzen, einem größeren Zusammenhang, wie etwa Gesellschaft.[36] Sie begreifen explizit die Praxis des Komponierens als eine bestimmte Form des Handelns. Musikalische Gebilde werden in Korrelation zur Lebenswelt gesetzt; daher unterliegt das ästhetische Verstehen vorrangig einer Pragmatik, die als produktive Semantik bezeichnet werden kann. Zudem wird das eigene Material kritisch hinterfragt sowie die verwendeten Kategorien – wie etwa der Werkbegriff. Gefragt wird unter aufklärerischer Fragestellung, wie notwendig die von der Tradition übernommenen Kategorien wirklich sind, um komponieren zu können. Dies findet sich etwa bei Cage oder in Komponisten von Lachenmann seinen Niederschlag. Letzterer hat die innere Rationalität auf besondere Weise reflektiert, indem in seinen Kompositionen die bislang unerwünschten Nebengeräusche thematisch werden. Nebengeräusche einzu-

36 Als jüngste Beispiele sind heir Claus-Steffen Mahnkop, Kritische Theorie der Musik, Weilerswist 2006 sowie H. Johannes Wallman, Integrale Moderne, Saarbrücken 2006 zu nennen. Zu erwähnen in praktischer Hinsicht wären aber vor allem Namen wie Nono und Henze.

setzen, sie als musikalisches Material anzuerkennen, ist keine Äußerlichkeit, sondern der Sache geschuldet, insofern Geräusche notwendig mit dem Musizieren – zumindest auf akustischen Instrumenten – zusammenhängt. Das, was bislang unterdrückt wurde, wird emanzipiert; ein Prozess, der sich übrigens schon bei Mahler findet. Musik kann somit als Modell für Gesellschaft dienen. Dadurch bekommt die absolute Musik eine geschichtliche Komponente. Vernünftig ist Musik, insofern sie sich als zur Gesellschaft beitragendes System versteht, wobei die Gesellschaft das offene prozessuale Ganze wäre. Die Vernunft der Musik bestünde in ihrer Synthesis-Leistung, die keine passive und somit quasi widerfahrende Synthesis ist – wie etwa Kant sie in der Kritik der reinen Vernunft beschreibt, sondern sie ist eine durch die musikalisch handelnde Person explizit initiierte Synthesis heterogener Erfahrungsformen, die sich musikalisch verkörpert.

VON DER SUBVERSION ABSOLUTER MUSIK

Der Begriff der absoluten Musik ist terminologisch auf das neunzehnte Jahrhundert zurückzuführen; dort wurde er in Opposition zum Begriff der Programmmusik verwendet. Absolute Musik ist hier Thema, weil der Aspekt der Immanenz, der Rekurs auf Strukturen mit dem Serialismus der fünfziger Jahre gleichsam zu seiner Vollendung kam. Um den Begriff der absoluten Musik gruppieren sich zumindest drei Konzepte bzw. Lesarten, von denen zwei von besonderem Interesse sind. Absolute Musik wäre zunächst a) die Musik, aufgrund der wir in der Lage sind, das Absolute gleichsam intuitiv zu schauen oder zu erahnen, wobei wir b) beim Aspekt autonomer musikalischer Mittel angelangt wären, welche zunächst nichtsprachlicher Natur sind. Allerdings bliebe zu fragen, ob die Rationalisierung des musikalischen Materials nicht mit einer bestimmten Form der Versprachlichung, nämlich der Verschriftlichung, auf engste zusammenhängt. Absolute Musik würde dann einzig zum Zweck haben, die rein musikalischen Mittel zur Geltung zu bringen. Sie hätte damit keinen lebensweltlichen Bezug. Dies hat allerdings c) gesellschaftliche Aspekte, die nicht unberücksichtigt bleiben sollte. Der Komponist komponiert nicht mehr nur für die Kirche oder einen Hof; er komponiert auch nicht für den Geschmack eines breiten Publikums, das angenehm unterhalten werden möchte. Für eine detaillierte historische Darstellung des Begriffs der absoluten Musik sei an dieser Stelle auf Carl Dahlhaus verwiesen.[37]

Die erste Lesart ist metaphysischer Natur und kann auf Schelling zurückgeführt werden. Absolute Musik ist nicht das, was das Subjekt als Subjekt qua Katharsis verherrlichen würde und somit den unmittelbaren Vitalinteressen ein dienstbares Werkzeug wäre. Absolute Musik wäre in dieser Hinsicht vielmehr das, was das Absolute symbolisiert: „Die Formen der Musik sind Formen der ewigen Dinge, inwiefern sie von der realen Seite betrachtet werden."[38] In der absoluten Musik gibt es folglich auch kein Drama. Die Oper hingegen zerfällt in zwei Hälften: das Drama und die Musik. Wenn bei Hanslick Musik noch die Dynamik der Gefühle darzustellen vermag, so darf in der absoluten Musik eben dies keine Rolle spielen. Dieser metaphysisch gefasste Begriff absoluter Musik wird für den weiteren Verlauf nicht weiter interessieren.

Bleiben noch die anderen semantischen Anker, von denen der „Immantentismus" das stärkste Interesse erregt. Begreift man absolute Musik rein als Form gewordenes klangliches Substrat, so bezeichnet dieser Ausdruck genau das, was Hanslick als das Musikalisch-Schöne explizierte, nämlich tönend bewegte Form. Das „Schöne" ist hier nicht deskriptiv gemeint, in dem Sinne, dass es ein objektiv verbindliches sowie eindeutig erkennbares musikalisches Schönheitsideal gäbe, sondern es geht – im Sinne einer formalen Bedingung – um das, was an Musik als genuin musikalischer gefällt bzw. lohnende Wahrnehmung ist.

Würde man serielle Musik nur als esoterisches Spiel mit Strukturen begreifen, griffe man zu kurz. Sicherlich ist der Strukturbegriff für die

37 Carl Dahlhaus, Die Idee der absoluten Musik, Kassel 1978.

38 Friedrich W. J. Schelling (1960) Philosophie der Kunst, Darmstadt, S. 145.

serielle Musik von zentraler Bedeutung, doch sie ist auf ihn nicht reduzierbar. So sei darauf hingewiesen, dass serielle Musik u.a. ein Resultat der kompositorischen Neuorientierung nach 1945 darstellt.[39] Diese Neuorientierung erhellt Adornos Rede von ästhetischer Negativität; erst vor diesem Hintergrund macht negative Ästhetik Sinn. Sicherlich ist der Ausdruck der negativen Ästhetik in Form einer Absage an das „positive“ Lebensgefühl zu verstehen. Und gerade radikale Kunst hat das Moment des Negativen. „Radikale Kunst heute heißt soviel wie finstere, von der Grundfarbe schwarz.“[40] Der Rekurs auf die Immanenz ist eine Absage an erwarteter Unterhaltung durch Musik, Gewohnheiten wurden aufgesprengt und konventionalisierte Praxis verabschiedet. Wer reine Strukturen setzt, der übt Sabotage am unhinterfragten Alltag. Es gibt – oberflächlich gesehen – keinen Gehalt, der gegen einen anderen gesetzt wird; allein aus der Art und Weise des Anmutens soll eine Zumutung werden, zumal reine Strukturen einer Verschwendung der Produktivkraft gleichkommt. Was betreibt mehr Sabotage, was wendet sich mehr von der Betriebsamkeit ab, was ist ungreifbarer und daher zunächst das schlechthin Andere geschäftiger Rationalität als serielle Musik? Ein Friedenssong etwa hat diese negativen Qualitäten nicht, denn er bewegt sich immer auf dem sicheren Terrain der etablierten musikalischen Kategorien. Es wird dort die rein musikalische Immanenz nicht reflektiert, sondern Musik dient rein als Mittel zur Vermittlung eines außermusikalischen Gehalts.

Auf den ersten Blick scheint es so, als entbehre serielle Musik jeglicher repräsentationalen Funktion. Diesen Anschein erwecken etwa auch Stockhausens „Gruppen für drei Orchester“, in denen es rein um die Struktur sowie die räumliche Anordnung der Instrumente zu gehen scheint. Dies mag sogar die Intention Stockhausens gewesen sein; doch der Sinn eines Gebildes erweist sich nicht allein durch die Intentionen des Autors, sondern aufgrund geschichtlicher Konstellationen und der

39 Christoph Blumröder (2004) Zur Kompositorischen Neuorientierung nach 1945, in: Archiv für Musikwissenschaft, Jg. 61, 2004, Heft 1.

40 Adorno, Ästhetische Theorie, S. 65.

Interpretation musikalischen Handelns durch die Perspektive von außen. Stockhausens Kompositionen wären als absolute Musik zu verstehen, weil sie beanspruchen, keinerlei Verbindung zum Geschichtlichen zu haben, sie rekurrieren auf nichts.

Hervorzuheben ist der Unterschied der Kategorien, auf welche Webern und Stockhausen ihre Interpretation abstellen. Webern spricht von Thema, Reprise, von Scherzo und Trio, d.h. er bezieht sich auf Begriffe, die auf die musikalische Funktion und musikalischen Sinn abzielen. Die jeweiligen Bedeutungen der Begriffe und die ihnen zugrundeliegenden Kategorien sind historisch gewachsene; sie gehören einer bestimmtem historischen Periode zu und sind mehr oder minder nur innerhalb dieser Periode gültig. Dem Gebrauch dieser Begriffe vorausgesetzt ist die Überzeugung, dass sie die musikalischen Sachverhalte noch treffen – was freilich, wie gezeigt, ohne Vermittlung nicht einsichtig wird. Damit wahrt Webern bewusst die Verbindung mit der vorausgegangenen Musikgeschichte. Stockhausen hingegen beschreibt Eigenschaften einzelner Aspekte des Tonsatzes, Eigenschaften des Tonsatzes als Ganzen, wie er sich ihm hier und jetzt präsentiert. Er will objektive Gegebenheiten des Tonsatzes feststellen, nicht aber die Relation zu Begriffen bestimmen, die durch Konvention gewachsen sind. Damit schneidet er – jedenfalls an der Oberfläche – die Verbindung zur Geschichte ab.[41]

Die Rede von „oberflächlich" verdient hier besondere Aufmerksamkeit, denn dieses Prädikat lässt mehrere Interpretationen zu. Indem es Stockhausen um objektive Strukturen geht, die mit der Behandlung der spezifischen Parameter entstehen, kappt er (dem Anspruch nach) nicht nur die Verbindung zur Musikgeschichte, in der es beim Hören auf andere Hörkategorien ankam, sondern zur Geschichtlichkeit schlechthin. Das Prädikat „oberflächlich" scheint hier vor allem angebracht, da näher besehen auch die serielle Musik sowie ihr Absolutes ihren Impuls von der Lebenswelt her erhalten. Mit der kompositorischen Neuorientierung nach 1945 wurde ja mittels kompositorischer Form – also auch der

41 Christian Martin Schmidt (1977) S. 59.

Zweckmäßigkeit musikalischen Komponierens – eine Aussage getätigt. Sicherlich ist dies keine Aussage gemäß der Aristotelischen Logik. Unter „Aussage" ist hier eher ein „Position-Beziehen" mit bestimmten Mitteln zu verstehen, eine Art *kommentierendes Handeln*, welches im Falle der Neuen Musik in der Verweigerung bestehen kann.

Das Absolute serieller Musik besteht in der Wissenschaftlichkeit, die Garant für Transsubjektivität sein soll. Damit wird das Subjekt quasi überwunden, da dessen Erfahrung nicht zur Debatte steht – es stellt eher einen Störfaktor dar. Darauf wurde schon weiter oben eingegangen. Dem Ausdruck wird die Konstruktion entgegengestellt.

> Das musikalische Denken und die daraus resultierende Sprache, die in Stockhausens Analyse zum Ausdruck kommen, sind technologisch. War die Kunsttheorie bis zum Ende des 18. Jahrhunderts am Modell des Handwerks orientiert und setzte dem das 19. Jahrhundert die Emphase religiöse Kategorien entgegen, so nähert sich die Musiktheorie bei Stockhausen der Wissenschaft an.[42]

Ob dies als Königsweg zur Aufklärung oder des Vernunftgebrauchs zu verstehen ist, mag dahin gestellt bleiben. Jedenfalls geht damit ein Musikbegriff einher, der an ein Höchstmaß von Rationalität orientiert ist und somit quer zum traditionellen Musikverständnis steht. Unter dem Feigenblatt der Wissenschaftlichkeit macht man sich immun gegen Kritik ästhetischer Art, da im Grunde genommen nur ein Diskurs die Interpretationshoheit zu haben scheint: die positiven Wissenschaften. In der seriellen Musik, so hat es den Anschein, sollen Aussagen über „objektive Tatsachen" gemacht werden. In gewisser Weise ist diese Musik demnach selbstlos. Zur Debatte stünde im Gegenzug dann, inwiefern Musik noch als eine ästhetische Praxis zu bezeichnen wäre. Ist die Absage an Geschichtlichkeit und vordergründiger Subjektivität zunächst als Emanzipation von gesellschaftlich vorgegeben Funktionen zu verstehen, so droht andererseits – bei blinder Emphase der Wissenschaft –

42 Schmidt (1977) S. 60.

Obskurantismus, als Gegenteil von Aufklärung; durch eine Überhöhung aufklärerischer Mittel.

Das Besondere der Seriellen Musik bestand, so kann positiv festgehalten werden, in der Überschreitung der Immanenz kraft immanenter Rationalität als Kritik musikalischer Vernunft an stumpfer Betriebsamkeit sowie Misstrauen gegenüber dem Allzumenschlichen. Doch auch diese Form der Artikulation hatte ihre Zeit, die nun einmal vergeht.

VI. Zu politischen Implikationen

Auch ohne dass explizit politische Parolen oder Bekenntnisse geäußert werden, hat Neue Musik mit politischem Engagement zu tun. Zwar rekurrieren Komponisten Neuer Musik gerne auf Wissenschaften, doch der Aspekt der Wissenschaftlichkeit ist nur ein Aspekt, der in der Neuen Musik mitunter eine Rolle spielt.[1] Zum aufklärerischen Denken gehört genauso die politische Dimension. Wenn Wissenschaftlichkeit in der Neuen Musik eine Rolle zu spielen scheint, dann jedoch nicht im Sinne von Formelsammlungen bzw. Prognosen etc., sondern die innere Kommunikation ist auf Wissenschaftlichkeit hin angelegt. Auch wissenschaftliche Kommunikation ist politisch der Form nach, denn zumindest fragt sie nach der Überprüfbarkeit auch ästhetischer Behauptungen, was nur vor dem Hintergrund epistemischer Transparenz geschehen kann.

Gerade in den 50er Jahren gab es die Tendenz, musikalische Komposition als eine Angelegenheit der Methode zu betrachten. Hierbei stellt sich bei genauerem Hinsehen allerdings die Frage, ob dies noch im Sinne der Aufklärung zu denken sei. Auf jeden Fall aber stand auch hinter der Instantialisierung der Darmstädter Sommerkurse ein politisches Interesse, das erstens mit Aufklärung zu tun hat und zudem die politische Relevanz Neuer Musik belegt. Die Darmstädter Ferienkurse sind

1 Auf den Aspekt der Verwissenschaftlichung des kompositorischen Prozesses, geht auch Beate Kutschke (2002) Wildes Denken in der Neuen Musik, Würzburg, S. 50, ein.

kein Resultat der Bemühungen autonom agierender Komponisten, die sich ihr eigenes Forum schufen. Eingerichtet und gefördert wurden die Darmstädter Sommerkurse von den US-Alliierten, welche die Kultur zurück ins Nachkriegsdeutschland holen wollten. Dies tat vor allem Not, da ja Neue Musik per Dekret der Nazis als entartete Kunst bezeichnet wurde und daher verboten war. Trotzdem kehrte Schönberg, der sich zunächst als der Repräsentant und Speerspitze der deutschen Musik verstand, nicht mehr nach Europa zurück. Mit Hilfe französischer Komponisten wie Messiaen und Pierre Boulez trat jedenfalls eine kompositorische Neuorientierung nach 1945 ein.[2] Helmut Lachenmann spricht hinsichtlich dieser musikalischen Neuorientierung sogar von einer „Stunde Null nach 1945"[3]. Hier schlägt sich politisches Denken direkt in Kompositionstechnik nieder, da es unter anderem um die Elimination des Pathos in der Musik ging, denn Pathos in der Musik war ein probates Propagandamittel. Dies ist nicht die einzige Option, Neue Musik hinsichtlich ihres politischen Engagements zu betrachten. Desgleichen kann auch für die musikpädagogischen Bemühungen angesehen werden.

Musikpädagogik möchte u.a. zu musikalischen Kompetenzen hinführen bzw. Musikalität freilegen. In gewisser Weise ist jeder – je nachdem, wie weit man den Begriff des Komponisten fassen möchte – ein Komponist. Allerdings sollte diese Bezeichnung noch nicht normativ verstanden werden, insofern lediglich behauptet würde, dass im Grunde genommen jeder in der Lage sei, Musik zu machen bzw. über musikalische Fähigkeiten verfüge, die allerdings zuerst erworben werden müssten. Normativ hingegen ist die Frage, ob jemand ein guter oder schlechter Komponist sei. Wenn also behauptet wird, dass jeder (im Grunde) ein Komponist sei, so ist damit auf die kognitive Dimension der Musikalität angesprochen. Bloßes vor-sich-hin-Pfeifen könnte hierbei als Protokomposition angesehen werden. Erst die Frage, ob jemand ein gu-

2 Hierzu: Christoph Blumröder, Kompositorische Neuorientierung nach 1945,

3 Helmut Lachenmann (1996) Musik als existenzielle Erfahrung, Wiesbaden, S. 83.

ter oder schlechter Komponist sei, berührt die normativ-ästhetische Dimension. Komponisten wie Peter Maxwell Davies sowie Hans Werner Henze haben sich diesem Thema angenommen. Beide verstanden sich als Komponisten und als Musikpädagogen zugleich. Dabei ging es ihnen darum, Kinder und Jugendliche zu einer musikalischen Selbstständigkeit zu führen und der musikalischen Entmündigung durch die Unterhaltungsindustrie entgegen zu wirken. Beide gehen dabei von der anthropologischen Annahme aus, dass im Grunde jeder Mensch musikalisch kreativ ist, doch diese Kreativität durch das öffentliche Musikleben – und dazu zählt auch schlechter Musikunterricht – verkümmert. Musik sei ein anthropologisch verankertes Gut und müsse gepflegt werden, da auf musikalische Selbstständigkeit habe jede Person ein Grundrecht habe.

> Jeder Mensch sollte die Möglichkeit haben, mit Musik so vertraut zu werden wie mit sich selbst und mit seiner Sprache. Jeder Mensch sollte in der Lage sein, die Musik als einen wesentlichen Bestandteil seines psychischen Haushaltes zu begreifen [...][4]

Der Komponist Peter Maxwell Davies initiierte nicht nur ein Musikfestival, sondern arbeite direkt mit Kindern und Jugendlichen im Musikunterricht zusammen. Das Ergebnis seiner musikpädagogischen Tätigkeit wurde als eine „Revolution im Klassenzimmer" bezeichnet.[5] Da Musikpädagogik nicht nur im Klassenzimmer stattfindet, sondern eine gesamtöffentliche Angelegenheit ist, initiierte Hans Werner Henze seit 1976 in Montepulciano das Festival „Cantiere", an dem er die gesamte Bevölkerung beteiligte.

---

4 Hans Werner Henze (1986) Lehrgänge. Erziehung in der Musik, Frankfurt a.M., S. 11.

5 Hierzu: Dirk Schröter (1986) Peter Maxwell Davies – Musik mit Kindern und Jugendlichen auf den Orkney-Inseln, in: Henze (Hrsg.) 1986, Lehrgänge. Erziehung in Musik, Frankfurt a.M., S.80 – 100.

Begreift man Politik als den Inbegriff öffentlicher Interessen und Verhältnisse, so leistet Neue Musik also ihren ganz eigenen Beitrag zur Emanzipation des Materials sowie der kreativen Person, indem sie habitualisierte Herrschaftsansprüche bestimmter musikalischer Kategorien zurückweist.

DEMOKRATISIERUNGSPROZESSE

Zugegebenermaßen ist die Rezeption Neuer Musik z.T. kognitiv ziemlich anspruchsvoll und könnte daher mit elitärer Weltanschauung in Verbindung gebracht werden; doch als Praxis ist sie demokratisch. Davon legen von der Neuen Musik ausgehenden musikpädagogischen Impulse Zeugnis ab. Ein Beispiel dafür etwa wären schulmusikalische Projekte, die darin bestehen, dass junge Komponisten einfach ins Klassenzimmer gingen und zunächst versuchen, das Gehör der Schüler zu sensibilisieren.[6] In den Projekten wird davon ausgegangen, dass jeder Schüler nicht nur in rezeptiver Hinsicht, sondern ebenso in produktiver Hinsicht musikalisch ist. Hierbei geht man von einem reziproken Verhältnis zwischen Rezeption und Produktion aus, insofern die Produktion eine rezeptive Öffnung dem Material gegenüber bewirken kann. Die musikalisch handelnde Person wird toleranter hinsichtlich dessen, was alles als musikalisches Material in Frage kommen kann. Zumindest stellt dies eine Option für ein Interpretationsmodell der experimentell orientierten Schulmusik dar.

Zu erwähnen ist in diesem Kontext auch die personenbezogene experimentelle Musik, bei der es darum geht, das Auditorium in die Gestaltung einer Aufführung mit einzubeziehen. Dieter Schnebel etwa bezog das Publikum mit ein. Nicht, dass damit ein musikpädagogischer Kanon aufgestellt werden sollte, aber wichtig ist zunächst einmal die Besinnung darauf, dass Musik gemeinsame Tätigkeit sein kann. Trotz

6 So etwa das vom Komponisten Burkhard Friedrich geleitete Berliner Projekt KlangRadar.

des elitären Anmutens aufgrund der Komplexität vieler Werke, ist sie nicht esoterisch, sondern zeichnet sich gerade dadurch aus, dass sie Allüre ablegt und sich dem Prinzip nach jedermann zuwendet. Sie ist quasi ein Versuch, Musik jenseits des Konsumzwanges und industrieller Norm zu vermitteln und alte vorgezeichnete Hörgewohnheiten zu überwinden. So verstanden steht sie Modell für eine Kulturform oder Form des Kommunizierens, die kritisch sowie tolerant ist und vor allem differenziert, da sie die Differenz geradezu sucht und somit gegen Totalisierungstendenzen und Fundamentalismen wirkt – sie steht für Pluralität.

In diesem Kontext sollte der Begriff der Gewohnheit besonders hervorgehoben werden. Die Auseinandersetzung mit diesem für die Anthropologie bislang unterschätzten Begriff wurde bislang von philosophischer Seite aus nur gelegentlich gesucht. Es sind zunächst die Gewohnheiten – seien es die des Komponisten oder die des Rezipienten – die es aufzubrechen gilt. Tonalität wurde als Konvention verabschiedet, wenngleich Tonalität in zeitgenössischen Kompositionen thematisch ist, doch ist dies – wie Reinhard Febel bemerkte – kein Komponieren in Tonalität mehr, insofern Tonalität kein Medium ist, sondern ein Komponieren mit Tonalität, da sie ein mögliches Mittel darstellt, dessen sich der Komponist bedienen kann.[7] Natürlich kann man hier die Probe machen und behaupten, dass eine Induktion nicht in Frage kommt, da sich mindestens ein Komponist finden lässt, der dem Ethos der Aufklärung nicht entspricht. Sicherlich gibt es Verquickungen zwischen Stand des Materials sowie dahinterstehenden Ideen in weltanschaulicher Hinsicht. Doch dass auch Komponisten wie etwa Stockhausen einst aufklärerisch wirkten, indem sie traditionelle Musikkategorien dekonstruierten, ist nicht von der Hand zu weisen. Es sind stets die wachrüttelnden Momente, durch welche Neue Musik sich auszeichnet. Freilich sind die Themen heute andere als noch vor vierzig Jahren. Wurden damals noch musikalische Kategorien hinterfragt und Gewohnheiten durchbrochen, so finden Aufklärung heute auf einer anderen Eben statt und hinterfragt

7 Vgl. Reinhard Febel (1982) Neue Philosophie der Musik, in: Neuland Heft 2, S. 93 – 96, hier: S. 95.

den Dynamismus, den die Avantgarde noch feierte. Ist das *pantha rei* als ästhetisches Gebot haltbar? Gibt es einen Punkt, an dem das kreative Individuum überfordert ist? Ist Aufklärung getan, indem in der Komposition die Methode brav befolgt wird? Ist das Material ausgereizt?

Wenn es auch den Anschein haben mag, dass das Material ausgereizt ist, da nun seit einigen Jahrzehnten das Geräusch als musikfähig gilt, Tonalität erneut und unter anderen Vorzeichen thematisch wird und die Computermusik fleißig ihre Sounds poliert, bedeutet dies noch lange keine neue Romantik in der Musik – auch wenn sich gegenwärtig spätromantische Tendenzen etwa bei Jörg Widmer, Georg Friedrich Haas schon anhand der Orchestrierung beobachten lassen. Daneben stehen ebenso Klangskulptur, Soundscape, freie Improvisation, experimentelle Musik etc. Keine der Strömungen kann eine Vorrangstellung für sich reklamieren. Und aus diesem Grunde konnte Ligeti sagen, dass es keine musikalische „Sprache" mehr gibt. „Die Kündigung des kollektiven Einverständnisses in der neuen Musik ist selbst ein wesentliches Moment des Neuen, obgleich seinerseits im Bewegungsgesetz des traditionellen entsprungenen Materials."[8]

Mit diesen Worten hat Adorno kurz und knapp den kardinalen Punkt zusammengefasst, der das Verhältnis von neuer Musik und Gesellschaft beschreibt. Er fährt fort, diese Situation historisch zu begründen und weist zugleich eindrücklich auf die soziologischen Implikationen der Musikgeschichte überhaupt hin, da in der Musik sich ein gesamtgesellschaftlicher Prozess artikuliert.

> Dazu kam es aus sozialen Gründen: die traditionelle, vorgegebene, idiomatische Sprache stieß zusammen mit der individuellen Differenzierung der Musik, in der der Differenzierungsprozess der bürgerlichen Gesellschaft sich manifestiert. Das Moment des Gemeinsamen innerhalb der tonalen Sprache hat sich mehr und mehr zu einem der Vergleichbarkeit von allem mit allem entwickelt, zu Nivellierung und Konvention.[9]

---

8 Adorno (2003) Musikalische Schriften IV, Frankfurt a.M., S. 278.

9 Ebd.

Zugespitzt formuliert kann Neue Musik, indem sie ein Kampf um Differenzen und Anerkennung dieser Differenzen ist, als ein Versuch, gegen die Auslöschung des Individuums zu komponieren, verstanden werden. In der Musikpädagogik wurde die Differenz als Moment ästhetischer Bildung ausführlich von Albert Kaul behandelt.[10] Das von Nietzsche noch gefeierte Dionysische an Musik ist ihr nur noch symbolisch gegeben; etwa in radikalen Polyphonien komplexizistischer Art. Dies kann jedoch nicht alles sein, wenn man ihren Beitrag zum Demokratisierungsprozess in Erfahrung bringen möchte. Denn bislang sind wir bestenfalls bei einer monadischen Auffassung musikalischer Praxis gelangt, in der niemand vom anderen weiß. Darüber hinaus müsste der ästhetische Dialog thematisiert werden. Denn der Komponist ist nicht mehr Diener einer Zuhörerschaft, die dann über die Qualität der Werke (Ware) entscheiden würde. Auch ist er kein Guru in puncto Ästhetik sowie kunstphilosophischer Anschauung. Kunstreligion findet derweil nicht mehr auf dem Gebiet der so genannten ernsten Musik statt. Der Ritus der Kunstreligion wird im Abendfernsehen und im ausverkauften Fußballstadion, in dem ein „Konzert“ stattfindet zelebriert.

Der Komponist ist zugleich auch Kritiker. Er ist Kritiker in unterschiedlicher Hinsicht. Er ist es zwar auch in fachlicher Hinsicht, wenn er sich in Aufsätzen als Analytiker erweist. Aber ebenso ist er Kritiker der musikalischen Praxis sowie der Gesellschaft, innerhalb der er komponiert. Zwar geht es vielen Komponisten in der Neuen Musik um eine eigenständige Poetik, um eine autonome Arbeit am Material, in dem Sinne, wie Hegel Philosophie als Arbeit am Begriff verstand. Sie verorten ihre Werke bzw. ihr musikalisches Handeln. So ist für ihn Komponieren überhaupt ein verantwortungsvolles Handeln, über das er Rechenschaft gibt. Und aus diesem Grunde ist Komponieren in Henzes Augen per se politisch.[11]

---

10 Inwiefern die Differenz für die Musikpädagogik ein wichtiger Begriff ist, beschreibt Albert Kaul (2008) Musikalische Bildung der Differenz, Köln.

11 Vgl. Hans Werner Henze (1979) Exkurs über den Populismus, in ders. (Hrsg.), Zwischen den Kulturen, Frankfurt a.M., S. 29.

Komponieren geht also mit einer Haltung einher, die sich musikalisch artikuliert und somit die Immanenz des Materials transzendiert. Es geht Neuer Musik somit um das „Ganze", innerhalb dessen sie sich zu verorten sucht. Somit muss sie immer mehrdeutig bleiben, denn das Ganze selbst ist heterogen. Was ihr qua Handlung inhäriert, ist nicht bündig auf den Begriff zu bringen, sondern sollte stets als eine symbolische Korrelation aufgefasst werden. Und deshalb können auch die Formen der musikalischen Artikulation so unterschiedlich sein. Nono solidarisierte sich mit den Arbeitern und komponierte LA FABRICA ILUMINATA, Ligeti wollte Noblesse gegen Kommerz setzen und reanimiert die Sinnlichkeit in der Musik, Lachemann ging es um die Tragik des Musizierens als Exempel für Tragik und Vergeblichkeit überhaupt, Dieter Schnebel ging es um mit dem Publikum gemeinsames Musizieren – also um das musikalische DU. Andere Wege beschreitet die jüngere Generation. Bei Komponisten wie Wallmann und Mahnkopf liegt ein explizites philosophisches Grundverständnis vor. Beide komponieren nicht nur, sondern philosophieren.[12] Ihnen allen aber ist der kritische Impuls gemeinsam, Neue Musik als ein kritisches Instrument gesellschaftlicher Praxis zu betreiben. Musik soll Modell für eine emanzipierte Gesellschaft sei: Statt sich Musik nur vorsetzen zu lassen, gilt analog zum Sapere aude das *audire aude*!

JEDER MENSCH EIN KOMPONIST?

Demokratisierung in der Musik liefe, so verstanden, in leichter Variation auf das Beuyssche Motto hinaus, dem zufolge jeder ein Künstler ist. Steckt in jedem Menschen ein Komponist, also die Fähigkeit, unter bestimmten Umständen Musik zu komponieren. Diese anthropologische Frage setzt der Film „I Robot" prägnant in Szene. Der Filmheld – ein Polizist, der verhaltensauffällige Roboter jagt – trifft auf den von ihm

12 H. Johannes Wallmann (2006) Integrale Moderne, Saarbrücken; Claus Steffen Mahnkopf (2006) Kritische Theorie der Musik, Weilerswist.

gesuchten Roboter und wird in ein Gespräch mit ihm verwickelt. Der Roboter fordert ihn auf, den Wesensunterschied zwischen Mensch und Roboter zu erklären. Der Held erklärt dem Roboter den Wesensunterschied kurzerhand damit, dass Menschen – im Gegensatz zu Robotern – Musik komponieren können. Daraufhin fragt der Roboter weiter, ob er, der Polizist, als Exemplar der Gattung Mensch, komponieren könne – der Polizist musste verneinen. Der Definitionsansatz, der die Möglichkeit der musikalischen Komposition als anthropologisches Merkmal zum Zentrum hat, scheitert im Dialog zwar, doch ist der Ansatz nicht gänzlich falsch, wenn man ihn reinterpretiert.

Wenn im Rahmen des Demokratisierungsprozesses behauptet wird, dass – im Prinzip – jeder ein Komponist sei, so ist damit weder behauptet, dass jeder über das kompositionstechnische Handwerk verfügt, noch dass jeder ein „guter" Komponist ist. Auch wer nicht hervorragend schriftlich formulieren kann, kann dennoch Briefe schreiben – nur halt nicht besonders gut. Es geht hierbei gar nicht um eine (postmoderne?) Nivellierung zwischen Komponist und Nicht-Komponist, Künstler und Nicht-Künstler. Vielmehr sollte das Motto, dem zufolge jeder ein Komponist sei, so reformuliert werden, dass zwar nicht jeder aktuell ein Komponist ist, doch aber über eine gewisse Musikalität verfügt, die es anzusprechen und auszudiffenzieren gilt, und dass jeder versteht was es bedeutet, wenn jemand komponiert; jeder, so wäre das Motto als These zu reformulieren, hat also einen Inbegriff von musikalischer Komposition oder vom Musizieren. Zudem ist nicht alles, was Komposition oder Kunst ist, automatisch schon gute oder schlechte Komposition oder Kunst. So, wie jeder philosophieren kann (und Philosophieren scheint eine allgemeinmenschliche Angelegenheit zu sein), gibt es aber Unterschiede im Philosophieren – also gutes (begründetes) und schlechtes (unbegründetes) Philosophieren. Die Selbst- oder Fremdzuschreibung als Philosoph, Künstler oder Komponist ist zunächst völlig wertneutral.

UMSCHREIBUNG EINER APORIE

Vielleicht klingt das bisher Gesagte etwas zu euphemistisch – zu affirmativ. Jemand könnte einwenden, was denn überhaupt für ein Demokratieverständnis vorausgesetzt wird, wenn von Komponisten die Rede ist, die sich auf Strukturen zurückziehen. Doch diese kann – bis auf wenige Eingeweihte – kaum jemand nachzuvollziehen oder verstehen. Viele Kompositionen Neuer oder posttonaler Musik sind, was die gehörmäßige Erfassung der Form anbelangt, äußerst anspruchsvoll. Insbesondere gilt dies für die serielle Schule, welche für den unbedarften Zuhörer in nahezu ungreifbare Weite gerückt zu sein scheint. Auch Adorno weist auf diesen Punkt bezogen auf den Serialismus hin.

> Das ‚cultural lag‘ zwischen Produktion und Rezeption, das in der jüngsten Phase sich vergrößert hat, bis die Einheit dessen, was man musikalische Kultur zu nennen pflegt, darüber zerbrach, bezieht sich nicht nur auf die unmittelbare musikalische Erfahrung sondern auch auf die Maßstäbe.[13]

Und vor allem scheint diese Musik nicht für jedermann gedacht zu sein. Darauf hat schon Schönberg hingewiesen und dabei Unpopularität als Ritterschlag begriffen.[14] Fraglich ist dabei – abgesehen von Schönberg –, ob Komplexität bzw. Nichtidentität, die sich für das Ohr einstellen mag, ein Argument gegen den Demokratisierungsprozess innerhalb und durch Neue Musik darstellt. Hingegen gibt es andere Gründe, die als Argumente für einen Demokratisierungsprozess gedeutet werden können. Hier macht sich wieder der Vorteil der Methode bemerkbar, die darin besteht, Musik nicht nur als eine klingende Struktur, sondern als einen Handlungszusammenhang zu betrachten. Somit kann sich die Verlegenheit, Musik als ein wohldefiniertes Zeichensystem zu betrachten, nicht ergeben. Die „Wahrheit“ einer Musik ergibt sich somit nicht allein

13 Adorno (2003), Kriterien der neuen Musik, in: ders., Musikalische Schriften Bd. I-III, Frankfurt/Main, S. 175.

14 Vgl. Arnold Schönberg (1992), S.53.

aus der Analyse der vorfindlichen Struktur, auf die man verweisen könnte, sondern erst im Vergleich der Struktur mit einem praktischen Hintergrund, sofern davon ausgegangen wird, dass Musik einen Handlungsraum verkörpert. Dann kann behauptet werden, dass Musik ein Medium zur Symbolisierung sei – sie ist eine Form der Artikulation im Sinne einer Bedeutungs*stiftung*. Sie ist dies eben, weil sie eine Auseinandersetzung des Menschen mit seiner Geschichtlichkeit ist.

Besonders angespannt ist das Verhältnis zwischen Neuer Musik und Popularität, da Kompositionen Neuer Musik alles andere als eingängig bzw. populär sind und sich von den Komponisten auch niemand darum bemüht, wirklich populär zu werden. Dann aber kann Neue Musik keine weite Verbreitung finden. Kurz: Neue Musik braucht sich nicht zu beklagen, wenn ihr eine nur sehr schwache Resonanz der Öffentlichkeit zuteil wird. Nicht jede/r ist fachlich auf musikalische Analyse vorbereitet oder verfügt über das Wissen um die Verfahrensweisen der Neuen Musik. Und statt das Gemüt zu erfreuen, hält sie bloß den Intellekt auf Trab – so oder ähnlich lautet ein weit verbreitetes Vorurteil gegenüber Neuer Musik. Fraglich aber ist, ob einzig technisch-analytisch ausgerichtetes Hören Ziel Neuer Musik in rezeptionsästhetischer Hinsicht ist. Es könnte doch sein, dass Technik zwar eine tragende, doch nicht die ausschließliche Rolle spielt.

In der gegenwärtigen Debatte müsste dann vielleicht mehr zwischen poietischen und ästhetischen Urteilen unterschieden werden. Erstere würden sich eher mit dem handwerklichen Aspekt künstlerischer Produktion, worunter auch Formanalyse fallen würde, befassen, wohingegen die letzteren eine Einstellung des Rezipienten zum „Werk" besagen würden. Somit könnte die Dahlhaussche Unterscheidung zwischen Sachurteil und Werturteil reformuliert werden.[15] Doch wie will Neue Musik bei diesen Ansprüchen hinsichtlich der Beurteilung noch demokratisch sein, wenn sie nicht darum bemüht ist, so viele Menschen wie möglich zu erreichen? Ersteres würde den Punkt der „Qualität" des Machens betreffen und somit auf die „Eigenschaften" der Struktur rekurrieren,

15 Vgl. Carl Dahlhaus (1971) Analyse und Werturteil, Mainz.

wohingegen letzteren Urteilsform auf die Wirkung auf das Subjekt – auf dessen Zustand – verweisen würde. Dann aber könnte ein rezeptionsästhetisches Vorurteil darin bestehen, dass eben die „Verkopftheit" der Neuen Musik als abschreckend empfunden wird, was dann aber dahingehend interpretiert werden kann, dass eben aber das Versenken ins Material, wie es in der Neuen Musik geschieht, im Grunde verspielter ist als ein kalkuliertes Inszenieren bekannter und gewohnter Ausdrucksformeln. Das Vorurteil wäre dann selber „verkopft", da es davon ausgeht, man müsse etwas vollständig identifizieren, um eine ästhetische Erfahrung machen zu können.

Kognitionswissenschaftler üben gelegentlich harsche Kritik an der Neuen oder auch posttonal genannten Musik, da sie einen zu großzügigen Gebrauch von der Dissonanz mache. Dass Neue Musik nicht unmittelbar zu Herzen geht, macht, dem entgegen, ihre eigentliche Stärke aus und verbürgt ihr aufklärerisches Potenzial. Fraglich ist, ob es beim Hören Neuer Musik ausschließlich um das Reidentifizieren komplexer Strukturen geht, wie landläufig angenommen wird. Bereits in der Kontrapunktik einer isorhythmischen Mottete des späten Mittelalters bereitet diese Form der Rezeption dem Hörer einige Schwierigkeiten; die Kritik beträfe also ebenso „konsonsante" Musik des späten Mittelalters auf Grund ihrer Überkomplexität und der daraus resultierenden Unbestimmtheit. Neue Musik arbeitet aber auch an Ausdruckswerten bzw. sie sucht nach neuen Ausdruckswerten. So verstanden wäre Neue Musik der Versuch einer Überwindung musikalischer Xenophobie, die aus musikalischer Trägheit resultiert. Sie stellt eine Erweiterung des möglichen Sinnhorizontes von Welt- und Selbstverhältnissen dar, um den es Kunst überhaupt immer auch geht. Sie ist ein einschneidendes Moment in unser Selbst- und Weltverständnis.

Wer Neue Musik hört, der macht Erfahrung(en) im strengsten Sinn des Wortes. Solche Erfahrungen unterscheiden sich deutlich von Erlebnissen, welche wiederholbar sind: „spiel das doch noch mal, das ist so ..." Für den Begriff der Erfahrung ist die Dimension den Neuen gefordert, denn ohne Neues gibt es auch keine Erfahrung. Der Begriff der Erfahrung ist notwendig auf den Begriff des Neuen bezogen. Um diesen

Punkt zu verdeutlichen, bietet es sich an, zwischen Erfahrung haben und Erfahrung machen zu unterscheiden, denn somit wird die Kategorie des Neuen am fasslichsten zur Darstellung gelangen. Erfahrungen sind zu unterscheiden von reproduzierbaren Erlebnissen. Was Neue Musik – als Praxis – verkörpert ist eben genau die Offenheit dem Fremden bzw., dem Anderen gegenüber. Indem sie Individualität symbolisch artikuliert, gewinnt sie eine ästhetische Objektivität, die es näher zu bestimmen gilt. Diese Objektivität ist letzten Endes keine Objektivität des Geschmacks oder ästhetischer Eigenschaften,[16] sondern vielmehr eine intentionale Gerichtetheit auf die Zustimmung anderer.

Der Grund für die ablehnende Haltung gegenüber Neuer Musik seitens vieler Kognitionswissenschaftler liegt darin, dass sie nicht so recht mit dem positivistischen Weltbild vereinbar ist. In ihren Augen ist der Hörer Neuer Musik schlichtweg überfordert und außerdem – und dies ist der fragwürdigste Einwand – sei Musik dazu da, um die Masse bzw. die Mehrheit zu unterhalten.[17] Auf den ersten Blick wähnt man sich in demokratischen Gefilden. Was für die Mehrheit ist, ist demokratisch, so jedenfalls würde die erste Vermutung lauten. Aber diesem Einwand kann entgegnet werden.

Es kann sich hierbei sicherlich nicht um eine apodiktische Entgegnung handeln, sondern eher um einen Vorschlag, die Perspektive auf bestimmte Phänomene zu verändern. Zunächst kann die Frage gestellt werden, weshalb der Sinn und Zweck des Musikhörens einzig darin bestehen soll, sich von den Wogen der Gefühle tragen zu lassen. Sicherlich spielen Emotionen für das Hören von Musik und vor allem für ihre

---

16 Inwiefern die Rede von objektiven ästhetischen Eigenschaften nicht stichhaltig ist, habe ich an anderer Stelle nachgewiesen. Hierzu: René Thun (2013) Was macht der Realist in der Galerie? Bemerkungen zur metaphorischen Verwendung des Gelingensprädikats im ästhetischen Diskurs, in: Zeitschrift für Ästhetik und allgemeine Kunstwissenschaft 58,1 (2013), S. 81 – 95.

17 Die wundert nicht wirklich, da ja auch in der evolutionären Ästhetik die Population die zentrale Bezugsgröße darstellt.

Wertschätzung eine große Rolle. Aber es kann auch um andere Merkmale, wie etwa Kohärenz des Werkes oder der Einsatz von Klangfarben gehen, welche zur Wertschätzung führen. Zudem ist die Mittelfixierung seitens der Kognitionswissenschaften nicht einleuchtend, denn Musik wird als ein homogenes Mittel zur Erreichung eines Zweckes aufgefasst.

In der Musiksoziologie spricht man schon seit geraumer Zeit nicht mehr im generischen Singular von der Musik, sondern von unterschiedlichen Musiken, in deren Praxis unterschiedliche Zwecksetzungen entscheidend sind. Weshalb aber wird im musikästhetischen Diskurs die Frage, wozu Musik gut sei, unter der Etikette der Notwendigkeit behandelt? Antiaufklärerisch mutet in ästhetischen Fragen ein Delegieren an bloße Fachkompetenz an, die als unhinterfragbare Autorität angesehen wird. Um allen Missverständnissen Vorzubeugen sei darauf verwiesen, dass bloßes Wissen um die in den jeweiligen Werken angewandte Techniken nicht mit ästhetischen Urteilen gleichzusetzen ist. Dies sollte weiter oben anhand der Unterscheidung zwischen poietischen und ästhetischen Urteilen verdeutlicht werden. In und von der Kunst sind wir nämlich in unserer ganzen Person angesprochen. Daher gilt es auch in musikalischen Angelegenheiten, selbstständig zu urteilen. Allerdings gilt umgekehrt nicht, dass jedes rein subjektive Werturteil ausreichend für ein sachlich fundiertes Urteil ist.[18] Es muss nicht immer darum gehen, sich musikalisch unterhalten zu lassen, sich vom Heroischen erbauen zu lassen oder dem Flüstern der Zärtlichkeit zu lauschen, was im neunzehnten Jahrhundert von Hanslick kritisiert worden ist. Im ästhetischen Leben[19] sollte so etwas wie ein freier Entwurf möglich sein, und gerade deshalb hat Adorno Kunst als Modell für Gesellschaft begriffen. Es könnte nämlich auch darum gehen, dem ästhetischen Leben erstmal eine

---

18 Siehe hierzu: Thun (2013)

19 Mit dem Begriff des ästhetischen Lebens soll darauf hingewiesen werden, dass Kunst und Leben nicht als separate „Bereiche“ aufgefasst werden, sondern das Ästhetische ist eine Funktion oder ein Modus unseres lebendigen Weltzugangs. Vgl. auch: Harry Redner, Aesthetic Life. The Past and Present of Artistic Culture, Lanham 2007, S. 71.

selber erarbeitete Form zu geben. Auch wenn diese Entgegnung nicht den Segen der Wissenschaft haben mag, so kann doch festgehalten werden, dass Wissenschaft kein Garant für ein gelungenes Leben ist. Andererseits gilt es als wissenschaftlich – dem Geiste der Wissenschaft verpflichtet –, wenn auf Grund intellektueller Redlichkeit, die Grenzen wissenschaftlicher Erklärungsmodelle nachgezeichnet werden. Auch die positiven Wissenschaften können keine Letztbegründung für ästhetische Direktiven liefern. Diese These soll nicht unbegründet im Raum stehen.

In der Tat gibt es seitens der Lebenswissenschaften Bemühungen, ästhetische Praxis gemäß wissenschaftlicher Standards zu normieren, den Betrieb zu regulieren. Allerdings lassen sich Wissensbestände der biologischen Erforschung des Phänomens Musik auf unterschiedliche Zwecke hin interpretieren. So kann etwa die Feststellung biologisch bedingter musikalischer Universalien einerseits als Ausgangspunkt für eine kulturelle Ausdifferenzierung betrachtet werden und somit die Vielfalt musikalischer Kulturen Anlass für das Staunen geben; oder aber diese (vermeintlichen) Universalien werden als normativer Bezugspunkt genommen, auf den hin musikalische Praxis zu erfolgen habe.[20]

Zur Diskussion steht hier die letztere Interpretation. Universell sind – in den Augen der Lebenswissenschaften – die Intervalle, welche als natürlich gelten; und die Universalität und somit Verbindlichkeit dieser Intervalle wird mittels kognitionswissenschaftlicher Methode eruiert. Als natürlich gelten Intervalle, die von Babys und auch nicht-humanen Organismen positiv bewertet werden – und dies sind konsonante Intervalle, denn nur für diese gebe es eine Prädisposition.[21] Der Musikpsychologe Glenn Schellenberg liefert hinsichtlich konsonanter Intervalle gleich ein Urteilsschema, denn diese sind „consonant, or pleasant-

---

20 Hierzu: René Thun (2007).

21 Vgl. Marc Zentner et al (1998) Infant's perception of consonance and dissonance in music, Infant Behavior & Development 21 (3), 1998, S. 483 – 492.

sounding" Intervalle. Ermittelt wird der pleasing-Faktor mittels Versuchen mit neun Monate alten Babys.[22] Diese Befunde mögen zwar in gehörpsychologischer Hinsicht interessant sein, da sie etwas über die Fähigkeiten auditiver Kognition aussagen, doch kommt es hier auf die als notwendig vorgestellte Verknüpfung von Konsonanz und dem Prädikat erfreulich an. Denn es entsteht der Eindruck, die Konsonanz und das damit einhergehende positive Gefühl seien biologisch festgelegt und daher (ontologisch) im Vorrecht gegenüber der Dissonanz. Aus diesem „Wissen" ließe sich – dies wird zuweilen behauptet – dann Direktiven für die Kulturpolitik oder etwa für die Musikpädagogik ableiten. Diese Ansätze kulminieren schließlich in einer polemischen Schmähschrift, in der Diana Raffman sucht, mit wissenschaftlich erwiesenen Standards atonale Musik erledigen zu können. Auch wenn, näher besehen, ihre Argumentation an Spiegelfechterei erinnert, darf dessen wissenspolitische Relevanz nicht vernachlässigt werden, sogar ästhetische Präferenzen werden an Wissenschaft delegiert. Als Personen legen wir jedoch großen Wert darauf, auch in puncto Musik einen eigenen Geschmack zu besitzen.

Ob die oben erwähnten Befunde korrekt ermittelt wurden, ist hier nicht das ausschlaggebende Problem, sondern die Anwendung dieses „Wissens" über eine infantile Welt auf eine adulte Welt. Aber sogar wer kleine Kinder an ein Klavier lässt, ist erstaunt über deren „Leidensfähigkeit", da es ihnen offenbar großes Vergnügen bereitet, mit wilder Geste über die Klaviatur zu fahren und Cluster (also Dissonanzen) zu erzeugen. Abgesehen davon muss auf die wichtige Funktion von Dissonanzen im Rahmen der Funktionsharmonik (Dominant-Septakkord) hingewiesen werden, wenngleich diese in der tonalen Musik aufzulösen sind. Zudem kann die Dissonanz die Funktion der Färbung übernehmen, statt als Störung empfunden zu werden. Mögen die biowissenschaftlichen Beobachtungen zumindest experimentell stichhaltig sein, so wird

22 Glenn Schellenberg et al. (1996) Natural musical intervalls: Evidence from infant Listeners, in: Psychological science, VOL. 7, NO. 5, S. 273-277.

in Rekurs auf dieses Wissen übersehen, dass lediglich kognitive Systeme beobachtet werden – biologische bzw. kognitive Systeme und Subsysteme.[23] Die hörende Person tritt jedoch nicht in Erscheinung. Biologische Universalien der Musik in diesem Sinne taugen im Rahmen bestimmter musikphilosophischer Ansätze zu nichts weiter als probate Operatoren schlechter Ideologie zu sein.

Dass es Probleme in der Rezeption Neuer Musik gibt, ist eine triviale Wahrheit. Ob dies jedoch einer biologistischen Begründung und normativen Ausgestaltung bedarf, steht auf einem gänzlich anderen Blatt geschrieben. Denn bei diesen Problemen geht es ja nicht zuletzt um die Vermittelbarkeit Neuer Musik, deren Probleme anders als biologischen Ursprunges sein können. Neue Musik hatte es im Grunde schon immer mit einem Vermittlungsproblem zu tun. Auch für tonale Musik ist adäquates Hören durchaus ein Problem und wird nicht bündig und universal vollzogen.

Untersuchungen zur Vermittelbarkeit Neuer Musik wurden schon vor einiger Zeit durchgeführt. Besonders interessierte man sich für die Rezeption neuer Musik durch Jugendliche. In einer Studie weist Hans Christian Schmidt nach, dass die Hörgewohnheiten Jugendlicher – anders als das Cliché vermuten lässt – als konservativ einzustufen sind. Dass Neue Musik nicht den leichten Schulterschluss mit dem *common sense* sucht und sich vielmehr einer „listening grammar“ verweigert, kann andererseits als ihre Stärke angesehen werden, insofern sie Modell für Emanzipation steht. Die Forderung Fred Lerdahls von einer gehörmäßigen Grammatik für die musikalische Produktion auszugehen, wird übrigens von verschiedenen Seiten kritisiert.[24]

Weist Scruton auf die Aporie hin, die hinter der Emanzipation der Dissonanz lauert, da diese als Dissonanz ihren Sinn verliert, weil ihr Gegensatz (die Konsonanz) fehlt, so ist diese schiefe Dialektik, die

23 Vor allem der so genannte radikale Konstruktivismus (Humberto Maturana) vertritt diese Herangehensweise.

24 Etwa von Roger Scruton (1997) S. 295.

Scruton betreibt, mit Schönberg zu korrigieren.[25] Zumindest lassen sich musikpsychologisch zweierlei Arten von Dissonanz ausmachen. Wir können von einer Dissonanz im Sinne subjektiver Unstimmigkeit sprechen oder aber von der Dissonanz, wie sie Sinnesphysiologisch expliziert wird. Letztere Auffassung wird sich historisch kaum wandeln, es sei denn, unser organisches Gehör ändert sich. Worauf es Schönberg jedenfalls ankam, war die Gleichwertigkeit konsonanter und dissonanter Intervalle als musikalisches Material. Nach Schönberg stellen Konsonanz und Dissonanz keine Gegensätze dar, sondern sie bezeichnen lediglich Nähe bzw. Ferne zu Grundton. Alle Töne sind im Grundton enthalten und sind daher gleichberechtigt; davon liegen einige Intervalle in der Obertonreihe näher zu diesem, wie etwa Oktave, Quint und Quarte, oder sie liegen weiter entfernt von ihm (kleine Sekunde). Scruton unterscheidet hier nochmals in Rekurs auf Helmholtz. Er unterscheidet nicht nur zwischen Dissonanz und Konsonanz, sondern das akustische Äquivalent – im Unterschied zum musikalischen – wird durch die Unterscheidung *discord* oder *concord* markiert.[26] Als theoretische Grundlage des musikalischen Bezugsystems ist diese Unterscheidung zentral und hatte Folgen für die Rezeption der Neuen Musik. Der Musikologe Roger Savage beschreibt die selbstverschuldete aporetische Situation der Neuen Musik folgendermaßen:

> Modern music, it has been, said, has lost its way. In the course of its own development, it seems to have drifteted off track, and to have condemned itself to a strange fate [...] For many listeners accustomed to the classical and Romantic repertoire, the music of the avant-garde is virtually incomprehensible.[27]

25 Ebd. S. 301.

26 Vgl. Ebd. S. 64.

27 Roger Savage, Aesthetic criticism and the Poetics of Modern Music, in: British journal of aesthetics, Vol 33, 1993, S. 142 – 151, hier: S. 141.

Was ist an Unverständlichkeit in ästhetisch normativer Hinsicht jedoch so schlecht? Wie kann man einen absoluten Zweck von Musik definieren? Gerade das Nichtverstehen könnte hingegen doch erst ein Anlass zur Frage oder zu wiederholtem und genauem Hinhören sein. Aporetisch ist also eher, einen Prozess der Emanzipation als selbstverschuldetes Übel anzuprangern.

ADORNOS FEHLTRITT

Adorno kann man wohl als Monopolisten wider Willen bezeichnen, zumal wenn es um das Thema Neue Musik und dessen philosophische Ausdeutung geht. Zweifelsohne philosophieren nicht wenige Komponisten, Interpreten sowie Musikwissenschaftler über Neue Musik. Seine Musikphilosophie und insbesondere seine Philosophie der Neuen Musik, können auch heute noch als beispielhaft bezeichnet werden. Seine Beiträge etwa zum Formproblem in der Neuen Musik sind von produktionsästhetischer Relevanz und ebenso auch sind seine Texte zur Musikpädagogik lesenswert, was sich schon daran zeigt, dass er es vermochte, musikalische Sachverhalte plastisch und einfach darzustellen. Seine kritischen Einwürfe zur Stagnation der Musik – oder auch zum Altern der Neuen Musik – sind stets sachlich begründet, indem er zu seinen Thesen immer das strukturelle Korrelat nachweist.[28] Vor allem ist hierbei auf die Berg- und die Mahlermonographie zu verweisen, um die Einschlägigkeit der adornoschen Schriften zur Musikphilosophie zu belegen. Dort fasst er Musik als Chiffre gesellschaftlicher Verhältnisse auf, die von der Musik widergespiegelt werden. Musik als Chiffre gesellschaftlicher Verhältnisse aufzufassen, mag für positivistisch Gesinnte ein nicht unbedenkliches Unternehmen bedeuteten, doch es ist zumindest

28 Freilich kann es sich hierbei nur um Korrelationen handeln im Sinne der Urteilskraft. Das Verhältnis von Struktur und der daran reflexiv erfassten Welt ist nicht als ein notwendiges zu betrachten. Es geht also nicht um notwendige Kausalverhältnisse.

denkenswert, insofern Reflexion im Kantischen Sinne stattfindet. Zudem entspricht dies auch Adornos Maxime, in Modellen zu denken. Dies hat weitreichende Implikationen. Es geht nämlich um kohärente Analogiebildungen zwischen Struktur musikalischer Gebilde und der Gesellschaft. Diesbezüglich hat Adorno maßgeblich an der Praxis der Neuen Musik mitgewirkt, die bis in unsere Gegenwart hineinreicht. Es ist daher eine Selbstverständlichkeit Adornos Auffassung von Musikphilosophie als eine Musik auf den Begriff bringende Tätigkeit zu bezeichnen.

Umso reizvoller erscheint die Aufgabe eine seiner Obskuritäten aufzugreifen. Schon dass Adorno in diesem Aufsatz „Über Jazz“ mit dem Begriff der entwickelnden Variation zumindest im Ansatz *seinen* Maßstab der Neuen Musik anlegt und Adorno selbst eine exponierte Persönlichkeit aus dem Kreise der Neuen Musik ist, ist Grund genug, sich mit diesem Text auseinander zu setzen. Adorno konnte sich mit dem Jazz während der dreißiger Jahre in Amerika, wohin ihn Max Horkheimer holte, vertraut machen. Für ein Mitglied des europäischen Hochkulturadels muss dies wie ein Kulturschock gewirkt haben – wovon er in der *Minima Moralia* Zeugnis ablegt. Die gesamte Infrastruktur der damaligen Neuen Musik, die sich zumindest bis zu einem gewissen Grad institutionalisieren konnte, war für ihn weggebrochen. Jedoch sollte nicht unerwähnt bleiben, dass in den Staaten Neue Musik Anklang fand, in Los Angeles steht das Schönberg-Center und dass Schönberg – anders als Adorno – in den USA blieb.

Mit Adornos Aufsatz „Über Jazz“ haben wir es mit einem Text zu tun, der bei vielen Jazzhörern für Verärgerung gesorgt hat, teils berechtigter, teils unberechtigterweise. Autoren wie Robert Witkin unterstellen Adorno, dass er Jazz hassen würde.[29] Wir haben es bei diesem Text nicht einfach mit einem linearen Problem zu tun, sondern mit einem Referenten („Jazz“), an dem drei Problemebenen expliziert werden. Ador-

29 Robert W Witkin (2000) Why Did Adorno „Hate“ Jazz?, Sociological Theory 18 (1) , 145 – 170

no behandelt drei Anliegen, wenn er über den Jazz schreibt. Dies zu wissen ist wichtig, etwa auch um die Zweckmäßigkeit und daher auch Triftigkeit seiner Kritik zu fassen zu bekommen. Als drei konstitutive Sinnebenen dieses Textes sind die Sozialpsychologie, die Psychoanalyse sowie die musikimmanente Sinnebene hervorzuheben. Man muss zugestehen, dass nicht alle drei Sinnebenen auf dem gleichen Reflexionsniveau durchgeführt werden, sondern dass vor allem die Psychoanalyse hier in erster Linie als probates Mittel zu polemischen Zwecken zu dienen scheint. Hinter dem psychoanalytischen Vokabular versteckt sich feixendes Ressentiment. Ernst genommen werden sollten allerdings die sozialpsychologische und die Materialebene. Dort lässt Adorno Sachlichkeit walten und regt zum Nachdenken an – zum Beispiel über die Frage nach der Aktualität der Sozialpsychologie. Auch wenn der polemische Unterton nicht zu überhören ist, so soll an dieser eindringlich darauf hingewiesen werden, dass Adorno, so die These, in diesem Text eigentlich die Tragödie des Jazz nachzeichnen wollte.

Sein sozialpsychologisches bzw. gesellschaftskritisches Anliegen ist leicht nachvollziehbar und kann geradezu als ein Paradebeispiel dialektischer Gesellschaftstheorie angesehen werden. Adorno geht es darum, den subkutanen Rassismus der konsumierenden Gesellschaft nachzuweisen. So sieht er im Umgang mit dem Jazz auch eine Doppelmoral: Einerseits wird die Musik der Afro-Amerikaner von der Gesellschaft als primitiv, wild und obzön bezeichnet, doch absurderweise findet die sonst eigentlich biedere weiße Society Gefallen an dieser Musik. Sie leistet sich mit dem Jazz einen dionysischen aber dennoch ungefährlichen Musikrausch – der Spießer flippt aus.

Aus diesem Grunde sind die suggerierte Freiheit des Jazz und die damit verbundene Demokratie nichts weiter als bloßer (schlechter) Schein. Was als Emanzipation auf dem Feld oder in Rahmen der kleinen Gruppe begann, die zu ihrer eigenen Musik fand, endet im Hotelfoyer. Dadurch, dass er sich der Verbreitung durch Massenmedien öffnet und mehr und mehr Unterhaltung wird, verliere der Jazz seine Spitze als subversive Kraft. Adorno hebt vor allem den sich in den Vordergrund drängenden Warencharakter des Jazz hervor und wird nicht müde, das Beunruhigende eines gesellschaftlichen Prozesses dessen Chiffre der Jazz ist, zu explizieren. Dieser Prozess macht sich bemerkbar als eine Uniformierung ästhetischer Praktiken und führt damit zu einer Auslöschung des Individuums. Dieser Teil seiner Kritik sollte ernst genommen werden. Denn einige Kritikpunkte am Jazz – zumindest in einer Form – sind nicht ungerechtfertigt. Zudem expliziert Adorno damit einige Mechanismen, die auch für die heutige Unterhaltungsmusik zutreffend sind. Permanent wird in diversen Musiksendungen der Fake als Fake der Öffentlichkeit vorgeführt, obwohl der Umgang mit dem musikalischen Material sehr dürftig ist und vielmehr dem Zweck dient, Clichés zu produzieren.

Hat es je einen Urjazz gegeben, so hat ihn die Society sich mit ihrer Geschäftstüchtigkeit und Assimilierungszwang einverleibt und damit gleichzeitig den Afro-Amerikanern ihr authentisches Artikulationsmedium genommen, indem sie den Jazz den vitalen Interessen der Society anpasste. Andere Autoren mögen dies bestreiten, aber eine gewisse Dienstbarmachung des Jazz – zumindest in einer bestimmten Form und in seiner Funktion – sprechen für Adornos Kritik. Und die Dienstbarmachung des Jazz im Sinne der Society (wenn es mal derb zugehen soll), wirft vielmehr ein Licht auf diese Society als eine parasitäre. So verstanden wäre der Jazz – etwas gewagt ausgedrückt – eine Chiffre für gesellschaftliches Opfer.

Die Technik des Jazz und der für den Jazz veranschlagte Materialbegriff nimmt in der Kritik Adornos eine Mittelstellung ein. Wesentliche Punkte in der Beschreibung des Materials, das den Jazz kennzeichnet, sind für Adorno der Rhythmus und die Klanglichkeit. Auf die Harmonik geht Adorno eher peripher ein, um den Jazz als eine schlechte Simulation des musikalischen Impressionismus (vor allem Debussys) zu disqualifizieren. Ein zentrales technisches Merkmal, auf das er abzielt, ist die Verwendung des Nonenakkords. Ob aber der Nonenakkord im musikalischen Impressionismus eine derartige Stellung einnahm, kann nicht als gesichert gelten; und wer ins REAL-BOOK[30] schaut, etwa um einen Jazzstandard nachzuspielen, wird feststellen, dass vor allem die Septime eine tragende Rolle spielt. Allerdings ist die Verwendung von Septakkorden auch noch kein Garant für eine „komplexe" Harmonik, denn diese resultiert erst aus den Verhältnissen oder Verbindungen der Akkorde untereinander und zum tonalen Zentrum. Auch auf dieser zunächst „deskriptiven" Ebene könnten einige Einwände gegen Adorno geltend gemacht werden. Fraglich wäre dann, weshalb er nicht etwa Polka oder Tangomusik kritisiert hat. Die „Einfachheit" des Materials kann also nicht der einzige Grund für eine Kritik an einer Musik sein – es muss also noch etwas hinzukommen, damit der Stand des Materials im Rahmen einer Argumentation Relevanz annehmen kann. Aussichtsreicher ist seine Entzifferungsarbeit am Rhythmus, aber auch hier steht nicht fest, ob seine Dechiffrierung zutreffend ist – sie ist zunächst nichts weiter als kohärent. Ob dessen Transposition ins psychoanalytische Vokabular den Punkt trifft, mag dahingestellt bleiben.

Die Aufklärung des Scheins, die Adorno für sich beansprucht, ist teilweise selbst von verdeckten Vorurteilen geleitet und deshalb nur scheinbare Aufklärung. Allerdings kann eine „Wahrheit" übernommen werden, nämlich, dass der Unterschied zwischen der so genannten U-Musik und E-Musik auf der Ebene der Form zu suchen sei. Form ist ein zentrales Problem der E-Musik, und schon am Beispiel Bachs ließe sich Form als Thema der Werk*konzeption* rekonstruieren, im Gegensatz zur U-Musik, deren primäre Funktion darin besteht, Bewährtes (Formschemata) bestenfalls zu modifizieren. Die Kategorie der Form als normati-

30 Das REAL-BOOK ist eine Sammlung von Jazz-Standards. Notiert sind Melodien und die Akkorde sind oftmals in Form von Symbolen oberhalb des Notensystems gesetzt. Die Begleitung zu den jeweiligen Melodien (Tunes) muss von den jeweiligen Begleitinstrumenten hinsichtlich der Stimmführung udgl. selbstständig erarbeitet. werden.

ves Unterscheidungskriterium wäre bei einem Vergleich zwischen einem Schlager und einem HipHop-Stück unangebracht;[31] diese Analysekategorie könnte den Unterschied nicht befriedigend herausstellen. Es geht bei der Rede von der Arbeit an der Form nicht nur um das Anwenden von Formschemata. Jedoch ist ein Applizieren bewährter Formschemata eben keine Arbeit *an* der Form, sondern bestenfalls ein Verrichten *mit* ihr. Es sind Hülsen, die mit unterschiedlichen Inhalten (sound, licks, groove, Stimmung) gefüllt werden. Hingegen ist Arbeit an der Form ein Ringen um neue innere Zweckmäßigkeit, um neue Bezogenheit der Teile untereinander, so dass quasi architektonische Felder entstehen, die sich in Form syntaktischer Kategorien[32] beschreiben lassen. Dies lässt sich relativ einfach deskriptiv einholen, ohne analytische Wahrheit beanspruchen zu müssen, weil die Form, je nach Analysemethode, unterschiedlich bestimmt werden kann.

Um das Formbewusstsein in der E-Musik zu verdeutlichen, bietet sich ein Rückgriff auf die Sonaten und Partiten für Solovioline von Johann Sebastian Bach an. Keine Sonate gleicht in ihrer formalen Gestaltung der anderen, obwohl sie schon gemeinsame Merkmale besitzen müssen. So beinhaltet jede Sonate zwar eine obligate Fuge, doch der Rahmen, in den sie gefügt ist, variiert von Sonate zu Sonate. Eine Formgattung wird variiert. Gleiches gilt auch für die Partiten, bei denen Variation über formale Anlage erzielt wird.[33] Oder was geschieht im gesamten Klavierwerk Beethovens? Zum einen verwendet der späte Beethoven die Pause als konstitutives Formungsprinzip, also als ein

31 Zumindest, wenn man von diesen Musiken jeweils einen Klavierauszug anfertigen würde, ohne auf Kategorien wie den Sound einzugehen, der aber eine stark psychologische Kategorie zu sein scheint.

32 Zum Begriff und Funktion des Ausdrucks der syntaktischen Kategorien siehe auch Peter Faltin: Phänomenologie der musikalischen Form, in: Beihefte zum Archiv für Musikwissenschaft Band XVIII, Hans Eggebrecht (Hg.), Wiesbaden 1979.

33 So gibt es nur in der h-moll Partita (BWV 1002) zu jedem Satz eine Double.

Mittel zur Gestaltung des inneren – nicht schematischen – Zusammenhanges einer Klaviersonate. Zum anderen war Beethoven taub, doch trotzdem scheint für ihn nicht nur die Pause, sondern ebenso die Klangfarbe ein Mittel zu sein, um Form zu gewinnen.

Welche Rolle die Klangfarbe als formkonstitutives Moment fungiert, kann an Beethovens späten Klaviersonaten gezeigt werden. In den

Variationen der Arietta in op. 111 bewegt sich die Musik in einem sehr hohen Register. Die Oberstimme scheint in der sechsten Variation der Arietta nur noch zu flirren:

Abbildung 2: Beethoven op. 111, Takt 95.

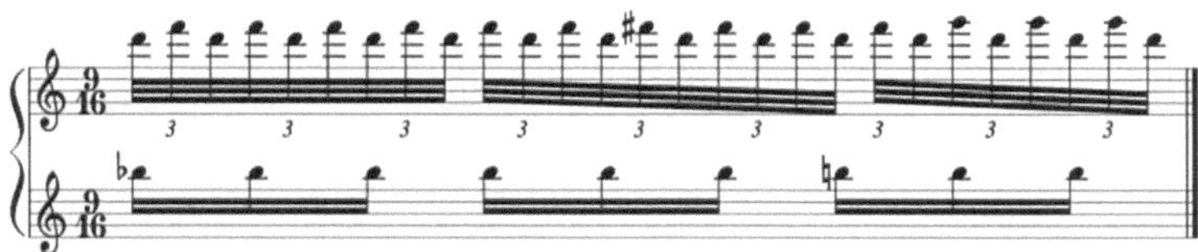

Beethoven ist sicherlich als ein Vertreter der Aufklärung zu betrachten, und sein kompositorischer Geist war von der Aufklärung erfüllt – was mit der neunten Symphonie ausdrücklich dokumentiert ist. Allerdings heißt dies nicht zugleich, dass Musik in der Gelehrtenwelt als ein autonomes Medium aufklärerischen Denkens anerkannt wurde oder wird.

Nun sollten wir wieder zurück auf das eigentliche Thema, nämlich Adornos Jazzinterpretation, zu sprechen kommen. Der kurze Exkurs in die Formproblematik war jedoch nicht zwecklos, denn wir konnten somit einen Vorschlag machen, anhand welcher Kriterien ein Unterschied zwischen E und U gerechtfertigt *wäre*. Ist nämlich musikalische Form in der E-Musik *thematisch,* so ist sie in der U-Musik *schematisch*. Was folgt aber aus dieser Feststellung bzw. Festlegung? Adorno wirft dem Jazz vor, dass er, was die vertikale Dimension anbelangt, beim Impressionismus nur abkupfern würde bzw. dass Debussy die musikalischen

Mittel, über die der Jazz verfügt, schon früher und viel arrivierter einsetzte. Im Gegensatz zu Debussy wende der Jazz diese Mittel nur im Rahmen einer schematisierten Form an. Zur Kritik gegen Adorno kann eingewendet werden, dass ja auch das Kunstlied schematisch ist, ebenso wie viele Pavanes, Fantasien (bei David Kellner), Nocturnes, Menuette usw. Bei diesen Gattungen kann wohl kaum von entwickelnder Variation die Rede sein.[34] Zudem fällt es auch schwer, beim musikalischen Impressionismus von einer dem Entwicklungsgedanken verpflichteten Musik zu reden.[35] Entwicklung heißt hier jedoch nicht Fortschritt, sondern eher ein Freilegen von musikalisch kohärenten Fortsetzungen bezogen auf ein bestimmtes Spektrum des Ausgangsmaterials (Thema, Motiv) – dessen Folgerungen. Der musikalische Impressionismus kennt hingegen das Prinzip der Reihung. Aus diesem Grunde, ist etwa dann auch bei Messiaen von einer Tektonik die Rede – „entwickelnde Variation" wird man bei ihm vergeblich suchen. Allerdings sollte Adornos Einwand ernst genommen werden, da er zumindest die deskriptive Ebene trifft und – folgt man den normativen Festlegungen, die bestimmte Kriterien bestimmen – auch zutrifft. Nur ist dieser Ansatz maßgeblich von immanent musikästhetischen Vorentscheidungen geprägt und geht von einem bestimmten Paradigma der Formgewinnung aus, nämlich dem Prinzip der entwickelnden Variation.

Neben dieser sachlichen Ebene, die sich bis zu einem gewissen Grad strukturell überprüfen lässt, gibt es eine eher unüberprüfbare Interpretationskategorie. Fragwürdig ist nämlich seine psychoanalytische Interpretation des Jazz. Adornos Kritik an einer Sexualisierung des musikalischen Alltags wäre im Grunde genommen zuzustimmen – gerade im Hinblick auf den Habitus, den sich einige Popstars zulegen und dabei

---

34 Zum Begriff der entwickelnden Variation siehe: Carl Dahlhaus (1986) Was heißt „Entwickelnde Variation"?, in: Kongress der internat. Schönberg Gesellschaft, Wien 1984, Stephan Rudolf und Sigrid Wiesmann (Hg.), Wien 1986.

35 Hierzu: Maria Porten (1974) Zum Problem der Form bei Debussy, in: Schriften zur Musik 11, W. Kolneder (Hg), München.

eine Zielgruppe ansprechen, die um die vierzehn liegt –, mit seiner psychoanalytischen Deutung versucht er, seine gesellschaftskritische Kritik zu überbieten – jedoch auf diffamierende Weise. Problematisch ist Adornos Interpretation des Jazz, insofern er, in polemischer Absicht, Impotenz, Kastrationsängste und vielleicht auch Scham, zynisch behandelt, diese Begriffe, um der Polemik willen, ins Lächerliche zieht. Denn konkret – und jenseits der Polemik – stellen diese Kategorien Leidensmodi von Personen dar; sie betreffen eine existenzielle Ebene des Menschseins. Adornos psychoanalytische Interpretation des Jazz ist daher auf dem Niveau eines derben Witzes zu verorten. Zudem ist fraglich, weshalb Psychoanalyse – in ihrer Vulgärfassung – in seine Kritik überhaupt Eingang fand, denn etwa in der *Minima Moralia* oder in der *Ästhetischen Theorie*, kommt sie für ihn – wie auch für Günther Anders – als Analysemittel nicht in Frage. Dass etwa die Synkope eine Chiffre für missglückten Sex sein kann, ist eine Interpretation, deren Kohärenz nicht auf der Hand liegt, sondern augenzwinkernd erschlichen wird. Zumal in der Polyphonie ist die Synkope ein häufig eingesetztes Mittel etwa bei der Vorbereitung von Dissonanzen. Sachlicher gefragt wäre zu überprüfen, inwiefern Psychoanalyse ein probates Mittel für die Analyse gesellschaftlicher Verhältnisse bzw. Prozesse sein kann. Richtiger schient Adornos Ansatz, den Jazz in dessen exklusiven Anspruch zu kritisieren; aber nicht, ihn zu vernichten. Was Adorno unter der Kategorie der Technik expliziert, kann immerhin als Gründe angesehen werden, die für oder wider einen erhobenen Kunstanspruch angeführt werden können.

Doch der ganze ambivalente Charakter des Textes zeigt sich letztlich darin – und dies darf nicht übersehen werden –, dass Adorno immerhin zu beklagen scheint, dass selbst der Jazz, indem er sich zum unmenschlichen Jazzmarsch entwickelt „nicht mehr zu retten“[36] sei. Dies setzt wiederum voraus, dass er den Jazz als bedroht ansah. Bei aller Voreiligkeit, die man Adorno vorwerfen kann, sollte man allerdings nicht selber voreilig gegen Adornos Jazzinterpretation polemisieren, denn diese mag

36 Adorno (2003) Musikalische Schriften IV, Frankfurt/Main 2003, S. 100.

zwar an einigen Stellen unfair sein, doch sie ist alle Male subversiv, da sie gesellschaftliche Verhältnisse geradezu dekonstruiert. Was also, wenn Adorno mit „Über Jazz“ versucht hat, die Tragödie des Jazz nachzuzeichnen?

VII. Eine antinaturalistische Revolte

Der Grundaffekt der musikalischen Moderne ist, trotz der wissenschaftlichen Orientierung der Neuen Musik, antinaturalistisch. Und es ist schon beinahe als Ironie zu bezeichnen, dass der Neuen Musik gerade in der Perspektive der Lebenswissenschaften so gut wie keine Daseinsberechtigung zugesprochen wird. In der lebenswissenschaftlichen Erforschung musikalischer Phänomene geht es u.a. darum, biologisch bedingte Universalien für „Musik" zu erforschen. Ein Ziel ist, über Musik grundlegende Invarianten für die Beschreibung des Menschen zu finden. Dass dabei biologisch statistisch häufig verteilte „Universalien" wie etwa die biologisch bedingte „Oktavgeneralisierung" diskutiert werden, ist im Grunde genommen kein Problem, denn ohne funktionierende Physis, würden wir Musik nicht wahrnehmen können. Fraglich jedoch ist, was mit diesem Wissen gemacht wird. Nicht selten soll damit ästhetische Normativität begründet werden. Musik habe sich dabei der Natur zu fügen. Hinter dem objektiven Wissen über biologisch bedingte musikalische Universalien lauert ein Problem, das Adorno folgendermaßen ausbuchstabiert hat: „Invariantenlehren tendieren zum Vorwurf der Entartung. Deren Grundbegriff soll eben die Natur sein, für die einsteht, was der Ideologie Entartung heißt."[1] Funktionsharmonik galt bis zum Erscheinen der Atonalität als naturgegebene Größe – Konvention in der Musik war zweite Natur. Im 19. Jahrhundert waren es Autoren wie

1 Adorno (1971) Ästhetische Theorie, Frankfurt a. M., S. 80.

Fechner und Helmholtz, die bis heute den naturalistischen Blick auf Musik prägen. Genauer betrachtet stellt sich hierbei Natur als Ideologie des Reaktionären heraus und setzt sich bis in die heutigen Tage durch. Nicht wenige Lebenswissenschaftler gehen von der Tonalität als einer Naturgröße aus und stellen das tonale Idiom als naturwissenschaftlich begründet dar. Zweifelsohne spielt Natürlichkeit bzw. biologische Bedingtheit für den Menschen als Musik hörendes Wesen eine notwendige Rolle, doch die Frage ist, inwiefern Wissen über diese Bedingtheit zu einer Begründung ästhetischer Normen beiträgt, den die so gewonnenen Erkenntnisse betreffen lediglich die Psychoakustik.

In der Antike war Musik noch aufs engste mit der Physis verbunden, indem sie die affektive Natur des Menschen stimulierte. Die Wirkung der Musik wurde dabei rein phänomenal erschlossen; und ihre Rationalisierung durch die Philosophie erfolgte, indem man sie reglementierte und somit ihren Wirkkreis begrenzen wollte. Aristoteles und Platon erdachten sich Vorschriften für den Umgang mit Musik, da sie einen starken emotionalen Einfluss auf die Jugend ausübte – und zwar modusspezifisch. Aristoteles sah in der Musik ein Mittel zur Erziehung der Jugend. Im achten Buch seiner *Politik* behandelt er die mimetische Funktion von Musik sowie den daraus resultierenden pädagogischen Nutzen. Weil Musik *Mimesis* und nicht nur eitles Spiel sei, sah Aristoteles in der Musik eine Disziplin, in der sich der heranwachsende Jüngling üben sollte. Musik trug somit zur ethischen Bildung bei. Während bildende Kunst nur ethische Züge in der Darstellung hervorzuheben vermöge, seien Melodien und Tonarten Nachahmungen charakterlicher Wesensarten.

In den Liedern jedoch finden sich die Nachahmungen charakterlichen Wesensarten selber, und das ist ganz offenkundig. Denn bereits die Natur der Tonarten[2]

2 Mit dem modernen Gebrauch von „Tonart" hat dies nichts zu tun, sondern ist eher mit dem Begriff des Modus zu übersetzen. Tonarten wie etwa G-Dur und C-Dur gab es nicht. Sind in den Tonarten die Positionen der Halb- und Ganztonschritte gleichbleibend, so zeichnen sich Modi dadurch aus, dass die

> ist unterschiedlich, so dass man beim Anhören anders gestimmt wird und sich nicht hinsichtlich einer Tonart auf dieselbe Art und Weise verhält, sondern sich bei den einen eher trauriger und in sich gekehrter verhält, wie etwa bei der sogenannten mixolydischen Tonart, [...] doch die phrygische macht begeistert.[3]

Bei Aristoteles ist es gerade die affektive Wirkung, kraft derer Musik sich zur Erziehung eigne. Vor dem Hintergrund der NIKOMACHISCHEN ETHIK, in der Aristoteles die affektbasierten ethischen Tugenden expliziert, ist dies nur konsequent. Ethische Tugenden sind in Aristoteles Nikomachischer Ethik eben handlungsrelevante (ethische) Affekte wie Zorn, Freizügigkeit, Nachsichtigkeit, Mut, usw. Und da die Musik die Affekte anspricht, kommt ihr auch ein erzieherischer Wert zu. Vermutlich unterlag sie aus demselben Grunde dann aber auch der philosophischen Zensur, denn nicht alle Modi, die das griechische Tonsystem bereitstellte, wurden von Aristoteles – wie auch von Platon, der Musik als Mittel zur Erziehung der Wächter in seinem Idealstaat heranzog – als zulässig anerkannt; einigen Modi schrieb er sogar einen verderblichen Einfluss auf die Jugend zu. Musik wurde von der Philosophie als ein pädagogisches Instrument aufgefasst.

Auch gegenwärtig wird Musik als ein pädagogisches „Instrument" gehandhabt, jedoch unter gänzlich anderen Vorzeichen als bei Aristoteles. Musik – und vor allem Neue Musik bringt nämlich ihre eigenen Perspektive zur Geltung. Es ist dabei gerade der „unbefangene" Umgang mit dem Material, ein Sich-Einlassen auf die Immanenz und somit den strukturbildenden Eigenschaften, worauf es Musikpädagogen, die in der Neuen Musik aktiv sind, ankommt. Es wird somit semiotisches Neuland betreten, da das Material noch nicht konventionsgeleitet ist und Rezipienten wie Produzenten die klingenden Strukturen mit emotiver wie auch kognitiver Bedeutsamkeit füllen können.

Ganz- und Halbtonschritte - bezogen auf die klassifizierten Kirchentöne - auf verschiedene Stufen der Reihe permutieren.

3 Aristoteles (1989) Politik, Frans F. Schwarz (Hg./Übers.), Stuttgart, S. 1340 b (381).

Im Mittelalter wurde Musik als Widerspiegelung der Weltharmonie (musica mundana) und der rationalen Ordnung der Natur aufgefasst. Musik symbolisierte somit die Ordnung des Kosmos und wäre daher als eine Art spiritueller Naturalismus im Rahmen der Scholastik zu verstehen, die das spekulative Programm Pythagoras fortsetzte. Mit einem Naturalismus wie er heutzutage ein Standpunkt in kontroversen Debatten – wie etwa um die Willensfreiheit – ist, hat dies freilich nichts zu tun, da in der Scholastik schon der Begründungsanfang für natürliche Phänomene theonomer Art war. Natur war Geist. Musik war, als Bestandteil der Ordnung, kein menschliches Werk, sondern „Manifestation Gottes, die im Gesang eingelöst werden kann oder nicht“[4].

Gegen die Geschichtlichkeit von ästhetischen Präferenzen ist der szientistische Naturalismus resistent. Die Geschichtlichkeit der Kategorisierung von Intervallen als dissonante oder konsonante scheint dort keine Rolle zu spielen. So wurde etwa im Mittelalter die Quarte im mehrstimmigen Gesang nicht immer als konsonant empfunden.[5] Dass um die Kategorisierung der Terz ein Disput geführt wurde, wird nicht erinnert. Stattdessen wird die Terz als ästhetisch außerzeitliches Positivum behandelt. Diese Amnesie hängt wohl mit der Selbstverständlichkeit, mit der man sich heutzutage in der Tonalität bewegt, zusammen. Dabei ist Tonalität die Zementierung oder Ausdifferenzierung zweier Modi, des Äolischen und des Ionischen. Auch später – zu Zeiten Bachs – sprachen Theoretiker wie etwa Mattheson noch von der Natürlichkeit der Musik. „Natürlich“ bedeutete dort soviel wie der Konvention enthoben bzw. nicht verhandelbar, da angeboren. Für den gegenwärtigen ästhetischen Diskurs scheint die Frage, ob etwa Präferenzen für bestimmte

4 Michael Walter (1997) S. 256.

5 Ebd. S. 254 – 56. Auf Seite 56 werden dort auch die Implikation des theologischen Weltbildes und Musikverständnisses hinsichtlich der Natürlichkeit von Intervallen dargelegt: „Mit derselben Berechtigung... ließe sich aber auch behaupten, das Abweichen vom Singen paralleler Quarten sei non naturale, wohingegen der sogenannte Pariser Organumtraktat eben dies als lex organi naturalis bezeichnete.

Intervalle, oder ob ein Thema oder eine Melodie nicht schlicht genug sei, gleichbedeutend damit zu sein, ob sich diese Fragen als Fragen der Natur des musikalischen Hörens oder der kulturellen Prägung musikalischen Hörens beantworten lassen. Zudem knüpfen sich daran auch Fragen hinsichtlich der Legitimität bestimmter musikalischer Methoden oder Stile.

Zumindest aber kann behauptet werden, dass die Tonalität eine Art zweite Natur des Menschen geworden ist. Neue Musik rührt an dieser so genannten Natürlichkeit der Tonalität. Sind wir aufgrund der wissenschaftlich nachweisbaren „Natürlichkeit" der Tonalität auf diese verpflichtet? Genau diese *Verpflichtung* zur Tonalität und Harmonie hinterfragen Vertreter der Neuen Musik. Damit geht eine nicht zu unterschätzende Emanzipation des musizierenden Menschen einher, denn für sein musikalisches Handeln kann er oder sie sich nicht mehr auf die Natur als begründende Instanz beziehen, sondern sie/er muss musikalisches Handeln selbstständig verantworten. Die Befreiung von der Tonalität ist somit auch als eine selbst auferlegt Last zu begreifen. Sie ist keine Entfesselung blanker Willkür. Im Gegenteil dazu ist der Rekurs auf Wissenschaft und Technik als eine Art Entlastungshandlung zu verstehen, insofern sie als Regulative zur Willkür dienen.

Das von Kant formulierte Motto der Aufklärung *sapere aude* findet nicht nur in politischen oder religiösen Belangen Anwendung. Kant selbst hat in seiner Aufklärungsschrift darauf hingewiesen, dass Aufklärung in jedem kulturellen Bereich zu leisten wäre. Die Emanzipation der (aufgeklärten) Person von vermeintlicher Natur – vielleicht auch nur Gewohnheit – setzt sich bis ins Künstlerische fort. Einerseits erscheint es als historisch notwendige Konsequenz, dass Tonalität in ihrer konstitutiven Rolle aufgelöst wurde, doch andererseits ist diese Zersetzung zugleich als Tat aufzufassen. Zum einen wird die Zweite Wiener Schule als Ursprung der neuen Musik und der Auflösung der Tonalität betrachtet. Jedoch waren etwa zur gleichen Zeit in Frankreich Komponisten mit der Auflösung befasst, auch wenn sie tonale Momente oder Mittel verwendet, denn eine Terz in einem Akkord, der selbst kein funktionales

Zentrum mehr kennt, auf das er bezogen wäre, ist keine wirkliche Tonalität mehr.

Die antinaturalistische Revolte der Moderne ist aber mehr als ein Aufbegehren gegen Empfindsamkeit und vermeintlicher Natürlichkeit, sie ist Arbeit am Ausdruck mit anderen Mitteln. Neuer Ausdruck wurde erschlossen, indem sie etwa die Dissonanz emanzipierte; und um dieses zu erlangen, sabotierte sie wissenschaftliche Vorurteile. Die Dissonanz ist dabei mehr als nur dramaturgisches Mittel. Schon in alter Musik, wie der von Monteverdi, findet sich häufiger Gebrauch der Dissonanz, jedoch hat sie dort die Funktion, semantischen Gehalt zu verstärken. Sie war also als „Material" bekannt und *bewusst* eingesetzt. *Integriert* mag sie dann hinsichtlich ihres punktuellen Reizes gewesen sein, doch war sie nicht gleichrangig mit der Konsonanz und daher auch nicht *emanzipiert*.

WAS HEISST HIER NATUR?

Tonalität, Melodik, regelmäßige Metrik sind zumindest dem westlich sozialisierten Musikhörer zur zweiten Natur geworden. In Werbefilmen, Kinderfilmen oder im Radio findet Tonalität unhinterfragt Anwendung. Über Jahrhunderte hinweg hat sich eine gewisse Konvention des Hörens und der Selbstverständlichkeit eines Musikbegriffs eingeschliffen. Dieser Musikbegriff umfasste die Kategorien der Melodik, Harmonik und Rhythmik. Wer Musik hören will, der will – so die landläufige Auffassung – in der Regel schöne Melodien hören. Mit dem Serialismus hatte sich die verwissenschaftliche Rede von musikalischen Parametern etabliert. Die oben genannten Kategorien wurden auf ihre Elemente zurückgeführt, sodass aus der Melodik die Tonhöhe, aus der Rhythmik die Tondauer wurde. Der geniale Schachzug dieses neuen Vokabulars besteht in der Suggestion von Objektivität in der Musik. Mehr noch, damit erscheint serielle Musik, auf dem ersten Blick, wissenschaftlich legitimiert. Doch die Auffassung, dass wissenschaftliche Rhetorik und Methoden allein genügen, um als in den Augen der bestaunten positiven

Wissenschaften als legitim zu gelten, greift zu kurz, da sie ästhetische Autonomie unterbindet. Ästhetische Autonomie kann nur dort vollzogen werden, wo das Subjekt selbstständig urteilt.

Die Querele zwischen Neuer Musik und dem Geltungsanspruch des Natürlichen, ist ein Dauerbrenner in der Diskussion um ästhetische Normativität. Musik ist in evolutionsbiologischer, ethologischer, und auch neurobiologischer Hinsicht Gegenstand der Forschung. Dabei wird etwa in verhaltensbiologischen Studien untersucht, inwiefern Musik als biologische Universalie im Tierreich verbreitet ist, welche phylogenetischen Entwicklungen Musik durchlief und ob sich gemeinsame biologische Wurzeln von Sprache und Musik ausfindig machen lassen. Auch die Erforschung der Dissonanzwahrnehmung sowie biologisch festgelegter Präferenzen für bestimmte Intervalle, werden lebenswissenschaftlich erforscht.

Der am MPI in Leipzig tätige Neurowissenschaftler Stefan Koelsch untersucht mittels bildgebender Verfahren kortikale Erregungsmuster, um das Phänomen der musikalischen Semantik zu begründen.[6] Die Aktivität von Bereichen des Gehirns von für Sprachverarbeitung relevanten Zentren, die auch während musikalischer Wahrnehmung aktiv sind, bieten aus dieser Perspektive einen Anlass, von einer musikalischen Semantik bzw. musikalischer Bedeutung zu sprechen. Zudem lässt sich ein N400 Potenzial nach ca. 250 Millisekunden nachweisen, auch dieses typische Erregungspotential ist für Sprachverstehen relevant. Zuweilen vertreten naturalistisch ausgerichtete Musikforscher die These, dass Musik in erster Linie eine biologische Angelegenheit sei.[7] Patricia Gray

---

6 Stefan, Koelsch et al. (2002): Bach speaks: A cortical Language-Network Serves the Processing of Music, in: Neuroimage 2002, Vol. 17, S. 956 – 966 sowie Koelsch et a. (2004): Music, language and meaning: brain signatures of semantic processing, in: Nature Neuroscience 2004, Vol. 7, S. 302 – 307.

7 So etwa Nils Wallin (1991) Biomusicology, Styvesant NY.

vertritt einen merkwürdigen Platonismus, indem sie den Menschen als einen Musiker unter vielen im Reich der Natur auffasst.[8]

Neurowissenschaftliche Erforschung musikalischer Phänomene gestattet tiefen Einblick in die Arbeitsweise des Gehirns, sie versucht den Menschen an das übrige Tierreich rückzubinden oder liefert mögliche Gründe dafür, weshalb über das Verhältnis von Sprache und Musik nachzudenken sei, ohne in die überstrapazierte Phrase von Musik als der Sprache des Gefühls abdriften zu müssen. Es besteht zunächst kein Grund, etwa die musikphilosophischen (abgehobenen) Reflexionen Schellings[9] der lebenswissenschaftlichen Forschung gegenüber als höherrangig einzustufen. Erstere Reflexionen erscheinen auf dem ersten Blick vielleicht „wahr“ weil sie unverständlicher sind. Die lebenswissenschaftliche Forschung jedoch könnte unter Umständen auch wichtige Unterscheidungen liefern hinsichtlich eines Musikbegriffs, der weniger biophon klingt. Denn Vergleichsstudien zur musikalischen Wahrnehmung von Menschen und nichthumanen Primaten stellen deutlich die Differenzen zwischen menschlichen und nichtmenschlichen Organismen heraus, sodass sich am Ende die Frage stellt, ob das, was Makaken oder Tamarine hören, „Musik“ sei.[10] Und im Anschluss daran ließe sich die vielleicht nicht unwichtige Unterscheidung zwischen auditiver und musikalischer Kompetenz treffen.[11] Der Begriff der Musik scheint so verstanden an die humane Lebensform gebunden zu sein und als ein Unterscheidungsmerkmal begriffen werden zu können.

Es besteht auf der Ebene der lebenswissenschaftlichen Rekonstruktion musikalischer Wahrnehmung im Grunde kein Problem, solange der Geltungsanspruch deutlich bleibt bzw. reflektiert wird. Jedoch steht dies

---

8 Patricia Gray (2001) The music of nature and the nature of music, in: Science, Vol. 291, S. 52 – 54.

9 F.W.J. Schelling (1960) Philosophie der Kunst, insbes. Kap. II. D)1)a), Darmstadt.

10 J. McDermott und M. Hauser (2006) Nonhuman primates prefer slow tempos but dislike music overall, in: Cognition 104 (2007) 654 – 668.

11 Hierzu: René Thun (2008), Freiheit und Methode, Münster 2008, S. 46.

in Kontrast zur Moderne, die eine Individualisierung bedeutet. Wissenschaftliche Rekonstruktionen aber wollen allgemeine Gesetze aufstellen. Die musikalischen Kategorien, auf die sich die lebenswissenschaftliche Erforschung musikalischer Wahrnehmung bezieht, werden als Naturgrößen behandelt. Experimente mit Babys sollen Auskunft über so genannte „natürliche Intervalle" geben und zugleich die Ursachen der verbreiteten negativen Rezeptionshaltung gegenüber posttonaler Musik aufdecken.[12] Hierbei ist fraglich, ob dieses Wissen in einem ästhetischen Diskurs als normative Instanz taugt, da es ja lediglich beschreibenden Status haben sollte. Allerdings lauert nicht hinter jedem „Natur"-Begriff der technisierende Blick. So etwa führt Adorno in seiner *Ästhetischen Theorie* Natur als Regulativ zur Machbarkeitssphäre des autonomen Menschen: Natur ist das Andere seiner selbst. Natur ist also nicht immer terminologisch zu verstehen, sondern ebenso im Rahmen einer Metaphorologie zu verorten, wie auch die Rede vom „Buch der Natur" bezeugt.[13]

Neue Musik stellt zwar die Naturwüchsigkeit musikalischer Praxis infrage, jedoch gibt es auch Ansätze innerhalb der Neuen Musik, die auf dem ersten Blick einen Naturalismus oder auch externen Realismus zu vertreten scheinen. Der Komponist Mathias Spahlinger, bekennender Aufklärer, sieht in der Neuen Musik eine Erforschung der brut facts. „Neue Musik fragt danach, was klingt. Sie fragt nicht, was systembezogen, sondern in Wirklichkeit klingt. Schon aus diesem Grund ist sie antiideologisch."[14] Es hierbei zu bedenken, was es heißt, dass etwa *in Wirklichkeit* ist oder klingt. Mit diesen Thesen lädt man sich jedenfalls eine gehörige Bringschuld für die Begründung auf. Daher wäre es vielleicht angebrachter, Neue Musik, statt als objektiven Standpunkt, als eine

12 Glenn Schellenberg und Sandra Trehub (1996), Natural intervalls, in: Psychological science, Vol. 7 No. 5, S. 272 – 277.

13 Hierzu: Erich Rothacker (1979) Das Buch der Natur: Materialien und Grundsätzliches zur Metapherngeschichte, Bonn.

14 Mathias Spahlinger (2007) Dies ist die Zeit der konzeptiven Ideologien nicht mehr, in: MusikTexte 113, 2007, S. 35.

Form der Dekonstruktion musikalischer Praxis zu begreifen. Es geht ihr darum, eben die „Natürlichkeit" des Hörens bzw. der Naturgegebenheit des Musikbegriffs zu hinterfragen. Spannend allerdings wäre die Frage nach der Verortung von (nicht-technisierter) Natur in der Neuen Musik. Natur, nicht im Sinne von Soundscapes, sondern einer Verständigung über „Natur" mit musikalischen Mitteln. Für den Französischen Komponisten Olivier Messiaen beispielsweise stand die Natur nicht im Sinne der Technisierung zur Debatte, sondern eher vor einem theologischen sowie ästhetisch inspirierenden Hintergrund.

EINE ELEKTRONISCHE REVOLTE

Als zweite Revolte bezeichnet Günther Mayer die zunehmende Elektronisierung der Musik.[15] Diese findet statt durch die

> elektroakustische Aufzeichnung als neuer Reproduzierbarkeit von Klängen und Geräuschen. Das bedeutet eine tiefgreifende Veränderung des Komponierens per elektroakustischer Apparatur im Aufnahmestudio. Hier vollzieht sich eine Umwälzung, die der vergleichbar ist, welche von der schriftlichen Form der Speicherung an eine neue Weise musikalischer Produktion, auf das Komponieren in und mit der Notenschrift, ausgegangen war[16].

Jedoch sollte hier nicht allzu kompliziert gestaunt werden. Denn die „Revolte" vollzog sich vielmehr im Bereich der so genannten U-Musik. Zweifellos war diese Revolution von Relevanz für die Extension des musikalischen Materials. Die Technologie hinsichtlich ihrer Möglichkeiten ist eine Sache, ein anderer und vielleicht noch wichtigerer Aspekt ist der musiksoziologische. Ob die Auswirkung auf das Komponieren derart sind, wie Mayer suggeriert, bleibt abzuwarten. Allerdings sind einige Zweifel an den oben dokumentierten Optimismus berechtigt, zumal

15 Hierzu: Günther Mayer (1999), S. 19f.

16 Ebd.

der PC oder das Laptop für die Literatur ebenfalls keine Revolution darstellen, auch wenn der Autor den PC als eine erweiterte Schreibmaschine benutzt. Statt mit dem Stift schreibt man mit der Tastatur.

Wichtig aber ist die elektrische Revolution für die Extension des musikalischen Materials – soviel kann festgehalten werden. Elektronische Musik, zu deren Pionieren Stockhausen, Ligeti und Xennakis zählen, ging es eben um diese Extension; für eine Revolution wäre es jedoch wenig schmeichelhaft, wenn von ihr im Sinne einer Extension gesprochen wird. Die elektroakustische Musik ermöglicht Klänge, die mit akustischen Instrumenten nicht erzeugt werden können, zu realisieren. Abgesehen von partikularen Phänomenen und Verfahrensweisen wie der Granularsynthese ist in der elektrischen Revolution der Musik eine beachtenswerte Dialektik zu beobachten. Gerade hier, wie auch in der Musique Concrète, ist die Suspension der Kategorien des Rhythmus sowie der Melodie vordergründig. Es sind vor allem Klänge und (manchmal auch) Effekte, die konstitutiv für elektroakustische Musik sind. Es gibt neben rein elektroakustischen Musiken auch Mischformen, bei denen etwa ein Teil der Musik vom Computer abgespielt und von einem Instrumentalisten eingespielt wird.

Mit der Elektrifizierung setzte noch ein anderer Prozess ein, weil durch sie die Musik regelrecht *gestellt* wird. So finden sich in Musikprogrammen großer Softwareanbieter vorgefertigte Loops zur Verwendung durch den User. Mit diesen Loops, die aus Rhythmen, Bassläufen, Bläserriffs oder Gitarrenlicks bestehen, wird dem User suggeriert, er könne selbstständig Musik machen. Zumindest kann man mit diesen Programmen schnell etwas machen, was dann auch so ähnlich wie das klingt, was in den Charts zu hören ist. Der Hörer und Musikbastler wir normiert, er produziert Musik von der Stange. Die industrielle Produktionsweise wird damit am heimischen PC oder Laptop reproduziert und findet Eingang die Häuslichkeit des Ottonormalverbrauchers. Das Motto aufklärerischer Musikpädagogik „Jeder ist ein Komponist“ wird hier in einem trivial schlechten Sinne wahr. Wirkliche Erfahrung im musikalischen Sinne wird dabei wohl kaum gemacht werden, da es lediglich darum geht, „Altbewährtes“ zu wiederholen oder anzuwenden. Vor allem erreicht man damit eines: das schnelle Ergebnis.

Es ließe sich fragen, ob denn die elektroakustische Revolte mit der Erfindung der Notenschrift vergleichbar sei. Was elektroakustische Archivierung bzw. Fixierung von Musik anbelangt, kann man sagen, dass ihr im Gegensatz zur Notenschrift die symbolische Differenz fehlt. Es gibt keine Differenz zwischen Fixiertem und zu Realisierenden. Eine Tendenz dieser Tätigkeit wäre, statt mit dem Material kooperativ und reflektiert umzugehen, einzig noch: Klangdesign in Eigenregie zu betreiben. Das Subjekt überträgt unmittelbar seine Herrschaft dem vorgefertigtem Material.

In der Notenschrift liegt der Sachverhalt dagegen anders. Sie ist mehr Skizze, denn abgebildete Klangrealie. Was schriftlich als Notentext fixiert ist, harrt der Interpretation. Aber auch in der elektronischen Musik gab und gibt es Notationssysteme, wie etwa die Partitur zu Ligetis ARTIKULATIONEN belegt. Im Rahmen dessen hat haben sich unterschiedliche Notationsformen, wie etwa die graphische Notation, herausgebildet, die mehr oder weniger genau festlegen, was musikalisch erklingen soll. Irritierend an Mayers Aussage ist nicht etwa, dass elektronische Musik in der Tat mehr ist als nur mal am Regler zu drehen, sondern auch eine neue Form der Reflexion und Konstitution des Materials impliziert. Problematisch ist allerdings ein undialektischer Blick auf Technologie, da er den Bereich der U-Musik entweder nicht kennt, die Unterscheidung zwischen U und E nicht akzeptiert oder bei Musik gleich an E denkt. Technologien sind Mittel, die an nicht nur einen Zweck gebunden sind, sondern die Zweck-Mittelrelation wird stets aktualisiert; und darin besteht auch ein Stück weit Freiheit des handelnden Menschen. Die Zweck-Mittelrelation kann auch so weit getrieben werden, dass allein die Zwecklosigkeit des „Werkes“ der Zweck der Handlung ist. Dies belegen Werke des Dadaismus’.

Abgesehen von den innovativen Möglichkeiten, die die elektrische Revolte mit sich brachte, wird Musik zugleich gestellt. Euphemismen wie etwa die Gleichsetzung massenmedialer Verbreitung von Musiken mit Demokratisierung, scheinen weniger musikalische Praxis in ihren Widersprüchen zu reflektieren, sondern eher eine intellektualistische Sehnsucht nach Stallwärme widerzuspiegeln.

Da die Geräte für die elektronische Klangerzeugung und –Bearbeitung durch schnell aufeinander folgende technische Neuerungen und die profitorientierte Praxis der Elektronik- und Musikindustrie zunehmend kleiner und billiger werden, damit individuell leichter zugänglich und handhabbarer, hat sich hier tendenziell eine enormes, immanent auch politisches Potenzial nicht nur der „Demokratisierung" der Rezeptionsweise, sondern ebenso der musikalischen Produktion herausgebildet – relativ unabhängig von den elektronischen Studios der großen Institutionen etwa des Rundfunks, in denen sich nach dem 2. Weltkrieg elektroakustische Musik zu entfalten begann. „Demokratisierung" auch der musikalischen Produktion ist seit den 70er und 80er Jahren im weiten Bereich der populären Musik deutlich auszumachen.[17]

Fraglich aber ist, ob das, was populär ist, automatisch auch schon demokratisch ist. Auch Demagogie kann populär sein – sie muss es sogar. Popularität ist nun nicht unbedingt ein für die Demokratie notwendiges Prädikat bzw. Popularität beinhaltet nicht analytisch Demokratie. Damit soll allerdings nicht dem Paternalismus das Wort geredet werden. Technologien können auch in totalitären Regimes eingesetzt werden. Die Frage ist hier genau die: Bis zu welchem Umfang kann die Technologie genutzt werden, ohne dass sie in Totalitarismus mündet? Insbesondere betrifft dies die Informationstechnologie wie das Internet. In einigen Staaten – wie zum Beispiel in China – unterliegt die Nutzung des Internets einer strengen staatlichen Zensur. Dabei sind die Technologien, von denen oben die Rede war, einzig Mittel zur Reproduktion. Technologien ermöglichen einen Gebrauch oder auch Missbrauch; von einer Entelechie auszugehen, so als wäre das Ziel bzw. die Zweckbestimmung einer Technologie schon im Vorfeld implementiert, scheint hingegen unangebracht. Davon legen ja auch diverse Kinofilme beredtes Zeugnis ab.

17 Mayer (1999) S. 20.

Etwa Filme, in denen es um Biotechnologie geht. So kann „Alien" als eine Fiktion über den möglichen Missbrauch von Biotechnologie interpretiert werden.

Entscheidend aber ist, inwiefern Technologien reine Mittel sind oder ob sie auch Medien sein können, die das Denken strukturell formieren. So verstanden würde das Medium über die bloße Zweck-Mittel-Relation hinaus verweisen. Mittel sind Technologien, indem sie zur bloßen Reproduktion benutz werden, wenn etwa ein Song gemacht bzw. aufgezeichnet werden soll. Hierfür stellt der PC ein praktisches Aufnahmegerät sowie einen umfangreichen Instrumentenpark dar. Als Mittel zur Reproduktion ist der PC sicherlich eine Erleichterung, doch dessen Fetischisierung ist nicht unproblematisch, insofern sie musikalische Praxis radikal neugestalten.

Es gibt auch Bedenken hinsichtlich der kommunikativen Praxis, die sich etwa in musikalischer Interpretation äußert. In der elektronischen Musik ist eine Tendenz zur Monadisierung zu beobachten. Komponisten werden zu Monaden, da sie im Grunde ihre Ideen nicht mehr anderen zur Interpretation bzw. Diskussion stellen – somit erlischt produktive Interaktion. Was bei Nancarrow noch eine aus der Not geborene Tugend war, putzt sich auf zur Selbstherrlichkeit der Monade auf. Es gibt keinen Interpreten mehr, der einen Text aktualisieren könnte. Der Akt bzw. der Begriff der Interpretation wird irrelevant, so als würde der Komponist das Material absolut beherrschen. Jedoch kann auch bei computerbasierter Komposition ein Dialog mit dem Material stattfinden. Der Verlust der Materialnotation wird kompensiert mit der Konservierung des Herstellungsprozesses von Computermusik. Somit kann jeder Arbeitsschritt, Algorithmus und sämtliche Abmischparameter in Form einer Partitur festgehalten werden. Dadurch hat die Computermusik die Möglichkeit, „ihren Entstehungsprozess darzustellen" sowie die „eigene kompositorische Technik zu reflektieren und zu systematisieren"[18].

18 Ludger Brümmer (1995), Ratio irratio, Luzern

Einige Vertreter der Computermusik sehen in der computerbasierten Musikproduktion die Kehrseite, welche in einer Verengung des Kompositionsprozesses besteht. Es besteht die Gefahr einer vorkomponierten Kompositionspraxis.

Leider erhöhen die leichter verwendbaren, mithilfe von Graphical User interfaces [GUIs; RT] gesteuerten Programme die Barriere zur kreativen Veränderung der Arbeitsmittel, da sie aus einem Set aus vorproduzierten Funktionen bestehen, deren Programmierung selbst nicht vorgesehen ist. Die scheinbare Kreativität solcher Environments reduziert sich schnell, wenn man vor Augen führt, dass zu Funktionalität solch eines Programms, jeder Programmschritt vorher schon von seinem Programmiere vorgedacht worden ist. Wenn also die Arbeitsschritte von den professionellen an diesen Environments beteiligten Software Designern vorhergedacht worden, wo bleibt da der kreative Moment?[19]

Demnach ist es nicht problematisch, *das* computerbasierte Musik gemacht wird, sondern *wie* der Computer bzw. die Software eingesetzt wird.

Computermusik ist also nicht unbedingt das Resultat informationstechnischer Spielsucht, sondern die Suche nach neuem – und zwar *genuin* neuem – Klang- sowie Ausdrucksmöglichkeiten, da die Entwicklung der Akustischen Instrumente nichts Neues mehr hervorgebracht hat und somit Stagnation abzusehen sei.

War noch vor ca. 100 Jahren eine Wechselwirkung zwischen Instrumentenbauern und Komponisten gegeben (das letzte Instrument mit Breitenwirkung dürfte das Saxophon gewesen sein), so kann inzwischen von einer Stagnation bei der Neuentwicklung von Musikinstrumenten und damit von Klangfarben gesprochen werden.[20]

19 Ebd.

20 Martin Supper (1997) Elektroakustische Musik und Computermusik, Darmstadt, S. 28.

Computermusik arbeitet beispielsweise gezielt an einem mehrdimensionalen Parameter, nämlich der Klangfarbe. Und hinsichtlich der Klangfarbe stellt sie in der Tat eine Art Überwindung bestimmter Hörgewohnheiten, wie beispielsweise eine Klangfarbe mit einem bestimmten Instrument zu identifizieren, dar. Dennoch muss sie sich den Vorwurf des Identitätsdenken gefallen lassen, denn weshalb sollte man auf eine absolut identische Reproduktion eines Werkes so viel Wert legen? Besteht nicht gerade in der ästhetischen Unterbestimmtheit, der ein Werk unterliegt, nicht der vielleicht größere Reiz? Dies aber ist ein Konflikt zwischen zwei unterschiedlichen Credos, der nicht mit Hilfe einer klaren Methode entscheidbar ist, denn die Kriterien, die hierzu herangezogen werden müssten, wären selbst wieder durch eine *Entscheidung* als Kriterien erst in Betracht gekommen. Mag es daher in der Ästhetik kein gesichertes und transsubjektiv verbindliches Wissen geben, so kann man doch Reflexion betreiben, um somit auf die Stufe des gut begründeten Meinens und Verstandenwerdens zu gelangen. So stellt sich dann die elektrische Revolution als eine Evolution in der Arbeitstechnik heraus, in der einerseits die Kreativität des musizierenden Individuums ausgelöscht zu werden droht, doch andererseits ist in ihr zugleich die Möglichkeit beschlossen, dem Komponisten neue Ausdruckswerte sowie Klanglichkeiten zu erschließen. Möglich auch, dass der nicht der Theorie Kundige mit diesem Mittel lernt zu hören und mit dem Material quasi improvisatorisch in einen Dialog tritt; musikalisches Neuland würde somit hörend erschlossen.

EINE NEUE MUSICA?

Wie könnte nun der Begriff von Musik bestimmt werden? Zumindest zwei Ansätze können zur Beantwortung dieser Frage herangezogen werden. Der erste Ansatz ist typisch ontologisch und klammert die praktischen Implikationen von Musik aus. Der zweite Ansatz ist handlungstheoretisch und betont die Geschichtlichkeit musikalischer Praxis sowie ihre innere Teleologie. Zumindest negativ kann für die Teleologie (Ziel/

Zweck) der Neuen Musik gesagt werden, dass sie nicht zum Tanzen da ist. Legt der ontologische Ansatz das Hauptaugenmerk auf den strukturalen Aspekt und den dinglichen Charakter von Musik, so hebt der handlungstheoretische Ansatz den medialen Aspekt von Musik hervor. Nachteilig ist bei manchen Philosophen der Hang, für die Explikation eines Musikbegriffs sich mehr als hundert Jahre rückwärts zu orientieren und somit auf traditionelle Kategorien zu rekurrieren, die aber, seit mehr als siebzig Jahren, lediglich noch als Möglichkeiten – nicht aber als Invarianten –, dekonstruiert wurden. Wer Musik als ein Zusammenspiel von Melodie, Rhythmus und Harmonie begreift, wird Musik nach dem 2. Weltkrieg wohl nicht so richtig zu fassen bekommen.

Vielversprechender sind hingegen Definitionsansätze aus der Musiksoziologie. Sie vollzieht, was in der analytischen wie auch in der postanalytischen Sprachphilosophie versucht wird, nämlich die Synthese von Pragmatik und Semantik.[21] Allerdings ist diese Modellierung erklärungsbedürftig, sofern die Rede von Semantik nicht so ohne Weiteres einleuchten will. Die Ebene der Pragmatik scheint unproblematisch zu sein, da diese schlichtweg auf den Gebrauch und Umgang mit Musik bezogen ist. Der Pragmatik nähert man sich am besten durch Beispiele. Hierbei wird auch deutlich, inwiefern Musiken bestimmten Handlungszwecken unterliegen. Wir kennen Tanzmusik, Marschmusik, sakrale Musik und konzertante Musik. Jede der unterschiedlichen Musiken steht in einem Handlungskontext. Handlungen beinhalten einen Zweck bzw. Handlungsziel, welches mit entsprechenden Mitteln zu erreichen ist. Zudem stehen sie in unterschiedlichen sozialen Handlungssystemen, die über die Angemessenheit der Zweck-Mittel-Relation entscheiden. Wer eine Militärparade sieht, der wird vergeblich auf einen Walzer im Dreivierteltakt warten. Würde auf einer Militärparade ein Walzer oder gar ein Tango gespielt, so dürft die Irritation vollends perfekt sein. Weder Tango noch Walzer scheinen geeignete Mittel zu sein, um eine Militärparade abzuhalten. Genauso würde Marschmusik im

21 Robert Brandom (2008), Between saying and doing, Oxford.

Tanzsalon, in dem Tango getanzt wird, für extreme Verwirrung sorgen und das Publikum das Tanzlokal verlassen.

Hinzu kommen noch andere praktische Implikationen wie etwa Identitätsstiftung bezogen auf soziale Gruppen.[22] Musikalischer Geschmack dient u.a. zur sozialen Ausdifferenzierung. Alle Jugendgruppen etwa haben ihre spezifische Musik. So unterscheiden sich Popper von Punks oder HipHopper von Metal-Hörern. Musiken dienen hier quasi als Erkennungsmerkmale. Begreift man Musik als eine soziale Tätigkeit, so muss man die Zwecke in die Bestimmung von Musik integrieren. Musik definiert sich dann nicht nur über ihr Was (als klingende Struktur), sondern über ihren Gebrauch und somit ihren „Wozu". Dadurch ergeben sich weitreichende Konsequenzen für eine Definition des Musikbegriffs. Aufgrund der Vielfalt der Zweckbestimmungen von „Musik" schlägt der Musiksoziologe Kurt Blaukopf vor, von MUSIKEN statt von DER MUSIK zu reden.[23]

Dieses Bewusstsein von der Verankerung von Musik(en) in unterschiedlichen sozialen Systemen ist noch nicht sehr weit vorgedrungen. So kann es dann geschehen, dass Kognitions- und Lebenswissenschaftler von der Wirkung DER MUSIK reden und betreiben somit ästhetische Nivellierung, indem sie das Ästhetische erst gar nicht in Betracht ziehen. Diese Indifferenz gegenüber unterschiedlicher Musiken schlägt sich aber auch im imperialen Anspruch nieder, Popmusik sei der Soundtrack zum Leben. Letztlich bedeutet dies eine Kolonialisierung der unterschiedlichen Hörer sowie des Lebensbegriffs durch die Popmusik. Dies ist schlechte Ideologie, weil damit behauptet wird, dass der Alltag oder die Gesellschaft eine homogene Entität sei. Es werden gesellschaftliche Widersprüche und Differenzen entweder ausgeblendet oder verschwiegen. Öffentlichkeit oder Lebenswelt wird zu einem omnipräsenten Jugendklub. Dabei ist nichts gegen Jugendklubs einzuwenden. Positiv an

---

22 Hierzu: Hans Neuhoff (2008) Konzertpublika. Sozialstruktur, Mentalitäten, Geschmacksprofile, auf dem Server des Deutschen Musikinformationszentrum (2008), S: 1 – 24.

23 Blaukopf (1984) S. 17.

wirklichen Klubs ist jedoch, dass man sie betreten und wieder verlassen kann.

Mit Musik hat dies insofern zu tun als dass es gilt, den semantischen Reichtum des Begriffs von Musik darzulegen. Für den spätantiken Augustinus (345 – 430) war „Musik [...] die Kenntnis von der rechten Gestaltung“[24]. Diese Definition steht in pythagoreischer Tradition. In seiner sechs Bücher umfassenden Schrift DE MUSICA führt ein Lehrer mit einem Schüler einen Dialog über die Frage, was Musik sei. Für den zeitgenössischen Leser und Musikhörer mag es etwas befremdlich anmuten, wenn es Augustinus nicht um Melodien oder Akkorde, sondern um Versmaße geht. Dabei interessiert ihn nicht die das Gemüt bewegende klingende Struktur, sondern auch der Erkenntnisgewinn durch Musik als der Lehre von der richtigen Gestaltung. Der Zweck der Musik ist bei ihm theologisch bestimmt.

Galt in der Neuzeit Musik als Sprache der Gefühle und stand die affektive Wirkung der Musik von der Aufklärung bis in die Romantik hinein als Wesensmerkmal von Musik, so geht es in DE MUSICA um den theologisch mathematischen Aspekt von Musik. Dieser theologisch spekulative Zug erstreckt sich bis in das Mittelalter. Auch Boethius ist der pythagoreischen Auffassung von Musik verpflichtet. Das musikalische Material war im Mittelalter (durch Festlegung) semantisch geladen eben durch die theologisch spekulative Funktion von Musik. Vor allem betraf dies die musica mundana. Die *musica mundana*, die neben *musica humana* und *musica instrumentalis* betrieben wurde,[25] war die Harmonie des Kosmos und entzog sich dem Gehör[26] – sie war ganz der Zahlenwelt verpflichtet. Musik war der Inbegriff der drei unterschiedlichen Formen von Musik. Es war also ein in sich differenzierter Musikbegriff, der sich

---

24 Augustinus (1940) De Musica, Paderborn, S. 6.

25 Eva Hirtler (1998) Die Musica im Übergang von der scienta mathematica zu scienta media, in: F. Hentschel (Hrsg.), Musik - und die Geschichte der Philosophie und der Naturwissenschaft im Mittelalter, Leiden, S. 19 – 37, S. 20.

26 Hentschel (2000) S. 221.

an unterschiedlichen musikalischen Funktionen orientierte. Im Quadrivium stellte Musica eine wissenschaftliche Disziplin dar. Und noch bei Bach war die spekulative Funktion von Musik gegenwärtig. DIE KUNST DER FUGE war von Bach als Beitrag für die Mizlersche Gesellschaft in Leipzig gedacht – als Werk mit spekulativem wie auch wissenschaftlichem Anspruch – und wurde von Bach nicht vollendet.

Die These lautet, dass Neue Musik eine Renaissance eines vielschichtigen Musica-Begriffs ist, der sich nicht auf vier Kategorien reduzieren lässt.[27] Es ist zugegebenermaßen kaum möglich, Neue Musik als ein homogenes Feld zu beschreiben; und eben dies ist der springende Punkt, weshalb Neue Musik eine Herausforderung für das Denken darstellt. Es geht der Neuen Musik um Selbst- und Weltverhältnisse, die sie stets hinterfragt. Vor allem stellt sie eine Reflexion auf Musik mit musikalischen Mitteln dar und hinterfragt somit ihre eigenen Grundlagen. Wie oben dargelegt, geht es ihr nicht darum, Subjektivität zu zementieren oder zu bestätigen, sondern diese zu destabilisieren und somit neue Erfahrungen zu ermöglichen. So verstanden würde sie zu einer Konstitution des autonomen Selbst durch Alteritätserfahrung beitragen.

LIGETI UND DIE BODENLOSIGKEIT NEUER MUSIK

Der ungarische Komponist György Ligeti gilt als einer der prominentesten Vertreter der Neuen Musik. Aufsehen erregte er mit seiner Orchesterkomposition ATMOSPHÉRES, die einen krassen Gegensatz zur bislang dominierenden seriellen Ästhetik darstellte. Herrschte dort wie auch in der Zweiten Wiener Schule der Entwicklungsgedanke vor, dem eine dynamische Musikanschauung zu Grunde liegt, so konfrontierte Ligeti das Publikum und Kritiker mit der Uraufführung von ATMOSPHÈRES 1961 in Donaueschingen mit statischer Musik. Statt von Reihen oder Strukturen (der Ausdruck der Struktur ist zugegebenermaßen etwas in-

27 Vgl. René Thun (2007) S. 101f.

flationär in Gebrauch) auszugehen, die dem Prinzip der Permutation unterliegen, geht Ligeti von Klangvorstellungen aus. Ligeti war sogar froh über einen Kritiker, der seiner Musik Statik vorwarf. Dieser bezeichnete nämlich ATMOSPHÉRES als einen neunminütigen Stillstand.[28]

Bei statischer Musik blieb es allerdings nicht. Ligeti arbeitete permanent an seinem Stil bzw. am Material. So bezog er Polyrhythmik ein, arbeitete mit natürlichen Obertönen und versuchte somit, der Tonalität eine neue Komponente hinzuzufügen wie etwa in seinem HAMBURG CONCERT und seinem VIOLINKONZERT. Vordergründig geht es ihm um die Immanenz musikalischer Werke und um neue Möglichkeiten des Komponierens. Diese – oberflächlich betrachtet – Selbstzweckmäßigkeit lebt von einer inneren Spannung, denn sie geht nicht im Selbstzweck auf. Erstaunlich ist, dass wenn von Kritischer Theorie, insofern dieser Ausdruck nicht gerade als ein Name für eine bestimmte Schule genommen werden soll, die Rede ist, der Name Ligetis nie auftritt. Dabei kann seine musikalische Praxis als ein Exempel kritischen Komponierens bezeichnet werden. Das Prädikat „kritisch" ist an dieser Stelle berechtigt, da es die Art und Weise des musikalischen Selbst- und Weltbezuges meint. Dies betrifft auch seien ablehnende Haltung gegenüber Schulbildungen, welche eine kollektivistische Durchsetzung bestimmter Musikstile betreiben.

Das Individuum bzw. das komponierende Subjekt schien bei ihm im Mittelpunkt musikalischen Handelns zu stehen. Nicht nur, dass er jedes seiner Werke quasi individuell erarbeitete oder das Individuum über das Allgemeine stellen möchte. Vertritt Adorno sehr wohl Ismen, so lehnt Ligeti im Unterscheid zu Adorno Ismen ab.[29] Auch bei Adorno fand eine permanente Reflexion des Verhältnisses zwischen Besonderem und Allgemeinem statt. Ihm geht es in erster Linie um das konstitutive Moment von Schulen in der ästhetischen Praxis, da sie eine kollektive Arbeit am Stil und ästhetische Verbindlichkeit bedeuten. „Ismen sind tendenziell

28 Vgl. Ove Nordvall (19971) György Ligeti. Eine Monographie, Mainz, S. 9.

29 Adorno (1971) S. 43 f.

Schulen, welche die traditionale und institutionelle Autorität durch sachliche ersetzen. Solidarität mit ihnen ist besser als sie zu verleugnen [...]"[30] Für kunstästhetische Praxis und Reflexion sind dann nicht einzelne Werke entscheidend – denn diese haben lediglich exemplarischen Charakter –, sondern die Haltung einer ästhetischen Bewegung mit all ihren normativen Festlegungen. Diese normativen Festlegungen sind jedoch nicht als invariante Universalien zu begreifen, sondern opponieren gegen die „Phase totaler Verwaltung"[31]. Gegen die Phase totaler Verwaltung opponierte auch Ligeti; doch mit einem anderen produktionsästhetischen Ansatz. Er sah die totale Verwaltung in der Kommerzialisierung musikalischer Praxis, also in der Verdinglichung von Musik. Bei allen Sympathien, die Ligeti für Adorno hegte, kann sein Verhältnis zu Adorno als ambivalent bezeichnet werden. Um diesen Zwiespalt wird es nun gehen.

LIGETIS VERHÄLTNIS ZU ADORNO

In der Regel denken viele an Adorno, wenn es um das Verhältnis von Ästhetik und Kritik geht – was sachlich gut begründet ist. Es gilt aber einen weiteren Schritt zu vollziehen und über Adorno hinaus zu denken, um eine Repetition eines Theorieansatzes zu vermeiden und somit der aktuellen Praxis gerecht zu werden. Denn immerhin sind einige Jahrzehnte seit Adornos aktivem Wirken verstrichen und es traten mehrere Einschnitte in der Neuen Musik ein. Philosophie sollte sich auch mit den aktuellen Entwicklungen befassen, statt ausschließlich philologische Feinarbeit zu leisten, die zwar sehr wichtig ist, in der Regel jedoch zu wenig auf die aktuelle Praxis bezogen bleibt. Den Zugang und die Wiederaufnahme kritischer Reflexion in und durch Musik verbaut sich, wer ästhetische Praxis als kritische nur vor dem adornoschen Hintergrund betrachtet. Unbenommen: Adorno gilt als Begründer der so genannten

30 Ebd. S. 45.

31 Ebd. S. 33.

negativen Ästhetik. Seine Ästhetik ist sicherlich beeinflusst von der Erfahrung des Naziregimes und gegen Totalitarismus gerichtet. Das Naziregime konnte er von Los Angeles aus beobachten, wohin ihn sein Kollege und Freund Max Horkheimer holte. Ligeti machte ähnliche Erfahrungen. Ihm war der durch den Atlantik gegebene Abstand zum Naziregime nicht gegeben. Seine Familie wurde in KZs umgebracht. Er überlebte den Terror des Naziregimes als einziger seiner Familie. Mit dem Ende des zweiten Weltkrieges war für ihn die Erfahrung mit Totalität jedoch nicht beendet. Es folgten für ihn Repressionen durch den Stalinistischen Totalitarismus in Ungarn. Ligeti – dessen Biographie übrigens frappierende Parallelen zu der von Imre Kertesz aufweiset – übte Kritik an beiden im Medium der Musik. Beiden Positionen liegt also die Erfahrung mit totalitären Regimes zu Grunde, gegen welche sie künstlerisch wirkten.

Um diesen kritischen Impuls zu explizieren, müssen musikalische Werke als Artikulationen musikalischer Praxis begriffen und mit außermusikalischen Ereignissen zusammengedacht werden. Freilich kann es sich hierbei nicht um ein Deduktionsverhältnis handeln, welches auf klaren Gesetzmäßigkeiten basiert, sondern ist durch die Rekonstruktion einer Praxis im Verhältnis zu anderen Praxen zu ermitteln. Von kausalen Relationen ist hierbei abzusehen, wer diese behauptet, betreibt schlechten Szientismus. Für die Rekonstruktion können lediglich Gründe historisch erarbeitet werden. Die Autorenintention hat hierbei auch nicht das letzte Wort, denn es geht letztlich nicht um das komponierende Subjekt, welches eh nicht eins zu eins im Werk aufgeht und zudem immer im Verhältnis zu einer gemeinsam geteilten Praxis zu denken ist.

Wenn Adorno als Philosoph der negativen Ästhetik thematisiert wird, so kommen einige für den weiteren Verlauf wichtige Punkte nicht zu Sprache. Allgemeinplatz ist, dass Adorno Schüler Alban Bergs war und somit der Zweiten Wiener Schule angehörte. Daher stammen auch seine kompositionstechnischen Kenntnisse, die er in musikphilosophischen Aufsätzen und in seinen musikalischen Monographien zu Anwendung brachte.

Weniger geläufig ist Adornos Kritik an bestimmten Kompositionspraktiken, die er mit diesem Wissen ausübte. Insbesondere galt seine Kritik dem Serialismus und der Aleatorik, die, seiner Meinung nach, zu einem regressiven „zweiten Naturalismus“ tendieren.[32] Der Naturalismus besteht in der positivistischen Beschreibung und Handhabung des musikalischen Materials. Die somit suggerierte Objektivität der Werke sei schlechter Schein, denn sie verdecken somit lediglich ihr Gesetztsein. Dem ähnelt Ligetis Kritik an seinen Zeitgenossen. Ligetis Kritik kreiste um die Begriffspaare *Technik/Konstruktion* und *Ausdruck/Subjektivität*. Auch Adorno übte ausgehend vom Begriffspaar *Technik/Konstruktion* Kritik.[33] Es geht dabei weniger um die Intentionen des Komponisten, sondern um die Tendenzen bzw. Konsequenzen einer produktionsästhetischen Haltung. In der Hermeneutik kursiert das Motto, dass eine folgende Generation den Autor besser verstehen kann als er sich selbst; und dies kann auch hier angewendet werden. Ziel beider Autoren war also, Tendenzen am Material freizulegen. Unter genau diesem Aspekt wären bei Adorno etwa bestimmte Passagen aus der *Ästhetischen Theorie* oder auch der Aufsatz *„Vers une musique informelle“* zu verstehen. Nimmt man zudem kleinere Aufsätze hinzu, wie beispielsweise die über Debussy oder Ravel, also Komponisten, auf die sich auch Ligeti positiv bezogen hat, fragt es sich, weshalb das Prädikat „kritisch“ exklusiv der negativen Ästhetik vorbehalten sein soll.

Gegenüber Materialfetischismus war Adorno misstrauisch wie auch dem emphatischen Rekurs auf Technik bzw. Methode. Denn als Totale

32 Vgl. Adorno (1971), S. 159. Und auch sein Aufsatz, Kriterien der neuen Musik, Mus. Schriften III, S. 182. Naturalismuskritik aus ästhetischer Perspektive ist in Adornos musikphilosophischen Schriften ein latentes Thema, das eigentlich mehr Aufmerksamkeit verdient.

33 Dezidiert übte Adorno 1966 diese Kritik in seinem Aufsatz Form in der neuen Musik, in: Darmstädter Beiträge zur Neuen Musik. Auch Ligeti stellt sich als hervorragender Analytiker heraus, wie in seiner Analyse zu Boulez' Structures oder im Gespräch mit Clytus Gottwald über Gustav Mahler.

genommen stellen diese Momente für sich genommen das komponierende – sprich handelnde – Subjekt ins Abseits, wenn sie nicht gar die Tendenz in sich bergen, das Individuum auszulöschen. Was an Methode als Fetisch so problematisch ist, kann als Delegieren ästhetischer Entscheidungsprozesse an die Technik bezeichnet werden. Es ist aber nicht so, als würde das alternative ästhetische Credo in blankem Subjektivismus oder Irrationalismus bestehen. Vielmehr tragen die Werke idealiter in sich eine Spannung aus Konstruktion und Ausdruck.

Der „Streitpunkt" zwischen Adorno und Ligeti kann dann lediglich in der Haltung gegenüber Ismen oder Schulen bestehen. Soweit dokumentiert, kann Ligeti mit Recht einer kritischen Ästhetik – aber eigener Provenienz – zugeordnet werden, wobei Negativität kein Intendiertes Ziel ist, wenngleich Negativität, wie sie jeder echten Erfahrung beigemengt ist, in Ligetis Kompositionspraxis einging. So ist es u.a. die Erfahrung der Negativität der Zeiterfahrung, dieses „das ist nun nicht mehr", der er seine komponierte oder statische Zeit entgegensetzte. Anders als Stockhausen, der in seine GRUPPEN FÜR DREI ORCHESTER mit der Zeit spielte, sie diversifizierte, scheint Ligeti die Kategorie bzw. die Auffassungsweise der Zeit zu dekonstruieren, indem die musikalische Zeit in reines Verweilen transformiert wird, statt einen Progress zu verkörpern. Ein weiterer Aspekt der Negativität bei Ligeti ist seine Absage an Kommerzialisierung und Verdinglichung von Musik. Somit greift er das von Adorno in die Diskussion gebrachte Thema der Kulturindustrie auf.

Mit seinem Aufsatz VERS UNE MUSIQUE INFORMELLE[34] scheint Adorno regelrecht eine Brücke zur Ligetischen Position zu schlagen. In diesem Text verhandelt Adorno Probleme Neuer Musik, die auch Ligeti beschäftigt haben. Insofern ist es erstaunlich, dass in einer zeitgenössischen KRITISCHEN THEORIE DER MUSIK[35] Ligeti so gut wie keine Rolle spielt. Will man die spätere musikphilosophische Konzeption Adornos

34 Adorno (2003) Vers une musique inforlmelle, in Musikalische Schriften I-III, Rolf Tiedemann (Hg.), Frankfurt a.M.

35 Claus Steffen Mahnkopf (2006).

verstehen, so sollte dieser Ansatz nicht unbeachtet bleiben. Ligeti habe nämlich, so geht aus einem Brief Ligetis an Ove Nordvall hervor, mit ATMOSPHÉRES und RAMIFICATION eine Musik realisiert, wie sie Adorno sich als eine *musique informelle* vorstellte.

> Ich saß an einem Tisch mit Boulez und Adorno in Darmstadt in der Mathildenhöhe, und er hat Boulez seine Vorstellung erklärt über *musique informelle*, bevor er den Vortrag schrieb. Und ich war zu bescheiden, ich konnte nicht sagen, Herr Professor, ich habe so etwas schon komponiert, in ATMORSPHÈRES, aber ich hätte es vielleicht tun sollen.[36]

Später habe Adorno nachdem er ATMOSPHÈRES gehört hat gesagt, dass diese Stück seiner Vorstellung einer musique informelle entspreche. Eine musique informelle stünde somit im Hof kritischer Praxis. Wie Ligetis kritische Praxis zu denken, soll nun nachgezeichnet werden.

LIGETIS „KRITISCHE" PRAXIS

Es mag zunächst etwas befremdlich klingen, wenn behauptet wird, dass Schönheit eine Kategorie kritischer Ästhetik ist – gilt sie doch, nach Dahlhausens Verdikt, als verschlissen und beinahe abgeschafft. Ohne die Geister einer neuen Empfindsamkeit heraufbeschwören zu wollen, soll der Verwendung dieser Kategorie bei Ligeti nachgegangen werden. Ein weiterer Grund, der Kategorie des Schönen nachzugehen, resultiert in dem hiesigen Kontext daraus, dass Adorno auf die Notwendigkeit von Schönheit für Erfahrung mit der Kunst hingewiesen hat. Darüber hinaus lässt sich fragen, ob Schönheit nicht nur ein (notwendiges) Moment kunstästhetischer Erfahrung ist, sondern in bestimmten Kontexten eine Art Speerspitze der Kritik sein könnte. Inwiefern es sich bei Schönheit

36 Der Brief an Nordwall ist dokumentiert in und entnommen aus: Wolfgang Burde (1993) Ligeti, Zürich, S 140.

ohnehin um ein komplexes Prädikat handelt, kann hier jedoch nicht weiter erörtert werden.[37]

Schönheit bei Ligeti zu thematisieren ist nicht neu; andere Autoren haben dies auch getan. Monika Lichtenfeld etwa hat die Kategorie der Schönheit der Musik Ligetis folgendermaßen beschrieben:

> Das Schöne ist hier eine atmosphärische Kategorie: es umschwebt seine Musik, dringt in sei ein, durchweht sie und macht sie erglühen, führt sie auf Bahnen, die geheimnisvoll mit jener strahlkräftigen Schönheit verbinden, die von der großen Musik der Vergangenheit ausgeht.[38]

Wollte Schönberg Schönheit durch Fasslichkeit ersetzen,[39] so beschreibt Lichtenfeld „Schönheit" bei Ligeti anhand von metaphorischen Charakteristika, welche keine deskriptiven in strengem Sinne sind.

> Sinnlichkeit der Farben, Kohärenz der Struktur, das freie Ausleben von Klang in fester aber nicht vorschreibend eingeengter Form, lässt Raum und Zeit zur Gewährung, zur Identifikation, zum fasslichen Nachvollzug. Als schön erlebt man die geordnete Statik von Klangprozessen ebenso wie ihre fluktuierenden Qualitätsveränderungen oder ihre spannungsvolle Gerichtetheit – so etwa wie in *Atmosphères*, Wolken von diffusen Klängen sich lichten, zu glühn, zu funkeln beginnen, um schließlich das gleißende Strahlen eine Tones durchdringen zu lassen.[40]

---

37 Zum Prädikat des Schönen siehe auch: René Thun (2016) Kant und König über Schönheit. Eine sprachphilosophische Überlegung, in: ZÄK 61,2.

38 Monika Lichtenfeld (1987) ...und das Schöne hatt' er behalten, in Otto Koleritsch (Hg.), György Ligeti. Personalstil, Avantgardismus – Popularität, Wien/Graz, S.122 – 130, hier: S. 126.

39 Vgl. Arnold Schönberg (1992) Neue Musik, veraltete Musik, Stil und Gedanke, in: ders., Stil und Gedanke, Frankfurt a.M.

40 Lichtenfeld (1987) S. 127.

Sicherlich sollte man das in dem Zitat metaphorisch zur Sprache Gebrachte in erster Linie als exemplarische und vielleicht auch singuläre Erfahrung verstehen. Allerdings wird damit eine mögliche Erfahrung beschrieben, welche als kohärent mit der Faktur interpretiert werden kann.

Der in der Beschreibung verwendete Schönheitsbegriff sollte nicht substanziell bzw. unveränderlich, sondern funktional/relational verstanden werden. Schönheit ist keine an sich seiende bzw. objektiv ermittelbare Eigenschaft eines bestimmten Gegenstandes, die kriterial auf andere Gegenstände angewendet werden könnte.[41] Schönheit ist etwas Geschichtliches, das an kein bestimmtes Ideal gebunden ist. In der Hermeneutischen Philosophie, wie sie von Hans Georg Gadamer vertreten wird, ist in eben diesem Sinne von einem funktionalen Schönheitsbegriff die Rede, da er nicht von festen beschreibbaren Kriterien ausgeht, sondern veränderlichen historischen Bedingungen ästhetischer Praxis unterliegt. Es scheint hierbei ohnehin auf das enge Verhältnis zwischen Subjekt und Objekt anzukommen. Wenn wir etwas als schön bezeichnen, so meinen wir damit,

> dass es – wie wir sagen – sich sehen lassen kann und auf das Ansehen hin determiniert ist [...] Ohne jede Zwecksetzung, ohne jeden zu erwartenden Nutzen erfüllt sich das Schöne in einer Art von Selbstbestimmung und atmet Freude an der Selbstdarstellung.[42]

Wenn Ligetis Musik dieses Prädikat zugeschrieben werden kann, so steht er damit wohl quer zur Avantgarde und zum Serialismus. Auf Ligetis Verhältnis zur Avantgarde oder zum Serialismus (als Beispiel für einen Ismus) kommt auch Martin Zenck zu sprechen, wobei er den Begriff der Person und den des Personalstils thematisiert. „Dem von der Person und schlechter Subjektivität gerade abgelöste, abstrakte Stil der

41 Vgl. René Thun (2016).

42 Hans Georg Gadamer (1999) Die Aktualität des Schönen. Kunst als Spiel, Symbol und Fest, in: ders., Gesammelte Werke Bd. 8, Tübingen, S. 105.

seriellen Musik wäre eine Allianz mit irgendeinem Personalstil inkompatibel erschienen.“[43] Der von Zenck beschriebene Sachverhalt birgt eine dialektische Ironie in sich, da gerade auch im Totalitarismus die (autonome) Person irrelevant ist, das Individuum wird als ein Störfaktor angesehen in einem System, welches innere Differenzen nicht ertragen kann. Den Begriff des Personalstils als Ideologie zu bezeichnen schlüge daher selbst in Ideologie um.

Ausgangspunkt seiner Kritik, die Ligeti anhand seiner Analysen übt, ist der Begriff der musikalischen Phantasie, der in jüngerer Zeit von Georg Friedrich Haas in die Diskussion gebracht wurde.[44] Musikalische Phantasie steht – nach Ligetis Meinung – in Gefahr, von mechanischer und allzu strenger Kompositionsmethode ersetzt oder unterdrückt zu werden. Eben um die Freisetzung musikalischer Phantasie ging es auch Ligeti, der sich dazu quasi bekenntnismäßig äußerte. „[D]enn durch die Abschaffung jeglicher Vorformung kann sich die musikalische Phantasie dem Unbefestigten, Ungewohnten frei hingeben.“[45] Ligeti weist mit seiner Kritik an fetischisierter Methode, die Subjektivität aus musikalischer Praxis verbannen wollte, auf den blinden Fleck der bis dato quasi mechanisierten bzw. naturalisierenden Kompositionsästhetik des Serialismus hin. Was sich qua neuer Methode als fortschrittlich und als Stand der Dinge versteht, schlägt um in Regression und Konservatismus. Wenn der Methodenfetischismus das Signum Neuer Musik wäre, würde

43 Martin Zenck (1987), Die ich rief, die Geister/Werd ich nun nicht los. Zum Problem von György Ligetis Avantgarde-Konzeption, in: Otto Koleritsch (Hg.) György Ligeti. Personalstil, Avantgardismus-Popularität, Wien/Graz, S. 155.

44 Vgl. Georg F. Haas (2003) Der eigenen Fantasie mehr Raum geben, in: Österreichische Musikzeitschrift, Oct. 2003, S. 20 – 25.

45 Ligeti (1966): Über Form in der neuen Musik in: Darmstädter Beiträge zur Neuen Musik, Mainz: Schott, 1966, 23 – 35, hier: 35.

sie sich verlieren, sobald sie sich ihrer sicher wähnt. Dies käme – jedenfalls musikalisch – einem Ende der Geschichte gleich.[46]

Ligetis kritische Distanz zur Köln-Darmstadt-Paris-Schule aber auch zur Aleatorik (Cage) ist deren Geschichtsvergessenheit geschuldet. Seine – später verstärkte – Hinwendung zur „Tradition", wenngleich ohne Traditionalismus, hängt aufs engste zusammen mit seinem Formverständnis; denn Form ist für ihn kein Resultat stur befolgter Methode oder eines singulären volitiven Aktes, sondern ist historisch vermittelt. In diesem Punkt nähert er sich Adorno an. Die formale Funktion einer Struktur (Thema, Reihe oder Motiv) erklärt sich „nicht innerhalb des einzelnen Werkes, sondern erst innerhalb der geschichtlichen Verkettung"[47], in der das Werk steht und wird erst daheraus verständlich. Denn die formbildenden Momente, die ganze musikalische Syntax wird in Auseinandersetzung mit gewesener Musik erst gefunden – an ihr wird mit musikalischen Mitteln gearbeitet. Was als mögliches formbildendes Mittel fungiert, ist historisch überliefert. Allerdings ist es nicht so, als würde das Individuum von der Geschichte einfach assimiliert werden, so als wäre die historische Vermittlung bruchlos, sondern das Verhältnis zwischen System und Individuum bzw. Struktur und Ereignis stellt sich als komplizierter heraus. Das Individuum passt sich auch nicht einfach der Geschichte oder der Tradition an; es hat ein Eigenrecht. Ligeti verdeutlicht dies, indem er auf eine Netz-Metapher zurückgreift. Tradition hat im Rahmen dessen eher eine dialogische Funktion statt eine autoritäre.

Das System der musikalischen Form und deren Wandlung in der Geschichte kann, in Analogie, aufgefasst werden als ein immenses Netz [...] Die einzelnen Komponisten knüpfen an diesem Netz weiter... Es kommen auch Stellen vor, wo

46 Zum Thema „Ende der Geschichte" in der Musik siehe auch: Beate Kutschke, Wildes Denken in der Neuen Musik, Würzburg 2003.

47 Ligeti (1966) 27.

nicht weitergeknüpft, sondern das Netz zerrissen wird: mit neuen Fäden und nach neuem Muster wird dann weitergeknotet.[48]

Indem er in einzelnen Werken, wie etwa in LONTANO, Allusionen verwendet, die an vergangene Musik erinnert, wird genau dieses Verhältnis als Differenz markiert, so dass die aktuelle Musik mit der vergangenen nicht identisch ist und somit Individualität beansprucht, ihren Anspruch aber erst vor dem Hintergrund der Tradition erheben kann; Individualität ist ein Relationsbegriff. Der Einsatz der Hörner in LONTANO beispielsweise erinnert an die symphonische Musik des neunzehnten Jahrhunderts und diese historische Distanz unterstreicht Ligeti mit der musikalisch realisierten räumlichen Ferne.

Individualität hat Ligeti mehr geschätzt als erfolgreiche Schulen und demgemäß hat er sich mit Begeisterung über individuelle Erscheinungen geäußert, so etwa über Steve Reich oder Chapret.[49] Dies hängt auch mit seiner konsequenten Einstellung gegenüber dem Individuellen und dem Neuen in der Musik zusammen. Beide Momente bilden ein eng zusammenhängendes Begriffspaar. Das Individuelle jedoch droht dort, wo die Struktur dem Ereignis gegenüber fetischisiert wird, ausgelöscht zu werden. Es droht – jedenfalls tendenziell – zu verschwinden, wo, anstatt selbstständig zu denken und ästhetisch autonom zu urteilen, an Strukturen und Institutionen delegiert wird. Demnach unterbindet rigoros universalistisch gehandhabte ästhetische Norm, was Kunst am Leben hält: originelle, neue wie auch individuelle kompositorische Lösungen und Ausdruckswerte in die Welt setzen. Denn nur auf deren Grundlage (und Bereitschaft des Rezipienten) kann echte Erfahrung gemacht werden. Folglich gibt es lediglich ein Anliegen, das Ligeti seinen Schülern vermitteln wollte.

48 Ebd.

49 So etwa in einem Gespräch mit Clytus Gottwald in: Tendenzen der Neuen Musik in dem USA, in: Neue Zeitschrift für Musik, (1975) 4, S. 266 – 72.

Eine einzige Grundhaltung: Freiheit. Man soll machen was man will, und dabei andere nicht kopieren. Eine positive Botschaft habe ich nicht. Ich bin für völlige Ungebundenheit und Originalität. Aber auch für das Handwerk.[50]

Ligeti möchte die Konsequenzen entgegengesetzter Richtungen, des Serialimus', der Aleatorik sowie des kruden Traditionalismus', vermeiden.

Verhärtungen und Erstarrungen und damit dem neuen Akademismus auszuweichen und entgegenzuarbeiten, ist nur möglich, indem man stets Neues erdenkt: weder ein Stehenbleiben bei bereits Erreichtem noch ein „Zurück-zu" ist möglich, ohne der Selbsttäuschung eines festen Bodens, den es nun einmal nicht gibt, zu verfallen[51]

Damit erteilt er Schulbildungen, die verbindlichen Stil institutionalisieren möchten, eine klare Absage. Er stellte selber keine Ismen auf und scheute daher Verschulung sowie normative Bestimmungen seinen Schülern zu vermitteln, weil er seine Art zu komponieren eben nicht als Königsweg auffasste. Im Gegenteil bezeichnete er seinen kompositorischen Weg als einen Irrweg. Er machte ernst mit der Bodenlosigkeit Neuer Musik.

50 Ligeti in einem Interview mit Eckehard Roelcke (2003) S. 194.

51 Ebd. S. 35.

VIII. Das Experimentelle der Neuen Musik

Seit der kompositorischen Neuorientierung nach 1945 hat sich der Begriff des Experimentellen positiv in der Neuen Musik etabliert, der zuvor noch als Ausdruck für Geringschätzung stand. Neue Musik zeichnet sich durch Experimentierfreude aus und seit den 60er Jahren hat der Begriff des Experimentes Konjunktur. Es gilt jedoch den Sinn der Rede von Experimenteller Musik näher zu hinterfragen und den Sinn der Erfahrung, der in diesem Experimentbegriff enthalten ist, offen zu legen. Denn das Experiment gilt landläufig vor allem als ein wichtiges Mittel in den Erfahrungswissenschaften. Musik ist aber keine eine Erfahrungswissenschaft, wenngleich sie ein Medium des Erfahrens ist. Als Ausgangspunkt zur Erörterung des Verhältnisses zwischen Experiment und Erfahrung in Musik und Wissenschaft wähle ich die diskurstheoretische Frage, ob und welcher besonderen Grammatik die Begriffe des Experiments und der Erfahrung in Naturwissenschaften und Musik je unterliegen.

Anstelle des auf Wittgenstein zurückführbaren Begriffs der *Sprachpragmatik* werde ich hier von *Sprechpraxis* reden, da wir im lebendigen kunstästhetischen Diskurs keine *Sprache* metasprachlich reflektieren; wir *vernehmen* jemandes Rede (parole) in mündlicher – eben *Sprechen* – oder schriftlicher Rede. Beides wäre eher dem Verbum „Sprechen" als dem generischen Singular „Sprache" zuzuordnen. Wissenschaft und Musik stellen verschiedene Diskurse dar, sie sind unterschiedliche Formen des Sprechens sind und verfügen über ihr je spezifisches Vokabular. Wären Sprachen Lebensformen im Sinne Wittgensteins, so würden Musik und Wissenschaft verschiedene Lebensformen darstellen. Musik wie Wissenschaft ermöglichen zumindest verschiedenes Reden in derselben Sprache, jedoch stellen sie unterschiedliche Regeln der Satzverknüpfungen dar,[1] in denen der Ausdruck des Experimentes zur Anwendung kommt. Anhand des Sprechens von oder über etwas kann auch auf die Form des Erfahrens geschlossen werden, wobei dies nicht im Rahmen einer Deduktion oder Induktion zu denken wäre, sondern in Form abduktiven Schließens.

Insofern Erfahrungen Widerfahrnisse im Handeln sind,[2] sind alle Praxen mögliche Modi des Erfahrens, da sie eigene Strukturen in Form von Theorien, Begriffe (Termini) und Handlungsschemata besitzen. Hier interessiert jedoch die Unterscheid*barkeit* von Wissenschaft und Kunst im Begriff des Experiments sowie dessen Relevanz für Erfahrungen.

EXKURS ZUM METHODENBEGRIFF

Die in den so genannten Geisteswissenschaften relevanten Erfahrungen lassen sich nicht methodisch beliebig reproduzieren, sondern gehen als Bedingung der Möglichkeit in die wissenschaftlichen Fragestellungen des Geisteswissenschaftlers ein. Im Grunde kann alles planmäßige Vorgehen als Methode verstanden werden; und in diesem Sinne spricht man auch von Kompositionsmethoden oder auch von Analysemethoden, um die Struktur von Kompositionen mit bestimmten Mitteln zu beschreiben oder zu rekonstruieren (wer bei Messiaen Zwölftonreihen sucht, der ist schlecht beraten, denn er verwendete von ihm entwickelte Modi). Dieser weit gefasste Begriff von „Methode“ ist von Gadamer nicht intendiert,

1 Hierzu: Jean François Lyotard (1984) Der Widerstreit, München.

2 Hierzu: Mathias Gutmann (2004) Erfahren von Erfahrungen, Bd.1 Bielefeld.

sondern er verstand unter Methode exakte Wissenschaft(en). Ein weiterer Vertreter der hermeneutischen Philosophie – Paul Ricœur – vertritt in seinen Schriften einen weiter gefassten Methodenbegriff, weshalb für ihn jede Interpretation nach Methoden erfolgt.[3] Gadamer jedenfalls begreift „Methode" als ein Prinzip der exakten Wissenschaften; als eine *mathesis universalis*, der zu Folge Wissen und Erfahrung in Form eines Kalküls „hergestellt" und gelehrt werden können.

Die *Mathesis universalis* – die Mathematisierung von „Wissen" und Erfahrung und schließlich der Welt – setzt schon in der Scholastik mit den Occamisten ein.[4] Die Mathesis universalis ist nicht nur ein Instrument für das Gedankenexperiment, in dem Ereignisse in der Welt apriorisch analysiert werden, sondern sie dient dazu, hinter den Schein der experimentell erwirkten Phänomene, zu kommen. Es sind die Gesetzmäßigkeiten und mathematisch exakt formulierbaren Gesetze, wie beispielsweise das Fallgesetz, welche experimentell ermittelt wurden. Wir haben es hier mit einem wichtigen Anliegen der neuzeitlichen Wissenschaft(en) zu tun, nämlich mit dem Rekurs auf das Experiment (die Erfahrung) zur Sicherung von theoretischem „Welt-Wissen". Hermeneutische Erfahrung nach Gadamer und wissenschaftliche Erfahrung stellen je spezielle Formen des Wissens dar, welche sich kategorial unterscheiden, wenngleich bei beiden das Experimentelle einen Bezugspunkt darstellt.

Es ist der Status des jeweiligen Bezugspunktes der Erfahrungen und des Weltwissens, der im Falle der musikalischen Erfahrung dem Bereich *praktischer Sätze* und im Falle der Wissenschaft der Grammatik der *theoretischen Sätze* zuzuordnen wäre. Der Göttinger Philosoph Josef König führte diese Unterscheidung hinsichtlich erkenntnistheoretisch, ontologischer wie auch sprachphilosophischer Problem ein. *Praktische Sätze* sind Handlungen in Form von Sätzen; sie sind Mitteilungen, an jemanden gerichtet und auf eine jeweilige Situation bezogen. Ein Beispiel für

3 Vgl. Paul Ricœur (1971) Hermeneutik und Psychoanalyse, München.

4 Dazu: Alf Nymann (1949) Das Experiment in seinen Bedingungen und Grenzen, in: Zeitschrift für philosophische Forschung, 4 (1949/50), S. 83f.

einen praktischen Satz wäre „Der Schuh drückt". *Theoretische Sätze* sind situationsinvariant und gelten allgemein. Ein Beispiel für einen theoretischen Satz wäre etwa „Wasser siedet bei 100° C". Sind praktische Sätze an andere Personen gerichtete Mitteilungen, so sind theoretische Sätze Aussagen, die an niemanden adressiert sind. Diese Unterscheidung kann mit der Rekonstruktion des Begriffs der Diskursarten nach Lyotard begründet werden. In seinem Buch DER WIDERSTREIT unterscheidet er zwischen Systemen *kognitiver Sätze* einerseits *und intelligibler Sätze* andererseits. Kern seiner Reflexionen ist die Frage nach der Verifizierbarkeit eines Referenten, der zunächst als Syntagma oder Problem gegeben ist; es steht also zur Diskussion, was der Fall ist.

Den kognitiven Sätzen eignet die Deixis („Dies ist ein Stuhl" oder: „hier haben wir ein Exemplar der Gattung..."). Sie beziehen sich auf „wirkliche" Gegenstände und sind idealiter Deskriptionen von diesen. Bei intelligiblen Gegenständen wie etwa „Freiheit"[5] liegt der Fall der Verifizierbarkeit oder Explizierbarkeit anders. Auf intelligible Gegenstände kann man nicht zeigen. Die Gegenstände intelligibler Rede sind von anderer Gegenständlichkeit als etwa Tische, Stühle oder Äpfel;[6] sie sperren sich der Deskription, weshalb bei ihnen andere Geltungskriterien erforderlich sind. Folglich stehen für unterschiedliche Gegenständlichkeiten auch unterschiedliche Mittel der Validierung zur Verfügung. In seiner Kritik der reinen Vernunft bezieht Kant den Begriff der Erkenntnis nur auf empirische Objekte. Wenn auch „intelligible Gegenstände" sich nicht im Rahmen naturwissenschaftlicher Methoden verifizieren lassen, so lassen sie sich dennoch exemplifizieren, was Kant in seinen Beispielen zum moralischen oder amoralischen Handeln ja tat. Allerdings sollte nicht unerwähnt bleiben, dass eben die Gegenständlichkeit sowie deren „Kriterien" als Einladung zum Herbeifantasieren von möglichen Entitäten, Welten, usw. missverstanden werden kann. Es

5 Hierzu: René Thun (2008) S. 137.

6 Zum Problem der Gegenständlichkeit siehe auch: Josef König (1994) Der logische Unterschied theoretischer und praktischer Sätze und seine philosophische Bedeutung, Friedrich Kümmel (Hg.), Freiburg/München.

besteht also das Problem der rationalen Akzeptierbarkeit hinsichtlich der Geltung der Rede von nichtempirischen „Gegenständen“.

Wenn ein zu beschreibender Gegenstand immer in Abhängigkeit zu seinen Beschreibungsmitteln zu begreifen ist, dann stellt sich die Frage, inwiefern die Validierungsmittel dem Gegenstand adäquat sind. Intelligible Gegenstände können als funktionale Begriffe bzw. Denkkonstrukte aufgefasst werden; es ist nicht möglich, für sie eine Ontologie zu entwickeln, die eine direkte Referenz auf etwas Dingliches hätte, wie etwa das Wort „Apfel“ eine Referenz oder Bezug auf Äpfel hat. Ein Beispiel für intelligible Begriffe wäre etwa auch der Begriff der Personenwürde, denn dieser Begriff geht nicht in der bloßen drittpersönlichen Beschreibung (Beobachterperspektive) auf. Der Begriff der Person ist ein Entwurf eines Wesens, das über bestimmte (kommunikative, normative) Fähigkeiten verfügen können muss, wobei ihre Würde keine raumzeitlich ausgedehnte Eigenschaft ist, auf die wir zeigen könnten.

In Form einer Vorabdefinition wurde festgehalten, dass Erfahrungen Widerfahrnisse im Handeln sind, die etwas an etwas oder etwas als neu erschließen. Der Begriff des Neuen wäre somit eng verbunden mit dem der Erfahrung. Experimente bringen etwas in Erfahrung. Für das Experiment in den neuzeitlichen Wissenschaften kann als Zweck des Experimentes die *Absicherung der Erfahrung mittels Technik* angegeben werden. Nicht nur ist das Experiment hier bzw. die experimentelle Erfahrung technisiertes Handeln, vielmehr geht mit ihm eine Technisierung der Erfahrung selbst einher. Eine notwendige Bedingung hierfür ist die Vergegenständlichung oder Verdinglichung von Erfahrung als ein methodisches Projekt, was wiederum Konsequenzen für den Status der Person und deren Erfahrung hat.

Technisiert wird die Erfahrung, insofern der Gegenstand, der experimentell untersucht wird, rein quantitativ erfasst werden soll.[7] Die Mittel hierfür sind Messung, Metrisierung, Parametrisierung, Beobachtung und Formalisierung. Die Mathematisierung ist kein Selbstzweck, denn

7 Dies ist von Holm Tetens (1987) Experimentelle Erfahrung, Hamburg, insbes. S. 17f, ausgearbeitet worden.

mit ihr wird ein Ziel verfolgt, nämlich die (beliebige) Reproduzierbarkeit und Prognostizierbarkeit naturgesetzlicher Phänomene. Entscheidend ist die Determinierung experimenteller Reproduzierbarkeit durch bestimmte Anfangsbedingungen, zu denen die Person aber nicht zählt – sie spielt idealiter keine Rolle. Was in Erfahrung gebracht wird, ist also keine Erfahrung im Gadamerschen Sinne, sondern im Rahmen einer wissenschaftlichen Deskription wird ein Phänomen in Form von transsubjektivem Wissen in Erfahrung gebracht.

Nicht als Antipode oder Konkurrenz, sondern als Alterität hierzu ist der hermeneutische Erfahrungsbegriff zu verstehen. Auch hier wird Erfahrung vergegenständlicht, jedoch auf eine gänzlich andere Weise. Hermeneutische Erfahrung wird im Medium der *Narration* vergegenständlicht. Vergegenständlichung besagt hier keine bruchlose oder gelungene Vermittlung an andere, was wir spätesten dann bemerken, wenn wir über eine musikalische Erfahrung reden möchten und nicht die richtigen Worte zu finden scheinen. Die Korrelation von Erfahrung und Phänomen ist hier eine Besondere, da das Sein des Gegenstandes, also das Phänomen in seiner Qualität, eng mit der Erfahrungs*perspektive* verknüpft ist. Die Erfahrung mit einer bestimmten Musik ist in gewisser Weise ihr *Was* und ihr *Wie*. Für einen Geometer ist es hingegen völlig unerheblich, welche Farbe die Seiten (ihr Wie) eines Dreiecks haben. Genau hier setzt – in Kontrast – Gadamers Analyse der Kunsterfahrung an, die er als Paradigma für hermeneutische Erfahrung ansieht. Demnach haben ein „Werk" oder in diesem Fall experimentelle Musik, die geschichtlich erfahren werden, ihre Kontinuität in der Differenz – sie werden mit dem Moment des Nichtidentischen erfahren; mit einem Sinnüberschuss, der die Erfahrbarkeit letztlich unabschließbar macht. Das Werk ist Korrelat der kommunikativen Vermittlung und nicht als fixe Entität beschreibbar – auch wenn musikalische Analysen auf dem ersten Blick den Anschein erwecken mögen. Mit Geschichte im Sinne der Geschichtswissenschaft hat der hier verwendete Begriff der Geschichtlichkeit wenig zu tun. Vielmehr zielt er auf den Aspekt der Kontingenz der Erfahrung ab. Dieser Kontingenz in der Erfahrung einen

Sinn zu geben, ist eine hermeneutische Tätigkeit, die von der erfahrenden Person ausgeht.

Wird ästhetische Erfahrung mitgeteilt oder erzählt (wie sollte sie sonst intersubjektive Realität haben?), so wird in der experimentellen Erfahrung vor allem reidentifiziert im Sinne des (Wieder)Erkennens und gerechnet. Mit jeder Erfahrung modifiziert man sein Wissen. Im Unterschied zum Wissen, das über experimentelle naturwissenschaftliche Erfahrung gewonnen wird, spielt in der hermeneutischen Erfahrung Selbst-Wissen eine tragende Rolle. Naturwissenschaftliche Erfahrung wird zwar von Personen gemacht, zumal diese Experimente konzipieren und durchführen, doch sie sind nicht die entscheidenden Bezugspunkte. Naturwissenschaftliche Experimente verfolgen den Zweck, Wissen über Welt und genauer über Kausalverhältnisse zu gewinnen, um diese beherrschen zu können. Daher geht dieses Wissen in der reinen Mittelfunktion unter der Regie instrumenteller Vernunft auf. Es geht folglich im naturwissenschaftlichen Diskurs um eine prinzipielle Austauschbarkeit von Erfahrenden bzw. von handelnden Personen. Die Perspektive der jeweils handelnden Person ist hierbei ohne Belang; die (erstpersönliche) Perspektive wird im Idealfall eliminiert. Das Resultat ist transsubjektive Gültigkeit.

Ein weiterer Punkt, der zur Klärung des Verhältnisses von wissenschaftlicher und ästhetischer Erfahrung beiträgt, ist eher zeichenphilosophischer Art. Denn so wie die handelnde Person für die experimentelle Erfahrung gleichgültig zu sein scheint, so sind es auch die in den jeweiligen Wissenschaften verwendeten Symbole, die zur Veranschaulichung eines Sachverhaltes herangezogen werden. Diese Symbole, wie sie im Periodensystem oder in der Physik verwendet werden, sind als Medium für die Bedeutung, die es zu erfassen gilt, völlig gleichgültig. Zwar können diese Symbole oder Darstellungsformen (als Material) auch in einen künstlerischen Kontext integriert werden, doch dieser Umgang mit ihnen ist dann ein anderer als in den Naturwissenschaften. Im Prinzip kann so ziemlich alles Material für die künstlerische Produktion werden.[8] Der Unterscheid liegt aber vor allem darin, dass die „Symbole“ die in der Kunst verwendet werden, ihre ästhetische Wirkung erst kraft ihrer Sinnlichkeit, also ihrer Materialität und konkreten Erscheinung, entfalten.

Sieht man vom klassischen Schönheitsbegriff ab, so kann man Schönheit als eine für die ästhetische Praxis notwendige Kategorie auffassen. Sogar Adorno bezeichnete die Musik Alban Bergs als schön, da sie formosus – formenreich – sei. In diesem Sinne plädierte der als Exorzist des Schönen verschriene Adorno für einen funktionalen Schönheitsbegriff, der, so lange es Kunst gibt, eine wichtige Rolle spielen wird, sofern sie mehr als bloßer Informationsträger sein will. Dieser Schönheitsbegriff hat, ebenso wie der Gadamers, den Vorteil, dass er keiner metaphysischen Realitätsverdoppelung im Sinne eines Platonischen Ideenhimmels bedarf. Dieser Schönheitsbegriff jedenfalls dürfte in den mathematisch oder empirisch verfahrenden Wissenschaften keine notwendige Rolle spielen, denn die Aussagen in der Astrophysik etwa beruhen auf kohärenten und auf Axiomen basierenden Folgerungen, um die Daten in einen folgerichtigen Zusammenhang zu bringen. In den Wissenschaften kommt es um Folgerichtigkeit und Widerspruchsfreiheit an und nicht auf „Schönheit“.

Mit diesen Bemerkungen sollte verdeutlicht werden, inwiefern verschiedene Diskursarten, für die hier exemplarisch Kunst und Wissenschaft stehen, kategorial verschieden sind. Das Intelligible in der Kunst

8 Zweifelsohne können Graphiken, Diagramme oder Weltraum-Aufnahmen ästhetisch aufgefasst werden. Wenn jemand in den Modus des sich ästhetisch Verhaltens eingeht, so wechselt er aber auch in einen anderen Diskurs, der nicht der Diskurs der exakten Wissenschaft ist. Denn Diskurse sind (autonome) zweckbezogene Satzregelwerke/-Systeme der Rede, die eigene Begriffe generieren. Beispielsweise repräsentiert die Ökonomie einen anderen Diskurs als die Theologie. Deren Satzregelsystemen entsprechend werden sie beispielsweise ihr Menschenbild konstituieren. Hierzu: Lyotard (1989) S. 251f.

ist notwendigerweise auf Sinnlichkeit angewiesen; in den Wissenschaften sind die (sinnlich gegebenen) verwendeten Symbole lediglich konventionelle Informationsträger. Inwiefern diese diskurstheoretische Unterscheidung berechtigt ist, erweist sich, wenn man sich des Ortes der Person in Wissenschaft und Kunst vergegenwärtigt.

EXPERIMENT UND WISSENSCHAFTLICHE ERFAHRUNG

Da im wissenschaftlichen Experiment der Experimentator, der etwas in Erfahrung bringt, im Prinzip als Fehlerquelle gilt, spielt er für das, was in Erfahrung gebracht werden soll – was seine Geschichtlichkeit anbelangt – keine Rolle. Im Gegenzug wird Transsubjektivität erreicht, da er idealiter die Nicht-Perspektive par excellence verkörpert. Die Wahrheit, die er erzeugt, kann im Prinzip von jedermann reproduziert werden. Experimentelle Erfahrungen in diesem Sinne sind an Überprüfbarkeits- und Gelingenskriterien gebunden. Das Ergebnis und dessen Beurteilung hängen mit der Subjektivität der experimentierenden Person nicht zusammen, jedenfalls nicht, wenn gute wissenschaftliche Praxis angestrebt ist. Dass experimentell erworbene Ergebnisse Fake sein können, wie im Bereich der Stammzellenforschung verfolgt werden konnte, muss einkalkuliert werden, obwohl es kein Argument gegen redliche Experimente ist. Auch wenn der Experimentator Kreativiät für das experimentelle Design aufbringen muss, tut er dies anhand logischer Überlegungen und gemachten Erfahrungen.

Was in der Wissenschaft Logik heißt, kann in der Kunst bestenfalls als Stimmigkeit oder ästhetische Kohärenz bezeichnet werden. Lediglich in einem metaphorischen Sinn kann in der Musik von Logik die Rede sein.[9] Es gibt keine Gesetze richtigen musikalischen Schließens, es wird in der Musik überhaupt nicht *geschlossen*. Es gibt allerdings

9 Zur Logik in der Musik hat sich Adorno ausführlich geäußert. Hierzu: Adorno (1971) S. 114.

Fehler in musikalischer Fortsetzung, etwa wenn im Rahmen tonaler Musik das Seitenthema nur einen Halbton höher erklingt als die Ausgangstonart. Dann wäre gegen die formbildende Kraft der Tonalität verstoßen. Hingegen ist die Erfahrung, die ein Wissenschaftler mit Hilfe des Experimentes macht, von Regeln, Modellen, bisher erbrachten empirischen Befunden (Messungen) und Formeln *geleitet*.

Anders verhält es sich mit dem hermeneutischen Erfahrungsbegriff. Immer ist es ein *Wer*, die oder der Erfahrung macht, als Erlebnisse, die ihm Neues offenbaren und die sie oder er in einen narrativen Zusammenhang bringt. Es geht hier darum, dass das WER diese Erfahrungen mittels Narration in seinen Horizont integriert und diesen Horizont zugleich zur Geltung bringt. Geht es im wissenschaftlichen Experiment vorrangig darum, Phänomene in der Welt zu begreifen, so führt hermeneutische Erfahrung, wie sie exemplarisch an der Kunst gemacht werden kann, zu einem sich-selbst-Verstehen. Ein einfaches Beispiel hierfür wäre die Erfahrung mit Literatur, die, und das ist jedenfalls möglich, unsere praktischen Überzeugungen, die wir bislang hatten, in ein neues Licht rückt oder überhaupt erst zur Bildung einer Überzeugung beiträgt. Dies geschieht zum Teil mittels der Identifikation mit einem Charakter, in dessen Perspektive wir schlüpfen können oder den wir – ohne uns mit ihm zu identifizieren – aus einer Distanz heraus quasi beobachten. Somit wird eine uns bis dahin nicht zugängliche Weltsicht vermittelt.

EXPERIMENT UND ÄSTHETISCHE ERFAHRUNG

Im Erforschen von neuen Klangmöglichkeiten (Emanzipation des Geräuschs), Notation- sowie Rezeptionsweisen von Kunst, teilt das künstlerische Experiment mit dem wissenschaftlichen den Charakter des Explorativen. Bei ästhetischer Erfahrung wird jedoch nicht gemessen, sondern der Erfahrende erfährt etwas über sich sowie neue Ausdrucksmöglichkeiten bzw. die Entdeckung von affektiven Artikulationsmöglichkeiten oder emotionalen Zuständen.[10] Dieser Aspekt ist auch musikpädagogisch nicht zu unterschätzen.

> Weil eine Inszenierung Experimenteller Musik durch das Entstehen im Hier und Jetzt als ein unwiederbringliches, einmaliges Ereignis fasziniert, kann experimentelle Musik im Moment und im Vollzug Grunderfahrungen auslösen [...] Das Einmalige, für alle Beteiligten nicht voraussehbare, will in seinen Bann ziehen [...] Wer sich ausklingt, der verpasst.[11]

Es geht so verstanden auch um Selbsterfahrung im Sinne von Kompetenzen, die man erwirbt, etwa indem Hörgewohnheiten hinterfragt werden, was wiederum neue Möglichkeiten für Musik zur Folge hat. Musik wird zum Orientierungspunkt für Selbstbildung mit aufklärerischen Mitteln.

Diese Selbsterfahrung stellt ein wichtiges Unterscheidungsmerkmal zwischen wissenschaftlicher und ästhetischer Erfahrung dar. Abgesehen von der Materialerweiterung, der Notation und der Aufführungspraxis, die durch Erfahrung modifiziert werden können, tritt das Moment der Selbstreflexion hinzu, die ohne reflexive Sinnlichkeit nicht zu denken wäre. Sicherlich kann auch theoretisches Wissen im Sinne der Selbstbildung, wozu Überzeugungen und Wünsche gehören, beitragen. In Form einer Phronesis kann etwa Wissen, das in der Astronomie gewonnen wurde, sogar auf die eigene Existenz bezogen werden. Hier sind wir dann aber nicht mehr im Diskurs der Astronomie, sondern bereits wieder

---

10 Hierzu: Michael Chanan (1972), Art as Experiment, in: British journal of aesthetics, 12 (1972, S. 133 – 147. Es geht dabei nicht um einen neuen Sentimentalismus, dem das Wort geredet werden soll. Vielmehr geht es um die Empfindung des Neuen auf atmosphärische Art und Weise, also ungewohnte Atmosphären, die uns affizieren, die wir jedoch nicht eindeutig identifizieren können.

11 Andreas Langbehn (2001) Experimentelle Musik als Ausgangspunkt für elementares Lernen, Saarbrücken, S. 100.

auf der Ebene der lebensweltlichen Sorge um sich. Theoretisches Wissen wird auf praktisches Selbst- und Weltwissen angewandt. Für den wissenschaftlichen Diskurs selbst ist diese Selbsterfahrung oder Phronesis, die jeder, der nach einem guten bzw. sinnvollen Leben fragt, vollzieht, jedoch unerheblich bzw. sie ist ein zufälliges oder beiläufiges Epiphänomen.

Wir können hier also festhalten, dass der Erfahrungsbegriff in Kunst und Wissenschaft ein gänzlich anderer ist, bzw. dass es sich bei der Verwendung des Ausdrucks „Erfahrung" in Kunst und in Wissenschaft um eine Äquivokation handelt; und genau dies gilt für den Begriff des Experimentellen

EXPRESSION DES EXPERIMENTELLEN

Ein besonderes Merkmal Neuer Musik ist die Eröffnung eines besonderen Erfahrungsraumes. Zum einen ist dies bedingt durch den explorativen Charakter der Neuen Musik, der sich nicht nur auf das Material beschränkt, sondern eine weitere ästhetische Kategorie betrifft, die mit dem Material korreliert, nämlich die des Ausdrucks. Neue Musik ist Arbeit am Material, Ausdruck und an der Form. Mit der Ausdifferenzierung des Materials erforscht sie zugleich neue Ausdruckswerte; und daher wäre es verkürzend, wenn Musik auf einen Grundbestand von Affekten reduziert werden würde und Musik eben nur *bestimmte* Affekte zum Ausdruck brächte. Das Verhältnis zwischen Musik und Affekt wäre hingegen als ein wesentlich innigeres zu begreifen, da ein musikalischer Affekt intrinsisch verwoben ist mit seiner musikalischen Gestalt, die ihn gleichsam hinbildet. Jedoch bedeutet dies nicht, dass der Zuhörer sich notwendig auf bestimmte Weise affiziert fühlt.

Im Grunde genommen lassen sich Affekte nicht in beliebige Medien übertragen, sie können bestenfalls eine Familienähnlichkeit besitzen, wenn wir etwa ein Musikstück und ein Gemälde, hinsichtlich ihrer Wirkung auf uns, miteinander vergleichen.[12] Wenn ein Affekt an ein bestimmtes Erlebnis gebunden ist, so resultiert daraus, dass der Affekt nicht einfach im Subjekt schlummert und dann durch musikalische Stimulanz hervorgerufen wird. Denn der Affekt geht einher mit der Vorstellung dessen, was da affiziert; es müssen subjektiver Zustand und Wahrgenommenes *zugleich* gedacht werden. Und daher gilt es eher, die Bandbreite affektiven Lebens zu ergründen, indem neue musikalische Affekte „geschaffen" werden. Hierfür müssen ausgetretene Pfade des bislang bekannten und eingeschliffenen Ausdrucks verlassen werden. Konstruktion ist dabei ein Mittel, um eben neuen Ausdruck zu entdecken. Und selbst der Ausdruck des Ausdruckslosen ist ein Ausdruck. In diesem Sinne können wir gerade mit Neuer Musik etwas über uns in Erfahrung bringen, wir können neue Selbstverhältnisse und somit wiederum Weltbezüge erfahren – wir können uns selbst neu erfahren.

---

12 Diese Familienähnlichkeit ist hier jedoch nicht als wissenschaftliche Kategorie gedacht, sondern unterliegt, wie Wittgenstein in seinen Philosophischen Untersuchungen zeigt, konstruktiven Interpretationsprozessen der wahrnehmenden Person, sie hat mit unserer methodisch nicht mehr einholbaren ästhetischen Aktivität zu tun.

Schluss

Mit der anfangs aufgestellten Grundthese wurde behauptet, dass Neue Musik in sich eine aufklärerische Praxis sei. Im Sinne einer hermeneutischen Pragmatik kann dies selbstverständlich nur in exemplarischer Hinsicht gezeigt werden. Der hier verfolgte Ansatz besteht darin, Neue Musik als eine Praxis zu begreifen. Aus der Perspektive der Kulturhermeneutik erfährt diese Praxis eine Transformation zum Symbol, da ihre Pragmatik bzw. produktionsästhetisch wirksamen Hintergrundmaximen zu denken geben.[1]

Aufklärerisch tätige musikalische Vernunft ist Neue Musik, da sie ihre eigenen Bedingungen reflektiert, indem sie die Frage nach Musik in einem radikalen Sinne stellt. Dies wurde eingangs am Beispiel Cages gezeigt. Zugleich erhellt auch, weshalb eine gemäß einer reinen Objektstellung verfahrende Ontologie nicht genügt, um Neue Musik als musikalisch sich artikulierende Vernunft deuten zu können. In reiner Objektstellung hätten wir lediglich klingende Strukturen oder Gebilde, ohne diese jedoch als Resultate musikalischen Handelns in den Blick bekommen zu können. Sicherlich, wir wissen immer schon, dass musikalische Werke musikalischem Handeln entspringen, doch ohne die Einbeziehung produktionsästhetischer Pragmatik würde uns das Korrelat der

1 Es geht also um das Freilegen möglichen Sinns einer Praxis gemäß dem ricœurschen Motto „Das Symbol gibt zu denken". Vgl. Paul Ricœur, Symbolik des Bösen, Freiburg 1971, S. 395f.

Handlungsebene fehlen und die Vernünftigkeit wäre ausschließlich seitens des Interpreten zu suchen.

Vernünftig ist die Neue Musik, insofern sie, indem sie ihre Bedingungen reflektiert, zugleich Bedingungen gesellschaftlicher Art expliziert. Indem sie dies tut, entwickelt sie Modelle. Modelle verkörpern bzw. exemplifizieren Eigenschaften oder bestimmte Hinsichten auf oder von Etwas. Die ständige Reflexion und Hinterfragung von vorgeblich gesicherten Ausdruckswerten oder musikalischen Idiomen kann hierbei als Modell gelten. Dieser beständige Prozess des Aufbrechens von und Kritik an Vorurteilen ist ein aufklärerischer Impetus. Modellhaft zeigt sie, wie es möglich ist, trotz Hinterfragung oder gar Verabschiedung der Konventionen dem Allgemeinen verpflichtet zu bleiben – im Rahmen zwangloser Anerkennung.

Hierin kann ein genuiner Beitrag zur Kulturellen Bildung gesehen werden. Trotz ihres forschenden Charakters, der zunächst suggeriert, dass sie nur von Experten für Experten gemacht ist, ist Neue Musik zugleich auch als eine Einladung zur Partizipation an musikalischen Prozessen. Davon zeugen nicht nur initiierte Festivals oder Stücke, die den Rezipienten aktiv fordern, sondern auch Initiativen in der schulbezogenen Musik, wie etwa das vom Komponisten Burkhard Friedrich geleitete KLANGRADAR in Berlin. Die Hinwendung zum Experimentellen bezeugt, inwiefern die Haltung dem Material gegenüber eine radikal andere ist. Nämlich sich einer Sache aussetzen, etwas probieren, ohne zu wissen, ob das musikalische Tun scheitert oder gelingt, ist ein produktiver Umgang mit Alterität. Diese Alterität ist ein doppelte. Wer etwas probiert, ohne zu wissen, was dabei rauskommt, setzt sich der Alterität eigenen Tuns aus. Man wird sich dadurch zu einem Anderen. Damit findet ein Umgang mit der Kontingenz des Eigenen und des Fremden statt; und eben der vernünftige Umgang mit der Kontingenz ist das, was eingangs des Essays als Phronesis bezeichnet wurde.

Die Phronesis ist dort vonnöten, wo es keine Notwendigkeiten gibt. Daher betonte Aristoteles, dass die Phronesis keine Wissenschaft sei, denn die Wissenschaft habe es mit dem Notwendigen zu tun. Wenn wir uns fragen, was wir tun sollen, so ist genau dieser Prozess als Phronesis zu bezeichnen. Im Sinne der Freiheit bzw. Autonomie ist die Phronesis ein notwendiges Korrelat des Möglichkeitssinns. Für uns als handelnde Personen, die immer auch ein irgendwie geartetes ästhetisches Leben vollziehen, eröffnet uns vor allem die Neue Musik den Raum, innerhalb dessen sich unser Möglichkeitssinn artikulieren kann.

Literatur

Adessi, Anna Rita (2005) Analysis and perception in post-tonal music: an example from Kurtàgs String Quartett op. 1, Psychology of Music 2005; 33; S. 94 – 116

Adorno, Theordor W. (1966) Form in der neuen Musi*k*, in: Darmstädter Beiträge zur Neuen Musik

Adorno, Theodor W. (1995) Berg – Der Meister des kleinsten Überganges, Frankfurt/Main

Adorno, Theodor W. (2002) Philosophie der neuen Musik, Frankfurt a.M.

Adorno, Theodor W. (2003) Musikalische Schriften IV, Frankfurt a.M.

Aristoteles (1989) Politik, Frans F. Schwarz (Hg./Übers.), Stuttgart

Augustinus (1940) De Musica, Paderborn

Bähr, Andreas Hrsg. (2005) Grenzen der Aufklärung. Körperkonstruktionen und die Tötung des Körpers im Übergang zur Moderne, Hannover

Batteux, Charles, (1984) in: M. Zimmermann und C. Dahlhaus (Hrsg.), Musik zur Sprache gebracht, Kassel

Bacon, Francis (1999) Neues Organon, Hamburg

Bayle, Pierre (2016) Toleranz – Ein philosophischer Kommentar, E. Buddenberg und R. Forst (Hg.), Frankfurt a.M.

Bekker, Paul (1923) Neue Musik, in: Ges. Schriften Bd.3, Leipzig

Bittner, Rüdiger et al. (Hrsg) (1999) Was du nicht hören kannst – Musik, Hildesheim

Blaukopf, Kurt (1982) Musik im Wandel der Gesellschaft, München

Blumröder, Christoph v. (2004) Zur Kompositorischen Neuorientierung nach 1945, in: Archiv für Musikwissenschaft, Jg. 61, 2004, Heft 1

Blumenröder, Chr. v. und W. Steinbeck (Hg.) (2007) Musik und Verstehen, Laaber

Böhme, G. und H. (1983) Das Andere der Vernunft, Frankfurt a.M

Böhme, Gernot (1988) Permanente Aufklärung, in: Gunzelin Schmid Noerr, Metamorphosen der Aufklärung, Tübingen, S. 20 – 26.

Brandom, Robert (2008) Between saying and doing, Oxford

Bubner, Rüdiger (1989) Ästhetische Erfahrung, Frankfurt a.M.

Bürger, Peter (1974) Theorie der Avantgarde, Frankfurt a.M.

Brümmer, Ludger (1995), Ratio irratio, Luzern

Cage, John (1987) Silence, Frankfurt a.M.

Cassirer, Ernst (1994) Philosophie der symbolischen Formen, Bd. 1 Die Sprache, Darmstadt

Cassirer, Ernst (1994) Zur Logik der Kulturwissenschaften, Darmstadt.

Chanan, Michael (1972), Art as Experiment, in: British journal of aesthetics, 12 (1972), S. 133 – 147

Churchland, Paul M. (1995) The engine of reason, the seat of the soul. A philosophical journey into the brain, Cambridge/Mass

D'Alembert, Jean le Rond (1752) Elemens de la musique. Theorique et practique, Paris

Danto, Arthur C. (1984) Die Verklärung des Gewöhnlichen, Frankfurt a.M

Dahlhaus, Carl (1971) Analyse und Werturteil, Mainz

Dahlhaus, Carl (1978) Die Idee der absoluten Musik, Kassel

Dahlhaus, Carl (1986) Was heißt „Entwickelnde Variation"?, in: Kongress der internat. Schönberg Gesellschaft, Wien 1984, Stephan Rudolf und Sigrid Wiesmann (Hg.), Wien

Davies, Stephen (2003) Themes in the philosophy of music, Oxford

Debatin, Bernhard (1994) Die Rationalität der Metapher, Berlin

Delaere, Marc (1991) Die Musikgeschichtsschreibung und das Neue, Brüssel

Derrida, Jacques (1988) Grammatologie, Frankfurt a. M.

Diderot, Denis (1989) Rameaus Neffe, in: Rolf Geißler (Hg.), Diderot, Ein Lesebuch, Berlin/Weimar

Dilthey, Wilhelm (1927) Vom musikalischen Verstehen, in: *Ges. Schriften Band VII.*, Leipzig 1927

Dopheide, Bernhard (1978) Musikhören – Musikerziehung, Darmstadt

Ebeling, Hans (1989) Ästhetik des Abschieds, Freiburg/München

Faltin, Peter (1979) Phänomenologie der musikalischen Form, in: Beihefte zum Archiv für Musikwissenschaft Band XVIII, Hans Eggebrecht (Hg.), Wiesbaden

Febel, Reinhard (1982) Neue Philosophie der Musik, in: Neuland (1982) Heft 2, S. 93 – 96

Federhofer, Hellmut (1972) Zur Rezeption Neuer Musik, International Review of the Aesthetics and Sociology of Music, Vol. 3, No. 1

Federhofer, Hellmut (1998) Ein Beitrag zur Ästhetik Neuer Musik des 20. Jahrhunderts, in: Acta Musicologica, Vol. 70/2, S. 116 – 132, hier: S. 116

Freudenberger, Silja/Sandkühler, Hans Jörg (2003) Repräsentation, Krise der Repräsentation, Paradigmenwechsel, Frankfurt a.M

Fricke, Stefan (2010) Zeitgenössische Musik, Deutsches Musikinformationszentrum (online) S. 1 – 8

Gadamer, Hans Georg (1975) Wahrheit und Methode, Tübingen

Gadamer, Hans-Georg (1999) Die Aktualität des Schönen, Gesammelte Werke 8, Tübingen

Gil, Thomas (2003) Die Rationalität des Handelns, München

Gloy, Karen (2003) Vernunft und das Andere der *Vernunft*, Freiburg

Goehr, Lydia (1992) The imaginary museum of musical works, Oxford

Goldschmidt, Harry (1988) Aufklärung als Methode. Zu Mozarts „Entführungs"-Ouvertüre, in: Mozart und die Aufklärung. Sitzungsberichte der Akademie der Wissenschaften der DDR (Gesellschaftswissenschaften), Jg. 1988, Nr. 11/G, S. 20 – 28

Gray, Patricia (2001) The music of nature and the nature of music, in: Science, Vol. 291, S. 52–54

Gutmann, Mathias (2004) Erfahren von Erfahrungen, Bd.1 Bielefeld

Halbwachs, Maurice (1962) Das kollektive Gedächtnis, Stuttgart

Haas, Georg F. (2003) Der eigenen Fantasie mehr Raum geben, in: Österreichische Musikzeitschrift, Okt. 2003, S. 20 – 2

Hanslick, Eduard (1984) Vom Musikalisch-Schönen, Leipzig

Hegel, G.F.W. (1985) *Ästhetik II*, Berlin

Helmholtz, Hermann von (1870) Die Lehre von den Tonempfindungen als Grundlage für die Theorie der Musik, Braunschweig

Henze, Hans Werner (1979) Exkurs über den Populismus, in ders. (Hrsg.), Zwischen den Kulturen, Frankfurt a.M.

Henze, Hans Werner (1986) Lehrgänge. Erziehung in der Musik, Frankfurt a.M.

Hindrichs, Gunnar (2014) Die Autonomie des Klanges. Eine Philosophie der Musik, Frankfurt a.M.

Hirtler, Eva (1998) Die Musica im Übergang von der scienta mathematica zu scienta media, in: F. Hentschel (Hrsg.), Musik – und die Geschichte der Philosophie und der Naturwissenschaft im Mittelalter, Leiden 1998, S. 19 – 37

Hübner, Kurt (1994) Die zweite Schöpfung, München

Ingarden, Roman (1962) Untersuchungen zur Ontologie der Kunst. Musikwerk – Bild – Architektur – Film, Tübingen

Kaden, Christian (1984) Musiksoziologie, Berlin

Kaden, Christian, (1993) Des Lebens wilder Kreis, Kassel

Kant, Immanuel (1968) Kritik der Urteilskraft, Wilhelm Weischedel (Hg), Kant. Werke in zwölf Bänden, Bd. VII, Frankfurt a.M.

Kant, Immanuel (1956), Grundlegung zur Metaphysik der Sitten, in: Wilhelm Weischedel (Hg), Kant. Werke in zwölf Bänden, Bd. VII, Frankfurt a.M.

Kant, Immanuel (1956) Die Religion im Gebrauch der bloßen Vernunft, darin die Abhandlung Vom radikal Bösen, in: Wilhelm Weischedel (Hg.), Kant. Werke in zwölf Bänden, Bd. VIII, Frankfurt a.M.

Kaul, Albert (2008) Musikalische Bildung der Differenz, Köln

Kivy, Peter (2001) Introduction into a philosophy of music, Oxford

Knepel, Georg (1988) Mozart und die Ästhetik der Aufklärung, in: Mozart und die Aufklärung. Sitzungsberichte der Akademie der Wissenschaften der DDR (Gesellschaftswissenschaften), Jg. 1988, Nr. 11/G, S. 7 – 19

Koelsch, Stefan et al. (2002): „Bach speaks: A cortical Language-Network Serves the Processing of Music“, in: Neuroimage 2002, Vol. 17, S. 956 – 966

Koelsch, Stefan et a. (2004): „Music, language and meaning: brain signatures of semantic processing“, in: Nature Neuroscience 2004, Vol. 7, S. 302 – 307

König, Joseph (1994) Der logische Unterschied theoretische und praktische Sätze und seine philosophische Bedeutung, Friedrich Kümmel (Hg.), Freiburg

Kutschke, Beate (2002) Wildes Denken in der Neuen Musik, Würzburg

Lachenmann, Helmut (2004) Musik als existenzielle Erfahrung, Wiesbaden (1996)

Langbehn, Andreas (2001) Experimentelle Musik als Ausgangspunkt für elementares Lernen, Saarbrücken

Lichtenfeld, Monika (1987) ...und das Schöne hatt' er behalten, in Otto Koleritsch (Hg.), György Ligeti. Personalstil, Avantgardismus – Popularität, Wien/Graz 1987, S.122 – 130

Ligeti, György (1966) Über Form in der neuen Musik, in: Darmstädter Beiträge zur Neuen Musik, Mainz: Schott, 1966, S. 23 – 35

Ligeti, György (1975) Tendenzen der Neuen Musik in den USA, in: Neue Zeitschrift für Musik, (1975) 4, S. 266 – 72

Lyotard, Jean François (1984) Der Widerstreit, München

Mahnkopf, Claus-Steffen (2006) Kritische Theorie der Musik, Weilerswist

Marpurg, Friedrich W. (1979) Des Critischen Musicus an der Spree erster Band, Hildesheim 1979 (1749/50

Mattheson Johann (1995) Der vollkommene Kapellmeister, Kassel 1995 (orig. 1739)

Mayer, Günther (1999) Neue Musik 1999. Bilanz und Perspektiven, Rudolf Frisius (Hrsg), Mainz, S. 10 – 30

Morris, Robert D. (1987) Composition with pitch classes, Yale

Motte, Helga de la (1971) Die Teilung der musikalischen Kultur, in: Ulrike Liedtke (Hrsg.), Jeder nach seiner Fasson – Musikalische Neuansätze heute, Saarbrücken, S. 18 – 27

Motte, Helga de la (1990) Neue Musik und Tradition, in: Joseph Kukkertz (hg.), Neue Musik und Tradition. Festschrift für Rudolf Stephan, Laaber

Neuhoff, Hans (2008) Konzertpublika. Sozialstruktur, Mentalitäten, Geschmacksprofile, auf dem Server des Deutschen Musikinformationszentrum, S. 1 – 24

Nordvall, Ove (1971) György Ligeti. Eine Monographie, Mainz

Nymann, Alf (1949/50) Das Experiment in seinen Bedingungen und Grenzen, in: Zeitschrift für philosophische Forschung, 4 (1949/50)

Penteker, Christoph (1997) Musikalische Semantik im Werk Gustav Mahlers, in: Studien zur Wiener Schule II, Frankfurt a.M, S. 13 – 126

Plessner, Helmuth (1975) Stufen des Organischen und der Mensch, Berlin

Porten, Maria (1974), Zum Problem der Form bei Debussy, in: Schriften zur Musik 11, W. Kolneder (Hg), München

Putnam, Hilary (1990) Vernunft, Wahrheit und Geschichte, Frankfurt a.M.

Raffman, Diana (2003) Is Twelve-Tone Music artistically deffective?, Midwest Studies in Philosophy XXVII

Redner, Harry (2007) Aesthetic Life. The Past and Present of Artistic Culture, Lanham

Ricœur, Paul (1971) *Symbolik des Bösen*, Freiburg

Ricœur, Paul (1971) Hermeneutik und Psychoanalyse, München

Ricœur, Paul (1987) Die lebendige Metapher, München

Ricœur, Paul (1996) Das Selbst als ein Anderer, München

Riethmüller, Albrecht (1976) Die Musik als Abbild der Realität. Zur dialektischen Widerspiegelungstheorie in der Ästhetik, in: „Beihefte zum Archiv für Musikwissenschaft XV“, Wiesbaden

Raue, Constantin (2007) Wahn und Wahrheit. Kants Auseinandersetzung mit dem Irrationalen, Berlin

Roelcke, Eckart (2003) Träumen Sie in Farbe?, Wien

Rothacker, Erich (1979) Das Buch der Natur: Materialien und Grundsätzliches zur Metapherngeschichte, Bonn

Savage, Roger (1993) Aesthetic criticism and the Poetics of Modern Music, in: British journal of aesthetics, Vol 33, 1993, S. 142 – 151

Schellenberg, Glenn et al. (1996) Natural musical intervalls: Evidence from infant Listeners, in: Psychological science, VOL. 7, NO. 5,1996, S. 273 – 277

Schelling, Friedrich W. J. (1960) Philosophie der Kunst, Darmstadt

Schering, Arnold (1914) Zur Grundlegung der musikalischen Hermeneutik, in: Zeitschrift für Ästhetik und allgemeine Kunstwissenschaft, Bd. 9. Berlin 1914

Schieche, Thomas (1998) Zu einer Grenzerfahrung des abendländischen Denkens: Musikalische Hermeneutik. Anthropologische Grundfragen nach den Bedingungen ihrer Ermöglichung, Hamburg 1998.

Schmidt, Christian Martin (1977) Brennpunkte neuer Musik, Laaber

Schnädelbach, Herbert (1988) Was ist Aufklärung?, in: Gunzelin Schmid Noerr (Hg.), Metamorphosen der Aufklärung, Tübingen, S. 15 – 19

Schönberg, Arnold (1922) Harmonielehre, Wien

Schröter, Dirk (1986) Peter Maxwell Davies – Musik mit Kindern und Jugendlichen auf den Orkney-Inseln, in: Henze (Hrsg.) 1986, Lehrgänge. Erziehung in Musik, Frankfurt a.M., S. 80 – 100

Schultz, Wolfgang A. (1997) Damit die Musik nicht aufhört, Eisenach

Scruton, Roger (2007) The Aesthetics of Music, Oxford

Seeber, Martina (2008) Reise nach Innen, in: Positionen (Heft 75) 2008

Seel, Martin (1997) Die Kunst der Entzweiung, Frankfurt a.M.

Sibley, John (2006) Objectivity and aesthetics, in ders.: Approach to aesthetics, J Benson, Betty Redfern und J Roxbee Cox (Hrsg.), Oxford

Sorgner, Stefan L./Fürbeth, Oliver (Hrsg.) (2003) Musik in der deutschen Philosophie, Stuttgart

Spahlinger, Mathias (2007) Dies ist die Zeit der konstitutiven Ideologien nicht mehr, MusikTexte 112

Stumpf, Carl (1898) Konsonanz und Dissonanz, in: Beiträge zur Akustik und Musikwissenschaft, (1898) No. 1, S. 1 – 108

Subotnik, Rose R. (1994) The Challange of contemporary Music, in: Philip Alperson (Hrsg.), What is Music? An Introduction to the Philosophy of music, The Pennsilvania State University, S. 359 – 396

Supper, Martin (1997), Elektroakustische Musik und Computermusik, Darmstadt

Tadday, Ulrich (Hrsg) (2007) Musikphilosophie, MusikKonzepte Sonderband, November

Tetens, Holm (1987) Experimentelle Erfahrung, Hamburg

Thun, René (2007) Das Realismusproblem in der gegenwärtigen Musikphilosophie, Ulrich Tadday (Hrsg.), MusikKonzepte, Sonderband „Musikphilosophie", November 2007

Thun, Rene (2007) Komponieren gegen die Auslöschung des Individuums. Ein Versuch über Ligetis kritische musikalische Praxis, in: MusikTexte (111) 2007

Thun, René (2012) Partizipation an Aufklärung durch das Medium der Neuen Musik, in: Kunst und Kirche, Vol. 1, 2012

Thun, René (2016) Kant und König über Schönheit. Eine sprachphilosophische Überlegung, in: ZÄK61,2

Vogel, Matthias (2001) Medien der Vernunft, Frankfurt a.M.

Wallin, Nils (1991) Biomusicology, Styvesant NY

Wallmann, H. Johannes (2006) Integrale Moderne, Saarbrücken

Walter, Michael (1994) Grundlagen der Musik des Mittelalter, Stuttgart

Wellmer, Albrecht (2009) Versuch über Musik und Sprache, München

Welsch, Wolfgang (1996) Vernunft. Die zeitgenössische Vernunftkritik und das Konzept der transversalen Vernunft, Frankfurt a.M.

Witkin, Robert W (2000) Why Did Adorno „Hate" Jazz?, Sociological Theory 18 (1), S. 145 – 170

Wittgenstein, Ludwig (1968) Vorlesungen und Gespräche über Ästhetik, Psychologie und Religion, Göttingen

Zenck, Martin (1987) Die ich rief, die Geister/ Werd ich nun nicht los. Zum Problem von György Ligetis Avantgarde-Konzeption, in: Otto Koleritsch (Hg.) György Ligeti. Personalstil, Avantgardismus-Popularität, Wien/Graz

Zentner, Marc et al (1998) Infant's perception of consonance and dissonance in music, Infant Behavior & Development 21 (3), 1998, S. 483 – 492

Philosophie

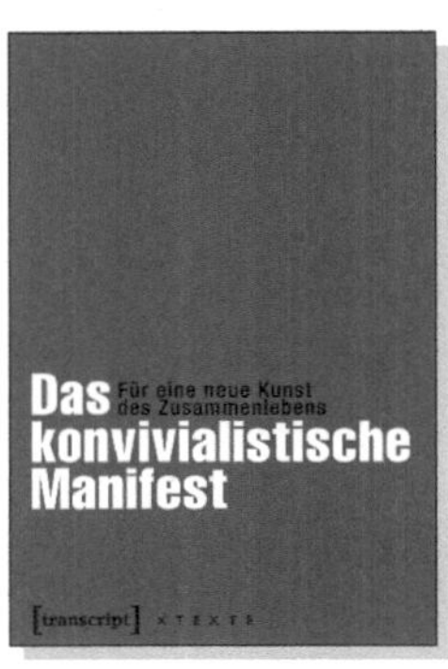

Les Convivialistes
Das konvivialistische Manifest
Für eine neue Kunst des Zusammenlebens
(herausgegeben von Frank Adloff und Claus Leggewie in Zusammenarbeit mit dem Käte Hamburger Kolleg / Centre for Global Cooperation Research Duisburg, übersetzt aus dem Französischen von Eva Moldenhauer)

2014, 80 S., kart., 7,99 € (DE), ISBN 978-3-8376-2898-2
als Open-Access-Publikation kostenlos erhältlich
E-Book: ISBN 978-3-8394-2898-6
EPUB: ISBN 978-3-7328-2898-2

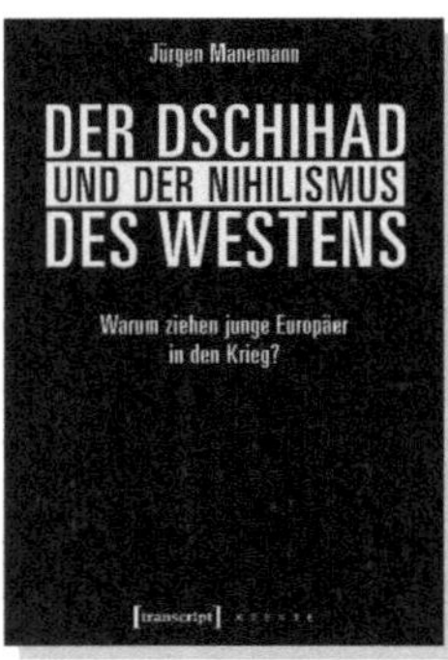

Jürgen Manemann
Der Dschihad und der Nihilismus des Westens
Warum ziehen junge Europäer in den Krieg?

2015, 136 S., kart., 14,99 € (DE),
ISBN 978-3-8376-3324-5
E-Book: 12,99 € (DE), ISBN 978-3-8394-3324-9
EPUB: 12,99 € (DE), ISBN 978-3-7328-3324-5

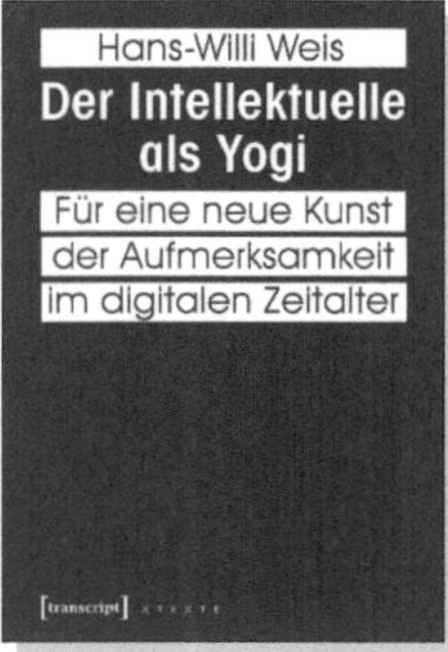

Hans-Willi Weis
Der Intellektuelle als Yogi
Für eine neue Kunst der Aufmerksamkeit
im digitalen Zeitalter

2015, 304 S., kart., 22,99 € (DE),
ISBN 978-3-8376-3175-3
E-Book: 20,99 € (DE), ISBN 978-3-8394-3175-7
EPUB: 20,99 € (DE), ISBN 978-3-7328-3175-3

Leseproben, weitere Informationen und Bestellmöglichkeiten finden Sie unter www.transcript-verlag.de

Philosophie

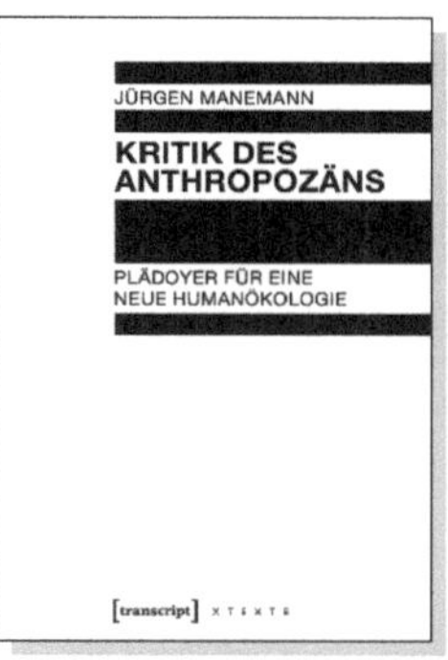

Jürgen Manemann
Kritik des Anthropozäns
Plädoyer für eine neue Humanökologie

2014, 144 S., kart., 16,99 € (DE),
ISBN 978-3-8376-2773-2
E-Book: 14,99 € (DE), ISBN 978-3-8394-2773-6
EPUB: 14,99 € (DE), ISBN 978-3-7328-2773-2

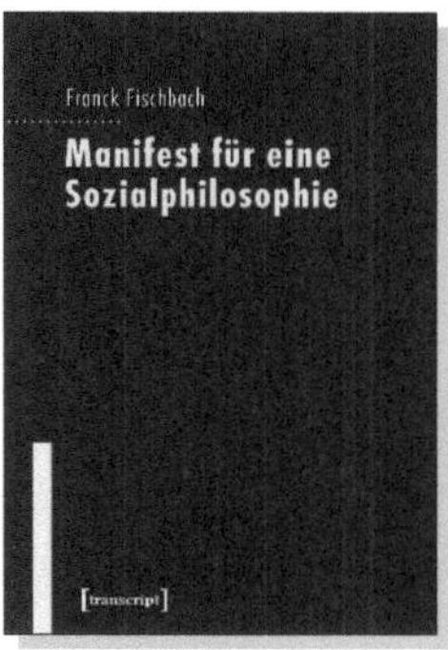

Franck Fischbach
Manifest für eine Sozialphilosophie
(aus dem Französischen übersetzt von Lilian Peter, mit einem Nachwort von Thomas Bedorf und Kurt Röttgers)

Juli 2016, 160 S., kart., 24,99 € (DE),
ISBN 978-3-8376-3244-6
E-Book: 21,99 € (DE), ISBN 978-3-8394-3244-0

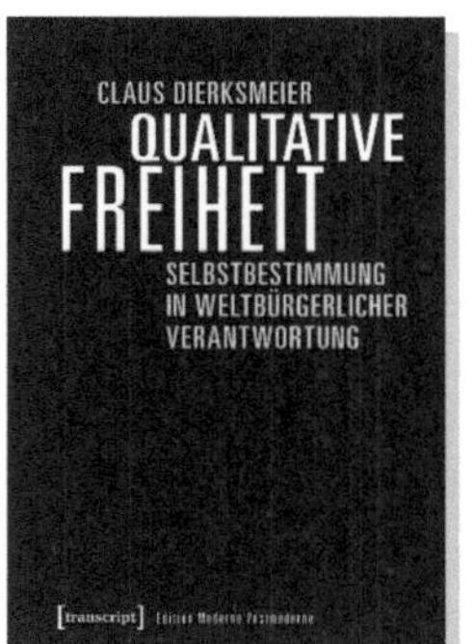

Claus Dierksmeier
Qualitative Freiheit
Selbstbestimmung in weltbürgerlicher Verantwortung

Mai 2016, 456 S., kart., 19,99 € (DE),
ISBN 978-3-8376-3477-8
E-Book: 17,99 € (DE), ISBN 978-3-8394-3477-2
EPUB: 17,99 € (DE), ISBN 978-3-7328-3477-8

Leseproben, weitere Informationen und Bestellmöglichkeiten finden Sie unter www.transcript-verlag.de